国家安全教育通识课

李大光　著

GUOJIA ANQUAN JIAOYU TONGSHIKE

北京时代华文书局

图书在版编目（CIP）数据

国家安全教育通识课 / 李大光著 . -- 北京 ： 北京时代华文书局， 2021.9（2024.3 重印）
ISBN 978-7-5699-4205-7

Ⅰ. ①国… Ⅱ. ①李… Ⅲ. ①国家安全－安全教育－中小学－课外读物
Ⅳ. ① G634.203

中国版本图书馆 CIP 数据核字（2021）第 099429 号

国家安全教育通识课

著　　者 | 李大光

出 版 人 | 陈　涛
选题策划 | 安徽省科普作家协会
责任编辑 | 周海燕
责任校对 | 陈冬梅
装帧设计 | 程　慧　王艾迪
责任印制 | 訾　敬

出版发行 | 北京时代华文书局 http://www.bjsdsj.com.cn
北京市东城区安定门外大街 138 号皇城国际大厦 A 座 8 楼
邮编：100011　电话：010－64267955　64267677
印　　刷 | 三河市兴博印务有限公司　0316-5166530
（如发现印装质量问题，请与印刷厂联系调换）
开　　本 | 787 mm×1092 mm　1/16　印　　张 | 18.5　字　　数 | 300 千字
版　　次 | 2021 年 9 月第 1 版　印　　次 | 2024 年 3 月第 10 次印刷
书　　号 | ISBN 978-7-5699-4205-7
定　　价 | 59.00 元

前 言

2016年4月15日，中共中央总书记、国家主席、中央军委主席、中央国家安全委员会主席习近平在首个全民国家安全教育日到来之际作出重要指示：“国泰民安是人民群众最基本、最普遍的愿望。实现中华民族伟大复兴的中国梦，保证人民安居乐业，国家安全是头等大事。要以设立全民国家安全教育日为契机，以总体国家安全观为指导，全面实施国家安全法，深入开展国家安全宣传教育，切实增强全民国家安全意识。”[①]当前，中国进入社会主义建设新时代，世界处于百年未有之大变局。在这重要的历史时刻，我们更应该牢记古代先哲对后人的告诫:“国虽大，好战必亡；天下虽安，忘战必危。”

中华民族千百年来形成的这种忧患意识，是基于对事物矛盾法则的深刻理解，是对国家兴衰存亡内在规律的重要思考。古今中外无数事实表明：没有一个稳定的国家，没有一个稳定的社会环境，就没有我们个人的生命安全和财产安全。当一个国家处在一个战火纷飞的环境中的时候，那个国家的人民就会怀念过去的安宁生活。一旦国家失去和平稳定，民众的生活将陷入低谷。因此，加强国家安全教育，是国家安全的固本之策与长久之计。以人民安全为宗旨的国家安全教育，是牢固树立总体国家安全观、夯实国家安全民意基础的有效途径和重要抓手。习近平总书记指出：“加强国家安全教育，增强全党全国人民国家安全意识，推动全社会形

① 《汇聚起维护国家安全强大力量　不断提高人民群众安全感幸福感》,《人民日报》2016年4月15日第1版。

成维护国家安全的强大合力。”[1]党的十九届五中全会指出，统筹发展和安全，建设更高水平的平安中国。“十四五”规划建议从加强国家安全体系和能力建设、确保国家经济安全、保障人民生命安全、维护社会稳定和安全四个方面提出了具体要求。在“十四五”规划中，首次设立安全发展专篇，对加强国家安全体系和能力建设，对保障粮食、能源资源和金融安全等作出具体安排。“安全”成为“十四五”规划中最夺目的词语，具有举足轻重的战略地位。

为深入贯彻党的十九届五中全会精神和习近平总书记总体国家安全观，落实党中央关于加强大中小学国家安全教育有关文件精神和“将国家安全教育纳入国民教育体系”的法定要求，教育部于2018年4月发布《教育部关于加强大中小学国家安全教育的实施意见》（教思政〔2018〕1号文件）。[2]文件对新时代加强大中小学国家安全教育提出了具体的实施意见和总要求，为我们搞好大中小学国家安全教育提供了指导。2020年10月，教育部印发了《大中小学国家安全教育指导纲要》，明确了国家安全教育的主要内容，包括政治、国土、军事、经济、文化等12个领域，以及太空、深海、极地、生物等4个不断拓展的新型领域安全等。教育部称，此次纲要是为落实“将国家安全教育纳入国民教育体系”的要求，针对有些地方和学校对国家安全教育重视不够，落实不到位，以及不够全面、系统，未实现全覆盖等问题，明确了地方和学校的教育责任。本书就是在教育部文件精神的指导下产生的一部针对大学生国家安全教育的读本。

全书以习近平总书记总体国家安全观为统揽，以《教育部关于加强大中小学国家安全教育的实施意见》为指导，坚持以人民安全为宗旨的国家安全核心价值观，对新时代总体国家安全观的基本理论进行了阐释，在此基础上按照总体国家安全的内容体系，从政治安全、国土安全、军事安全、经济安全、文化安全、社会安

---

① 习近平：《决胜全面建成小康社会　夺取新时代中国特色社会主义伟大胜利——在中国共产党第十九次全国代表大会上的报告》，人民出版社 2017 年版，第 50 页。

② 《教育部关于加强大中小学国家安全教育的实施意见》，教育部网站 2018-04-09，http://www.moe.gov.cn/srcsite/A12/s7060/201804/t20180412_332965.html。

全、科技安全、信息安全、生态安全、资源安全、核安全、海外利益安全和新兴领域安全等13个方面研究了当今安全新态势，并提出相关领域安全对策思考，旨在引起读者对总体国家安全各领域安全问题的关注，教育引导广大读者尤其是全国大学生坚定理想信念，扎实推进总体国家安全观教育，筑牢坚强有力的国家安全防线，筑牢坚如磐石的安全堤坝，切实维护总体国家安全。

本书可作为在校大学生（含高职、专科、本科学生）、研究生（含硕士生、博士生）国家安全教育通识教育教学参考书，也适合党政机关公务员、军队官兵、企事业管理人员、各级各类教师及广大关注国家安全、支持国防建设的群众阅读。

目 录
C O N T E N T S

第七章　科技安全

◆

第八章　网络安全

◆

第九章　生态安全

◆

第十章　资源安全

◆

第十一章　核安全

◆

第十二章　海外利益安全

◆

第十三章　新兴领域安全

◆

绪论：青年们！维护国家安全，人人有责！

“生于忧患，死于安乐。”这一充满辩证思维的警世名言，千百年来一直为国人所铭记。大到国家，小到个人，都须牢记一点：居安思危，思则有备，有备无患！因此，《中华人民共和国国家安全法》（以下简称《国家安全法》）第一章“总则”中第十一条明确规定：中华人民共和国公民、一切国家机关和武装力量、各政党和各人民团体、企业事业组织和其他社会组织，都有维护国家安全的责任和义务。[①]当今世界正处于百年未有之大变局，我们要清醒地看到国家安全面临的困难、挑战和威胁，不断增强使命感、责任感，始终保持开拓进取的锐气，更加自觉地维护总体国家安全。

一、国家安全是安邦定国的重要基石

国家安全是安邦定国的重要基石，维护国家安全是全国各族人民根本利益所在。因为实现中国梦的每一步，离不开国家安全；全面建成小康社会的每一步，离不开国家安全；推动改革发展的每一步，同样离不开国家安全。

（一）“安全”与“国家安全”概念阐释

（1）“安全”概念。研究安全问题，首先要理解“安全”的含义。安全与其说是生存的需要，毋宁说是某种稳定状态的保持和延续。早在1943年，著名的心理学

① 《中华人民共和国国家安全法》，中国法制出版社 2015 年版，第 4 页。

家马斯洛就提出了人类的需要层次理论，安全的需要是人类的基本需要。根据巴瑞·布赞等人的界定，“安全是关乎生存的。当一个问题被作为对一个特定的指代物构成存在的威胁提出时，它就是安全”[①]。

安全是从人身心需要的角度提出的，是针对人以及与人的身心直接或间接的相关事物而言的。然而，安全不能被人直接感知，能被人直接感知的是不安全，如危险、风险、事故、灾害、损失、伤害等。当一国政治体系被作为指代物时，政治安全就是对国家政治制度和基本政治秩序的威胁。因此，从国家政治安全的角度来看，“安全”就被视为和平、稳定、无战争状态的同义语。

当今信息时代，国家安全的内容不断扩大，辐射领域愈发广泛，内外因素愈加复杂。无论是实体空间还是虚拟空间，无论是域内还是域外，各种技术的变化、不同思想的碰撞，从物到人，国家安全的内容已经远远超出了传统安全范畴，可以说它囊括了人类思考的所有方面。必须从总体上认识国家安全，而认识和理解总体国家安全观，必须首先搞清楚什么是国家安全。

（2）“国家安全”概念。根据《国家安全法》第二条对国家安全的定义，“国家安全是指国家政权、主权、统一和领土完整、人民福祉、经济社会可持续发展和国家其他重大利益相对处于没有危险和不受内外威胁的状态，以及保障持续安全状态的能力”[②]，我们可以理解国家安全包括外部安全和内部安全两个方面的基本内容。

一方面，国家安全是指国家没有外部的威胁与侵害的客观状态。所谓外部的威胁与侵害，大致可分为外部自然界的威胁和侵害、外部社会的威胁和侵害两大类。由于国家安全是一种社会现象，国家的外部威胁和侵害主要是指处于一国之外的其他社会存在对本国造成的威胁和侵害。另一方面，国家安全是国家没有内部的混乱与疾患的客观状态。危及国家生存的力量不仅来源于一个国家的外部，而且还时常来源于一个国家的内部。国内的混乱、动乱、骚乱、暴乱，以及其他各种形式

---

① Barry Buzan, Ole Waever and Jaap de Wilde, *Security: A New Framework for Analysis*, Boulder: Lynne Rienner Publishers, 1998, p.21.

② 《中华人民共和国国家安全法》，中国法制出版社 2015 年版，第 3 页。

的疾患，都会直接危害到国家生存，造成国家的不安全。因此，国家安全必然包括没有内部混乱和疾患的要求。

只有在同时没有内外两方面的危害的情况下，国家的状况才是一种安全的状态。因此，只有这两个方面的统一，才是国家安全的特有属性。然而，随着时代的发展，国家安全的范围有所变化，涉及的因素不断拓展。正如习近平总书记所指出的那样："认清国家安全形势，维护国家安全，要立足国际秩序大变局来把握规律，立足防范风险的大前提来统筹，立足我国发展重要战略机遇期大背景来谋划。世界多极化、经济全球化、国际关系民主化的大方向没有改变，要引导国际社会共同塑造更加公正合理的国际新秩序。要切实加强国家安全工作，为维护重要战略机遇期提供保障。不论国际形势如何变幻，我们要保持战略定力、战略自信、战略耐心，坚持以全球思维谋篇布局，坚持统筹发展和安全，坚持底线思维，坚持原则性和策略性相统一，把维护国家安全的战略主动权牢牢掌握在自己手中。"①

（二）保证国家安全是头等大事

实现中华民族伟大复兴的中国梦，保证人民安居乐业，国家安全是头等大事。没有国家安全，稳定的秩序将失去，更别提人民群众所渴望的理想信念了。因此，习近平总书记指出："增强忧患意识，做到居安思危，是我们治党治国必须始终坚持的一个重大原则。我们党要巩固执政地位，要团结带领人民坚持和发展中国特色社会主义，保证国家安全是头等大事。"②

习近平总书记关于国家安全的一系列讲话，为我们在新时代维护国家安全指明了方向。树立国家安全观念，是每一个追求民族复兴、走中国特色社会主义道路的中国人时刻都要记住的"头等大事"！树立国家安全观念，就是要有忧患意识，这既是枕戈待旦的危机意识，又是志在安邦的责任意识和时不我待的奋进意识。

① 《牢固树立认真贯彻总体国家安全观　开创新形势下国家安全工作新局面》，《人民日报》2017年2月18日第1版。

② 《坚持总体国家安全观　走中国特色国家安全道路》，《人民日报》2014年4月16日第1版。

当前，国家安全的内涵和外延比历史上任何时候都要丰富，时空领域比历史上任何时候都要宽广，内外因素比历史上任何时候都要复杂。国际形势风云变化，国内经济、社会发生深刻变革，各种可以预见和难以预见的安全风险挑战前所未有。任何一个领域出现安全隐患，都有可能损害群众切身利益，甚至影响到国家利益。越是在这种情况下，越要坚持维护国家安全，完善国家安全制度体系，加强国家安全能力建设，坚决维护国家主权、安全和发展利益。

"备豫不虞，为国常道。"增强忧患意识，做到居安思危，是我们治党治国必须始终坚持的一个重大原则。我们党要巩固执政地位，要团结带领人民坚持和发展中国特色社会主义，保证国家安全是头等大事。国泰民安是人民群众最基本、最普遍的愿望，也是人民群众最根本、最重要的福祉。

（三）新时代维护国家安全的重要意义

"明者防祸于未萌，智者图患于将来。"国家安全是国家生存和发展最基本、最重要的前提，保证国家安全是治国理政的基本目标。习近平总书记强调指出："国家安全是安邦定国的重要基石，维护国家安全是全国各族人民根本利益所在。要完善国家安全战略和国家安全政策，坚决维护国家政治安全，统筹推进各项安全工作。健全国家安全体系，加强国家安全法治保障，提高防范和抵御安全风险能力。严密防范和坚决打击各种渗透颠覆破坏活动、暴力恐怖活动、民族分裂活动、宗教极端活动。"[①]如今，虽说我们已经处于和平年代，但国家安全问题仍然很严峻，我们必须充分认识维护国家安全的重要性。

国家安全是安邦定国的重要基石，是国家顺利发展的基本前提条件。改革开放以来，我们党始终把维护国家安全和社会安定作为党和国家的一项基础性工作，保持了我国社会大局稳定，为改革开放和社会主义现代化建设营造了良好环境。如今，在看到好的局势的同时，还必须清醒地认识到，新形势下我国面临对外维护国

① 习近平：《决胜全面建成小康社会　夺取新时代中国特色社会主义伟大胜利——在中国共产党第十九次全国代表大会上的报告》，人民出版社 2017 年版，第 49—50 页。

家主权、安全、发展利益，对内维护政治安全和社会稳定的双重压力，各种可以预见和难以预见的风险因素明显增多，特别是各种威胁和挑战联动效应明显，国家安全在党和国家工作全局中的重要性日益凸显。当今世界，虽然和平与发展是时代的主题，但霸权主义和强权政治依然存在，我国的传统安全、非传统安全还面临着许多问题，境外敌对势力不愿看到我国的崛起、强大，一直在图谋“西化”甚至“分化”我国，对我国进行渗透、颠覆、分裂和破坏活动，严重危害我国国家安全和利益。由于我国长期处于和平环境，对外开放逐步扩大，对外交往日益频繁，少数单位、干部和群众的国家安全意识淡薄，对于国家安全的严峻性、尖锐性和危害国家安全行为的严重性缺乏应有的认识，不同程度地存在麻痹思想，甚至直接或间接给国家安全造成危害，给国家利益造成损失。

维护国家安全是中华民族伟大复兴的重要保障。要把国家安全当作事关国家安危和民族存亡，事关每个公民切身利益的大事抓紧抓好。要积极动员和组织广大干部群众，不断增强国家安全利益至上的观念，自觉维护国家安全利益。教育引导全体公民切实履行维护国家安全的法律义务，依法同各种危害国家安全的行为做斗争，共同承担起维护国家安全和社会稳定的政治责任。面对新时代新形势新任务，要从战略高度将国家安全工作贯穿于中华民族伟大复兴全过程，牢牢掌握做好国家安全工作的主动权，始终高度警惕国家被侵略、被颠覆、被分裂的危险，始终高度警惕改革发展的稳定大局被破坏的危险，始终高度警惕中国特色社会主义进程被打断的危险，矢志不渝地坚持走中国特色国家安全道路。

二、把握总体国家安全观的核心要义

2014年4月15日，中共中央总书记、国家主席、中央军委主席、中央国家安全委员会主席习近平在中央国家安全委员会第一次会议上强调指出：要准确把握国家安全形势变化新特点新趋势，坚持总体国家安全观，走出一条中国特色国家安全道路。总体国家安全既见之于习近平总书记关于国家安全的一系列重要论述，也体现在党的十八大以来国家安全具体实践，涉及新形势下改革发展稳定、治党治国治军、内政外交国防等各领域。为了有效维护总体国家安全，我们必须深刻领会总体国家安全观的重大意义，把握总体国家安全观的核心要义。

（一）总体国家安全观概念阐释

党的十九大报告指出，要坚持总体国家安全观，开拓新时代国家安全工作新局面。总体国家安全观是一个系统完整的理论体系，必须全面、准确地理解其丰富内涵。那么，什么是总体国家安全观?

总体国家安全观，就是从哲学上系统思考、全面地定位和把握国家安全问题。中国的总体国家安全观，就是坚持国家利益至上，以人民安全为宗旨，以政治安全为根本，统筹外部安全和内部安全、国土安全和国民安全、传统安全和非传统安全、自身安全和共同安全，完善国家安全制度体系，加强国家安全能力建设，坚决维护国家主权、安全、发展利益。总体国家安全观立意高远，思想深刻，内涵丰富，是顶层设计的“大安全观”，是新时代国家安全的新理念和新思维，也是中国特色国家安全建设的新思路。

总体国家安全观，是新时代中国特色社会主义的国家安全观，是马克思主义基本原理在中国特色社会主义实践中的具体应用，是我们党成功维护总体国家安全的历史经验的深刻总结，也是我们党深入分析我国所面临的新形势新特点而得出的科学结论，是中国国家安全理念的重大理论和实践创新。党的十九大报告关于国家安全论述最突出的亮点、最重要的历史贡献，就是明确将“坚持总体国家安全观”纳入新时代坚持和发展中国特色社会主义的基本方略，作为习近平新时代中国特色社会主义思想的重要组成部分。党的十九大报告把国家安全工作放在突出的重要位置，55次提到“安全”，其中18次提到“国家安全”，对国家安全工作作出专门部署。

总体国家安全观，是新时代中国特色社会主义建设的基本方略之一，是习近平新时代中国特色社会主义思想的重要内涵，是新形势下维护和塑造中国特色大国安全的有力思想武器。在当前世界不稳定、不确定因素日益增多，国际格局复杂多变的关键期，坚持以总体国家安全观为指导，对于我国妥善应对国家安全领域出现的新问题、新挑战，努力开创国际合作新局面具有重要指导意义和重大现实意义。

（二）总体国家安全观的丰富内涵

总体国家安全观是新时代党中央对我国面临的各种安全问题和安全挑战的系统回应，是推进国家治理体系和治理能力现代化的重大理论成果。党的十九大报告指出，要坚持总体国家安全观，开拓新时代国家安全工作新局面。总体国家安全观是一个系统完整的理论体系，必须全面、准确地理解其丰富内涵。

总体国家安全的体系范畴，正如习近平所指出的那样："贯彻落实总体国家安全观，必须既重视外部安全，又重视内部安全，对内求发展、求变革、求稳定、建设平安中国，对外求和平、求合作、求共赢、建设和谐世界；既重视国土安全，又重视国民安全，坚持以民为本、以人为本，坚持国家安全一切为了人民、一切依靠人民，真正夯实国家安全的群众基础；既重视传统安全，又重视非传统安全，构建集政治安全、国土安全、军事安全、经济安全、文化安全、社会安全、科技安全、信息安全、生态安全、资源安全、核安全等于一体的国家安全体系；既重视发展问题，又重视安全问题，发展是安全的基础，安全是发展的条件，富国才能强兵，强兵才能卫国；既重视自身安全，又重视共同安全，打造命运共同体，推动各方朝着互利互惠、共同安全的目标相向而行。"①可见，总体国家安全观涵盖了政治安全、国土安全、军事安全、经济安全、文化安全、社会安全、科技安全、信息安全、生态安全、资源安全、核安全等11个重要领域的安全范畴。

总体国家安全观是安全理念的时代创新。总体国家安全观强调以整体的、全面的、联系的、系统的观点来思考和把握国家安全问题。坚持总体国家安全观，是马克思主义基本原理的实践运用，是深刻总结我们党维护国家安全的历史经验，深入分析我国安全环境面临的新形势新特点得出的科学结论，是我国国家安全理念的重大创新。2018年4月17日，十九届中央国家安全委员会召开第一次会议，习近平

① 《坚持总体国家安全观　走中国特色国家安全道路》，《人民日报》2014 年 4 月 16 日第 1 版。

总书记进一步系统阐述了总体国家安全观的丰富内涵，并对全面贯彻落实总体国家安全观提出了新要求，使我们党对国家安全的认识提升到了一个新高度和新境界。2020年，新冠肺炎疫情严重威胁全人类安全。在防控阻击新冠肺炎疫情战进入关键时刻，习近平总书记多次谈到国家生物安全的理念，强调“要把生物安全作为国家总体安全的重要组成部分，坚持平时和战时结合、预防和应急结合、科研和救治防控结合，加强疫病防控和公共卫生科研攻关体系和能力建设”①。至此，我国国家安全领域共涉及16个领域，分别为政治安全、国土安全、军事安全、经济安全、文化安全、社会安全、科技安全、网络安全、生态安全、资源安全、核安全、海外利益安全、太空安全、深海安全、极地安全以及生物安全。

总体国家安全观是一个开放的体系，是不断发展的安全观念体系。随着时代发展和对国家安全观认识的深化，总体国家安全体系以后还可能引入一些新的安全领域。我们在学习总体国家安全观时，务必以整体的、全面的、联系的、系统的观点来思考和把握国家安全问题。

（三）总体国家安全观的精髓

理解总体国家安全观，可以从不同角度解读，关键是要把握其精髓。总体国家安全观的精髓，可概括为五大要素和五对关系。

总体国家安全观的五大要素，就是以人民安全为宗旨，以政治安全为根本，以经济安全为基础，以军事、文化、社会安全为保障，以促进国际安全为依托。五大要素清晰地揭示了国家安全的整体性及其内在的逻辑关系，清晰地勾勒出中国特色国家安全道路的基本要求。

总体国家安全观的五对关系，就是既重视发展问题，又重视安全问题；既重视外部安全，又重视内部安全；既重视国土安全，又重视国民安全；既重视传统安全，又重视非传统安全；既重视自身安全，又重视共同安全。五对关系准确反映出总体国家

① 《协同推进新冠肺炎防控科研攻关　为打赢疫情防控阻击战提供科技支撑》，《人民日报》2020 年 3 月 3 日第 1 版。

安全观是一种辩证、全面、系统的国家安全理念，是对传统国家安全理念的超越。

总之，厘清总体国家安全观的五大要素，把握并正确处理五对关系，是理解总体国家安全观的关键所在。我们要从全局和战略的高度审视国家安全问题，统筹好不同领域、不同性质的安全工作，形成维护国家安全的强大合力。

三、走中国特色国家安全道路

习近平总书记指出："要准确把握国家安全形势，牢固树立和认真贯彻总体国家安全观，以人民安全为宗旨，走中国特色国家安全道路，努力开创国家安全工作新局面，为中华民族伟大复兴中国梦提供坚实安全保障。"[①]准确把握国家安全形势变化新特点新趋势，坚持总体国家安全观，走出一条中国特色国家安全道路，我们应着力把握如下六个方面。

（一）以人民安全为核心宗旨

人民安全高于一切是总体国家安全观的核心宗旨之所在。坚持以人民安全为宗旨，保障人民安全是国家安全工作的根本任务。2014年4月15日，习近平在中央国家安全委员会第一次会议上的讲话中指出："既重视国土安全，又重视国民安全，坚持以民为本、以人为本，坚持国家安全一切为了人民、一切依靠人民，真正夯实国家安全的群众基础。"[②]2015年颁布的新《国家安全法》提出，以人民安全为宗旨，维护和发展最广大人民的根本利益，保卫人民安全。

以人民安全为核心宗旨，是总体国家安全观的内在逻辑。保障人民利益，维护人民安全，不断提升人民群众的获得感、幸福感和安全感，是以人民安全为宗旨在总体

① 《牢固树立认真贯彻总体国家安全观　开创新形势下国家安全工作新局面》，《人民日报》2017 年 2 月 18 日第 1 版。

② 同上。

国家安全观中的具体集中体现。2016年4月15日首个全民国家安全教育日之际，习近平指出："国泰民安是人民群众最基本、最普遍的愿望。实现中华民族伟大复兴的中国梦，保证人民安居乐业，国家安全是头等大事。要以设立全民国家安全教育日为契机，以总体国家安全观为指导，全面实施国家安全法，深入开展国家安全宣传教育，切实增强全民国家安全意识。要坚持国家安全一切为了人民、一切依靠人民，动员全党全社会共同努力，汇聚起维护国家安全的强大力量，夯实国家安全的社会基础，防范化解各类安全风险，不断提高人民群众的安全感、幸福感。"①

人民安全是国家安全最核心的部分，是高于一切的安全。总体国家安全观把人民安全置于国家安全的所有要素之前，强调国家安全要"以人民安全为宗旨"，从而确立了人民安全在整个国家安全工作中的首要地位。2018年4月17日，习近平总书记在十九届中央国家安全委员会第一次会议上发表重要讲话，强调"坚持人民安全、政治安全、国家利益至上的有机统一，人民安全是国家安全的宗旨，政治安全是国家安全的根本，国家利益至上是国家安全的准则，实现人民安居乐业、党的长期执政、国家长治久安"②。习近平总书记运用马克思主义理论与方法，从中国特色社会主义现代化建设全局的战略高度，深刻地阐述了人民安全与国家安全的辩证关系，清晰地阐明了一个道理：国家安全是人民幸福安康的基本要求，人民安全是国家安全的宗旨。2020年年初，一场新冠肺炎疫情突袭大江南北，成为新中国成立以来在我国发生的传播速度最快、感染范围最广、防控难度最大的一次重大突发公共卫生事件。习近平总书记时刻关注疫情形势，亲自指挥、亲自部署，多次作出重要指示和批示，要求"把人民群众生命安全和身体健康放在第一位，把疫情防控工作作为当前最重要的工作来抓"③。这充分体现出人民安全始终是国家安全的第一要义，以人民安全为宗旨是总体国家安全观的内在逻辑。

---

① 《汇聚起维护国家安全强大力量　不断提高人民群众安全感幸福感》，《人民日报》2016年4月15日第1版。

② 《全面贯彻落实总体国家安全观　开创新时代国家安全工作新局面》，《人民日报》2018年4月18日第1版。

③ 孙英：《认真践行把人民群众生命安全和身体健康放在第一位的要求》，《光明日报》2020年2月19日第6版。

以人民安全为核心宗旨，是国家安全工作的出发点和落脚点。国家安全的根基在人民、力量在人民、血脉在人民，维护国家安全必须紧紧依靠人民。历史证明，人民安全和国家安全是有机统一的：人民越有安全感，国家安全就越有依靠；国家越平安，人民就越有安全感。维护国家安全不仅需要强大武装力量的支撑，更要依靠广大人民群众的坚强支持。中国共产党在成立之初就把“人民”二字镌刻在党旗上，始终保持与人民群众的血肉联系，得到了人民的拥护和支持，国家安全深深扎根于人民之中。特别是党的十八大以来，以习近平同志为核心的党中央坚持以人民为中心，高度重视民生改善，全力维护人民安全，团结带领全党全国人民奋力开启中国特色社会主义新时代。全面践行总体国家安全观，坚持以人民安全为宗旨，既要把人民安全作为维护国家安全的根本目的，也要把人民群众作为维护国家安全的主体力量，充分发挥人民群众维护国家安全的主体作用。

以人民安全为核心宗旨体现了党全心全意为人民服务的根本宗旨和价值追求。以人民安全为宗旨是将人民安全放在首位，是中国共产党全心全意为人民服务宗旨的重要体现。以人民安全为宗旨，提出和回答了“为了谁”的问题，指出国家安全一切为了人民，人民群众是国家安全的最终受益者；同时也明确了实现国家安全“依靠谁”的问题，国家安全一切依靠人民，人民是维护和实现国家安全的最强大的依靠力量。当前国际战略格局深刻演变，国际力量加快分化组合，战略力量对比此消彼长，传统安全威胁与非传统安全威胁相互交织，国家安全面临的风险挑战不容忽视。

（二）坚持党对国家安全工作的绝对领导

坚持党对国家安全工作的绝对领导既是国家安全工作的需要，也是国家安全工作必须遵循的根本原则，国家安全工作因而具有极其鲜明、极其强烈的政治属性。党政军民学、东西南北中，党是领导一切的。党的领导是中国特色社会主义最本质的特征和最大优势。习近平总书记指出：“坚持党对国家安全工作的领导，是做好国家安全工作的根本原则。各地区要建立健全党委统一领导的国家安全工作责任制，强化维护国家安全责任，守土有责、守土尽责。要关心和爱护国家安全干部队伍，为他们提供便利条件和政策保障。”[①]坚持党的绝对领导，是做好国家安全工作的根本原则，是维护国家安全和社会安定的根本保证。

坚持党对国家安全工作的领导，走中国特色国家安全道路，把维护国家安全的战略主动权牢牢掌握在自己手里。要准确把握国家安全形势变化的新特点新趋势，坚持总体国家安全观，走出一条中国特色国家安全道路，使国家安全体系更加健全，国家安全法治保障更加有力，防范和抵御安全风险能力进一步加强。坚持党总揽全局、协调各方，坚决维护集中统一、高效权威的国家安全领导体制，不折不扣贯彻落实国家安全的重大战略部署。认真贯彻国家安全责任制，强化维护国家安全责任，依法行使国家安全法律法规赋予的职权，做到守土有责、守土尽责。

坚持中国共产党对国家安全工作的绝对领导，坚持集中统一、高效权威的国家安全工作领导体制。习近平总书记指出：“设立国家安全委员会，加强对国家安全工作的集中统一领导，已是当务之急。”[②]因此，党的十八大以来，以习近平同志为核心的党中央在国家安全方面作出一系列战略性布局，国家安全全面加强。其中最主要的是以“中央国家安全委员会”为标志的国家安全体制机制的健全，以“总体国家安全观”为主要内容的国家安全思想理论的创新，以新《国家安全法》为基准的国家安全法律体系的形成，以《国家安全战略纲要》为框架的国家安全方略谋划的完善，以“全民国家安全教育日”为载体的国家安全宣传教育工作的推进。在党中央的坚强领导下，我们解决了许多长期想解决而没有解决的难题，办成了许多过去想办而没有办成的大事，牢牢掌握了维护国家安全的全局性主动。

（三）坚持在发展和改革开放中促进国家安全

中国特色社会主义进入新时代，意味着近代以来久经磨难的中华民族迎来了

---

① 《牢固树立认真贯彻总体国家安全观　开创新形势下国家安全工作新局面》，《人民日报》2017年2月18日第1版。

② 《关于〈中共中央关于全面深化改革若干重大问题的决定〉的说明》（2013年11月9日），《十八大以来重要文献选编》（上），中央文献出版社2014年版，第506页。

从站起来、富起来到强起来的伟大飞跃，迎来了实现中华民族伟大复兴的光明前景。但中华民族伟大复兴绝不是轻轻松松、敲锣打鼓就能实现的。近代以来，中华民族复兴进程曾多次被打断，给我们留下了深刻警示。历史机遇稍纵即逝，风险挑战如影随形。在新征程上，还有许多“娄山关”“腊子口”需要跨越，还有许多“雪山”“草地”需要征服。因此，这就要求我们必须一以贯之，增强忧患意识，做到居安思危、知危图安，在发展和改革开放中促进国家安全，确保中国特色社会主义伟大航船胜利驶向光辉的彼岸。

发展是第一要务，是安全的根本保障，没有发展，就没有安全，更谈不上国家的总体安全。党的十九大报告明确“坚持总体国家安全观”是新时代坚持和发展中国特色社会主义基本方略之一。这充分体现了我们党对国家安全认识的新高度，充分体现了我们党对党和国家事业全局的全新把握和长远擘画，充分体现了我们党对共产党执政规律、社会主义建设规律和人类社会发展规律认识的进一步深化。坚持在发展中促进国家安全，就是坚持发展和安全都是硬道理，发展是安全的基础、安全是发展的条件，以发展促安全、以安全促发展，两手都要抓都要硬。在国家“十四五”规划中专设“统筹发展和安全　建设更高水平的平安中国”一篇，强调：“坚持总体国家安全观，实施国家安全战略，维护和塑造国家安全，统筹传统安全和非传统安全，把安全发展贯穿国家发展各领域和全过程，防范和化解影响我国现代化进程的各种风险，筑牢国家安全屏障。”

在积极稳妥推进深化改革中促进国家安全。深化改革必将涉及各方面利益的重大调整，对政治安全带来深刻影响。新时代，我国改革开放向深层次发展，在进入改革开放深水区的过程中，要不断促进国家安全，为国家安全提供物质基础，同时还要进一步提高国家安全意识，不断增强应对国家安全威胁的能力。当前，我国改革进入攻坚期、深水区，长期以来累积的旧矛盾和深化改革中出现的新矛盾相互叠加，这些矛盾如果无法及时有效化解，就会向扩大化、整体化方向演变，危害国家政权稳固和政治制度稳定。这就要求我们要进一步完善中国特色社会主义制度，全面推进依法治国，推进国家治理体系和治理能力现代化。不断增强忧患意识，高度警惕社会矛盾激化可能带来的政治风险，把促进社会公平正义、增进人民福祉作为全面深化改革、化解社会矛盾的出发点和落脚点，坚决守住维护政权稳固、政治制度和社会政治秩序稳定的底线。

（四）坚持正确的义利观

习近平总书记在十九大报告中指出："坚持正确义利观，树立共同、综合、合作、可持续的新安全观，谋求开放创新、包容互惠的发展前景，促进和而不同、兼收并蓄的文明交流，构筑尊崇自然、绿色发展的生态体系，始终做世界和平的建设者、全球发展的贡献者、国际秩序的维护者。"[①]这呈现了中国同世界各国和平共处、互利共赢的开放战略，体现了习近平新时代中国特色社会主义思想和基本方略，体现了一个负责任大国的襟怀。

坚持正确义利观是新时期中国外交的重要指导思想。坚持正确义利观的重要思想，体现了以习近平同志为核心的党中央对中国未来国际地位和作用的战略谋划，反映了新时代中国特色社会主义的内在要求，对做好新时代外交工作，尤其是处理好与周边国家和发展中国家的关系具有重要指导意义。中国人民的利益只有同各国人民共同利益相结合，在中国与世界各国良性互动、互利共赢中开拓前进，才能为中国的和平发展开辟更加广阔的空间，为夺取新时代中国特色社会主义伟大胜利营造稳定有利的外部环境。正如习近平总书记在《共同构建人类命运共同体》中所说："（我们要）坚持共建共享，建设一个普遍安全的世界。世上没有绝对安全的世外桃源，一国的安全不能建立在别国的动荡之上，他国的威胁也可能成为本国的挑战。邻居出了问题，不能光想着扎好自家篱笆，而应该去帮一把。'单则易折，众则难摧。'各方应该树立共同、综合、合作、可持续的安全观。"[②]

正确对待和处理"义"与"利"的关系，重视道义与责任，是我国优秀传统

---

① 习近平：《决胜全面建成小康社会　夺取新时代中国特色社会主义伟大胜利——在中国共产党第十九次全国代表大会上的报告》，人民出版社 2017 年版，第 25 页。

② 习近平：《共同构建人类命运共同体》（2017 年 1 月 18 日），《人民日报》2017 年 1 月 20 日第 2 版。

文化的重要内容，也是新中国外交的一个鲜明特色。中国坚定奉行独立自主的和平外交政策，在南南合作框架下向其他发展中国家提供了力所能及的援助，尤其在农业、基础设施、教育、医疗卫生、人力资源开发合作、清洁能源等领域的援助不断增强，如此义举，充分说明中国外交注重和维护的不是一己之利，而是国际道义和国际关系。我们坚定不移地维护和发展我国发展的利益，同时坚定不移地扩大对外开放，继续高举和平、发展、合作、共赢的旗帜，始终不渝地走和平发展道路、奉行互利共赢的开放战略，坚持正确的义利观，树立共同、综合、合作、可持续的新安全观，“积极参与全球治理体系变革和建设，为世界贡献更多中国智慧、中国方案、中国力量，推动建设持久和平、普遍安全、共同繁荣、开放包容、清洁美丽的世界，让人类命运共同体建设的阳光普照世界”①。

正确的义利观主张超越你失我得、非此即彼等零和博弈思维，在命运共同体的整体构架中实现各自的利益和共同利益，实现共同发展、共同幸福，同时形成守望相助、共同发展的道义追求。当前，世界各国利益交织愈来愈密切，各种气候变化、网络安全、反恐等全球性利益问题日显突出，世界越来越成为命运相连的“地球村”，正确的义利观从人类已经成为命运共同体这一伦理价值理念出发，强调了人类共同利益的重要性，主张以此来引领国际社会的发展，体现了习近平新时代中国特色社会主义思想对当今世界形势的深刻洞悉和科学判断，为共同应对全球性问题贡献了中国智慧，为构建和平发展、共生共赢的国际新格局作出了重大贡献。

（五）坚持合作共赢走和平发展道路

安全问题是事关人类前途命运的重大问题，中国国家安全与世界和平稳定休戚相关。习近平总书记指出：“走和平发展道路，是我们党根据时代发展潮流和我国根本利益作出的战略抉择。”②我们坚持和平发展道路，追求本国利益时兼顾各国

① 《让人类命运共同体建设的阳光普照世界》，《 人民日报 》2018 年 3 月 25 日第 1 版。

② 《更好统筹国内国际两个大局　夯实走和平发展道路的基础》，《人民日报》2013 年 1 月 30 日第 1 版。

合理关切，谋求本国发展时促进各国共同发展，维护本国安全时尊重各国安全，无论发展到什么程度，永不称霸、永不扩张。当今世界正处于大发展大变革大调整时期，和平、发展、合作、共赢的时代潮流更加强劲，各种风险挑战更加严峻复杂。

走和平发展道路在中国有深厚的历史文化渊源和基础，体现了中国人民的真诚愿望和不懈追求，也是中国顺应时代潮流、走向现代化的必然要求。中国和平发展的不懈追求，是对内求发展、求和谐，对外求合作、求和平。具体而言，就是通过中国人民的艰苦奋斗和改革创新，通过同世界各国长期友好相处、平等互利合作，让中国人民过上更好的日子，为全人类发展进步作出应有贡献。这已经上升为中国的国家意志，转化为国家发展规划和大政方针，落实在中国发展进程的广泛实践中。

中国倡导并致力于同世界各国一道推动建设持久和平、共同繁荣的和谐世界。当今世界政治、经济形势复杂多变，不稳定性、不确定性日益突出，地区热点问题此起彼伏，非传统安全威胁持续蔓延。同时，经济全球化、社会信息化，使得各国相互联系和相互依存日益加深，一个国家的问题很容易扩散到周边地区甚至全球，影响维护政治安全的外部因素复杂多变。随着我国国家地位的提升，我们要更加敏锐地应对国际政治环境的变化，担负起大国责任，积极做好各种应对准备。要积极推动建设相互尊重、公平正义、合作共赢的新型国际关系，与周边国家和友好国家联起手来共同打击恐怖主义、分裂主义和极端主义，维护我国发展的重要战略机遇期。随着“一带一路”倡议的深入推进，要积极参与全球治理体系改革，推动人类命运共同体建设，在为世界和平与发展作出应有贡献的过程中确保我国政治安全得以有效维护。

（六）坚持积极防御的国防政策

中国坚持走和平发展的道路，坚定不移地奉行积极防御的国防政策，这是由我国的政治制度和国家政策决定的。加强国防和军队现代化建设，维护国家安全统一，确保全面建设小康社会的顺利进行，是中国国防的主要任务。

中国的国防政策，就是巩固国防抵御外敌侵略，捍卫国家领土、领空、领海主权和海洋权益，维护国家统一和安全。“‘明者防祸于未萌，智者图患于将来。’我们必须积极主动、未雨绸缪，见微知著、防微杜渐，下好先手棋，打好主动仗，做好应对任何形式的矛盾风险挑战的准备，做好经济上、政治上、文化上、社会上、外交上、军事上各种斗争的准备，层层负责、人人担当。”[①]坚持积极防御的国防政策，就是在战略上坚持防御、自卫和后发制人的原则。同时，在防御的过程中要争取主动、争取有利态势。

中国一向为维护世界和平、促进人类进步事业而努力，坚持永远不称霸、不做超级大国、不侵略别国的既定政策。面对现代战争的新变化，中国坚持依靠人民群众加强国防建设，增强全民国防观念，实行精干的常备军与强大的后备力量相结合的武装力量体系；坚持平战结合、军民结合、寓兵于民的方针，完善动员体制和机制，拓宽动员领域和范围，建立适应现代战争要求的国防动员体系；坚持灵活机动的战略战术，创造现代条件下适合人民群众参战的新战法，发挥人民战争的整体威力。人民解放军实施科技强军战略，加快国防科研和武器装备发展，培养高素质新型军事人才，建立科学的体制编制，发展中国特色作战理论，增强联合作战、机动作战和执行多种任务的能力。

思考题

1. 什么是国家安全？
2. 什么是总体国家安全观？
3. 为什么说国家安全是安邦定国的重要基石？
4. 如何走中国特色国家安全道路？

① 习近平：《在省部级主要领导干部学习贯彻党的十八届五中全会精神专题研讨班上的讲话》（2016 年 1 月 18 日），人民出版社 2016 年版，第 39—40 页。

第一章 政治安全

坚持人民安全、政治安全、国家利益至上的有机统一，人民安全是国家安全的宗旨，政治安全是国家安全的根本，国家利益至上是国家安全的准则，实现人民安居乐业、党的长期执政、国家长治久安。

——2018年4月17日，习近平总书记在十九届中央国家安全委员会第一次会议上的重要讲话

【案例透视】

由“修例风波”引发的香港暴乱

近年来，境内外敌对势力不断将敌我矛盾掺杂进人民内部矛盾，不断激发、诱导一些群体性事件，企图把“颜色革命”置于群体性事件之中，使之向着反党、反社会主义、反政府、反国家的方向发展。2019年6月以来，由“修例风波”引发的香港一系列暴乱事件，是美国近年来对我国进行“颜色革命”的“香港版”。深入了解该事件的发展始末和运作规律，对应对未来的意识形态领域争夺战大有裨益。

香港事件始于2019年6月9日。反对派组织“香港民间人权阵线”（简称“民阵”）以反对修订《逃犯条例》为由，组织了民众集会和游行示威。他们散布消息称，新修订的《逃犯条例》一旦通过，中央政府就会利用条例涵盖范围罗织罪名，任意拘捕和遣送身在香港的人士（即“送中”），令被遣送人遭受不公平的审判，使《逃犯条例》成为政治打压的工具。

据旧版《逃犯条例》，中国香港特别行政区与英

国、美国、新加坡等20个司法管辖区签有移交逃犯的协议，但其中不包括中国内地、台湾地区以及澳门特区。2018年2月，一名香港男子在台湾杀害了香港女友及其腹中的胎儿，抛尸后潜逃回港。香港警方抓获该男子后，因港台之间没有移交逃犯协议，该男子无法移交至案发地台湾受审，只能在香港以盗窃罪等判处29个月刑期。受害人父母痛苦难当，恳请香港特区政府尽快修订《逃犯条例》，将凶手绳之以法。

为堵塞法律漏洞，特区政府提出修订《逃犯条例》的建议，并在广泛听取民意的基础上向立法会提交了《2019年逃犯及刑事事宜相互法律协助法例（修订）条例草案》。香港立法会原定于6月12日举行会议，开展《逃犯条例》修订草案审议工作，但因示威人群在立法会附近占据道路、聚众滋事，暴力冲击警察防线，会议被迫取消。6月15日，香港特区行政长官林郑月娥宣布，暂停修例工作。修例暂停了，但示威者仍然不依不饶，甚至变成了暴徒。6月21日，示威者包围警察总部及特区政府大楼，向警员投掷鸡蛋，用激光照射警员的眼睛，令警务工作及政府多个部门受到影响，甚至被迫停止运作。

此后，香港街头暴力不断升级、“黑色恐怖”蔓延。暴徒向中央人民政府驻香港特别行政区联络办公室（以下简称“中联办”）大楼投掷鸡蛋、玻璃瓶、砖块、油漆弹，用黑色液体玷污国徽，并在外墙上喷涂侮辱国家、民族的字句；连续两次在尖沙咀海港城拆下某建筑物前悬挂的中国国旗，扔入海中；用雨伞和头盔等硬物殴打落单警察，用激光笔射伤警察的眼睛，纵火点燃手推车冲向警察……暴力行动一再升级。“修例风波”发生后的几个月来，香港连续发生大规模的游行示威和暴力活动，其中一些人鼓吹“港独”，喊出“光复香港、时代革命”的口号，包围和冲击中联办，肆意侮辱国旗、国徽和区徽。这些行为严重挑战“一国两制”原则底线，正如香港不少人士所说，“修例事件”已经变质，带有明显的“颜色革命”特征。

香港暴乱事件是美国近年来对我国进行“颜色革命”的“香港版”。在这场暴乱事件中，香港一些激进暴力分子以反对修例为幌子，持续制造暴力事件。他们的暴力违法行径触目惊心、令人发指，事实清楚、证据确凿，其所作所为已经远远超出了自由表达意见的范畴，严重威胁公众安全，严重影响香港法治、社会秩序、经济民生和国际形象。这样的暴力行动绝不是松散的乌合之众能干出来的，而是有严密的组织和指挥的。美国等一些西方国家政府却“选择性失明”，颠倒黑白，混淆是非，甚至安排高级官员会见“反中乱港”头面人物，为香港激进暴力分子的违法行为撑腰打气，竭力破坏香港的繁荣稳定和安全。

香港是中国的香港，香港事务纯属中国内政，不容任何外部势力干涉。中央政府坚持贯彻“一国两制”方针的决心坚定不移，维护国家主权安全与发展利益的决心和意志也坚定不移，任何企图搞乱香港、损害中国良好发展局面、阻挠中华民族伟大复兴的图谋和行径都是注定要失败的。2020年6月18日，十三届全国人大常委会第十九次会议审议通过了《中华人民共和国香港特别行政区维护国家安全法（草案）》。十三届全国人大常委会第二十次会议于6月30日上午表决通过了《中华人民共和国香港特别行政区维护国家安全法》（即《港区国安法》）。《港区国安法》对防范、制止和惩治发生在香港特别行政区的分裂国家、颠覆国家政权、恐怖活动、勾结外国或者境外势力危害国家安全等四类犯罪行为的具体构成和相应的刑事责任，作出了明确规定。

构建国家安全屏障，筑牢“一国两制”根基。6月30日晚，香港特区政府新闻网站发布新闻公报称，中国全国人大常委会制定的《港区国安法》6月30日刊宪公布，30日晚上11时生效。《港区国安法》出台将有效堵塞香港在国家安全方面存在的法律漏洞，建立健全香港维护国家安全的法律制度和执行机制，有力打击香港内外各种“反中乱港”势力的嚣张气焰，有效防控国家安全风险，对于全面准确贯彻“一国两制”方针和基本法，维护国家主权、安全、发展利益，保证香港长期繁荣稳定，确保“一国两制”行稳致远，具有重大现实意义和深远历史意义。

【法条链接】

《中华人民共和国国家安全法》第十五条 国家坚持中国共产党的领导，维护中国特色社会主义制度，发展社会主义民主政治，健全社会主义法治，强化权力运行制约和监督机制，保障人民当家作主的各项权利。

国家防范、制止和依法惩治任何叛国、分裂国家、煽动叛乱、颠覆或者煽动颠覆人民民主专政政权的行为；防范、制止和依法惩治窃取、泄露国家秘密等危害国家安全的行为；防范、制止和依法惩治境外势力的渗透、破坏、颠覆、分裂活动。

政治安全是国家安全的基石，只有从维护总体国家安全的高度谋划和推进政治安全，才能更好地保障国家利益，实现党的长期执政、国家长治久安和人民安居乐业。政治安全是国家安全的根本，核心是政权安全和制度安全，最重要的就是维护党的领导，维护中国特色社会主义制度，维护党中央权威和集中统一领导。

一、始终把维护政治安全放在首位

新时代，我们必须把维护政治安全放在首位，增强“四个意识”，坚定“四个自信”，旗帜鲜明讲政治，强化政治担当，提高政治能力，特别是把握方向、把握大势、把握全局的能力和保持政治定力、驾驭政治局面、防范政治风险的能力，使我们的党、我们的国家、我们的人民永远立于不败之地。

（一）政治安全概念阐释

政治安全，是指国家的主权和政权、领土完整、政治制度、政治秩序以及意识形态等方面免受威胁、侵犯、颠覆、破坏的客观状态。一个国家的政治体系是否处于安全状态，通常可以从国家主权独立、政权稳定、领土完整、主流意识形态彰显、政治制度恰适、执政党地位巩固、政治秩序良好等方面来衡量。其中，主权独立和领土完整是国家生存发展的前提和基础，是国家安全的政治基础；最核心的是政权安全和制度安全，体现为中国共产党在国家政治生活中的组织领导和执政地位；最现实的是维护国家政治秩序稳定和主流意识形态巩固，国家政治秩序稳定是保证国家政权运行和政治活动开展的社会基础，主流意识形态巩固是维护国家政治秩序稳定的保障。

在当代中国，从我国总体国家安全的角度看，维护政治安全的主要任务包括：坚持中国共产党的领导，维护中国特色社会主义制度，坚持马克思主义的指导地位，发展社会主义民主政治，健全社会主义法治，强化权力运行制约和监督机制，保障人民当家作主的各项权利。

（二）维护国家政治安全意义重大

第一，政治安全是国家赖以生存和发展的政治基础。政治安全涉及国家主权、政权、制度和意识形态的稳固，是一个国家赖以生存和发展的最根本的要求和基础。政治安全不仅关系到国家的长治久安，更与民族复兴和人民福祉休戚相关。一个国家经济、社会、网络、军事等领域安全的维系，最终都需要以政治安全为前提条件。而且，政治安全对其他领域国家安全起决定性作用，为其他领域国家安全提供政权保证和制度保证。没有政治安全的保障，其他领域国家安全就无从谈起。

第二，政治安全事关我们党和国家的生死存亡。政治安全的核心是政权安全和制度安全。世界社会主义运动的发展历史表明，政治安全关系到党和国家事业发展前途。苏联解体、东欧剧变、西亚北非的“阿拉伯之春”的教训表明，政治安全是国家安全这一肌体的心脏，心脏停止了跳动，再强壮的肌体也会失去生机。因此，欲保卫国家安全，必先求政治安全。对于我国来说，维护政治安全就是维护中国共产党的领导和执政地位，维护中国特色社会主义制度。以政治安全为根本，就是要坚持党的领导和中国特色社会主义制度不动摇，把制度安全、政权安全放在首要位置，为国家安全提供根本政治保证。

第三，政治安全是维护国家利益的根本保证。维护政治安全是国家安全的根本，对于保障人民安全、维护国家利益，不断提高全体国民的获得感、幸福感和安全感，实现国家长治久安，具有根本性、全局性的重大意义。没有政治安全，就没有国家安全，更没有人民安全。因此，必须紧紧抓住政治安全这个国家安全的根本，坚持人民安全、政治安全、国家利益至上的有机统一，以保证党的长期执政、国家长治久安，为人民安居乐业、幸福安康提供有力的政治保证。

第四，维护国家政治安全是实现“两个一百年”奋斗目标的重要保障。“两个一百年”奋斗目标，是中国共产党对当前和今后一段时间内实现中华民族伟大复兴的战略部署。维护国家政治安全，就是要为实现“两个一百年”奋斗目标创造良好的内外部环境，特别是创造和谐稳定的国内政治环境，保障我国经济社会健康有序发展，同时为应对外部安全挑战提供坚强有力支撑。党的十八大以来，习近平总书记多次在重要讲话、重要批示中强调，要坚决维护国家政治安全，增强总体国家安全观。根据新的形势和任务，设立了中央国家安全委员会，实现了对国家安全工作的集中统一领导。习近平总书记一系列重要指示，采取的各项重要举措，都是站在实现“两个一百年”奋斗目标的时代高度来认识和做好政治安全工作的。

（三）维护政治安全的主要内容

维护国家的政治安全，最基础的是维护主权独立和领土完整，最核心的是政权安全和制度安全，最现实的是维护国家政治秩序稳定和主流意识形态巩固。因此，维护国家政治安全主要是维护国家主权、领土完整、政治制度、意识形态、执政党执政地位。

第一，国家主权是维护政治安全的核心。国家主权是指国家区别于其他社会集团的最重要属性，是一个国家固有的在国内的最高权力和在国际上的独立自主权利。国家主权是国家利益的最高体现，对内是最高的，对外是独立的，是国家利益、民族尊严的集中体现。主权独立是国家政治安全的第一标志要素，是国家生存和发展的前提和保障，是国家最高利益中最根本的安全利益。任何国家都有权按照自己的意愿，根据本国的情况，选择自己的社会制度、国家形式，组织自己的政府，独立自主地决定、处理本国的内部和外部事务，其他国家无权进行任何形式的侵犯或干涉。因此，对一个国家而言，国家主权安全始终是第一位的安全问题，必须坚决维护。

第二，领土完整是维护政治安全的主要内容。领土完整是国家生存发展的基础。理解领土完整，需要分别理解“领土”和“完整”的含义。首先要理解“领土”的意思。领土是指国家行使主权的空间，包括一个国家的陆地、河流、湖泊、内海、领海以及它们的底床、底土和上空。其次还要理解“完整”的意思，完整就是完美、完全、无缺。将以上的意思延伸到“领土完整”的理解，就是一个国家领土须完整无缺，不得缺失、少有、断离或被他国侵犯、分割、占有。这是一个主权国家的象征与国格和民族精神的体现，也是我们国家一直捍卫的国际态度与立场。维护国家政治安全最基础的就是维护国家主权独立与领土完整，确保中华人民共和国主权和领土不受侵犯、国家不被分裂。如今，对中国领土主权完整性的威胁依旧存在，传统安全问题依然重要，维护国家领土完整仍然任重道远。

第三，维护政治安全必须保持政权安全和制度稳定。政治安全的目标就是维护一定的政治制度原有的基本结构和基本性质，及时有效地解决社会张力，消除不安定因素，防止政治动乱，保证政治运作的秩序性、规范性和连续性；或者说维护国体、政体和政局的稳定，不受外部势力的破坏和颠覆。政权是指掌握国家主权的政治组织及其所掌握的政治权力，以维护对社会的统治和管理。当代中国国家政权体现为中国共产党在国家政治生活中的组织领导和执政地位。政治制度是国家权力的性质、组织、分配、运作等方面的规范法度。中国共产党在中华人民共和国的领导地位和社会主义政治制度的确立是中国社会发展的历史选择和人民选择，中国的历史发展和现实国情决定了必须坚持中国共产党的领导，坚持社会主义制度，这是维护国家政治安全的核心。

第四，政治秩序稳定是维护政治安全的重要保障。国家政治秩序是保证国家政权运行和政治活动开展的社会基础，维护国家政治秩序就是确保国家政权正常运转、政治制度不受干扰破坏，保持基本的安全状态，为政权运转和政治制度稳固提供安定有序的社会环境。维护我国政治秩序稳定就必须始终坚持中国共产党在各项工作中的领导地位，始终坚持马克思主义在意识形态领域的主导地位，坚持人民民主专政，坚持社会主义道路，为中国共产党执政活动和社会主义政治制度依法落实创造和谐有序、安全稳定的社会环境。维护国家政治秩序稳定应以人民群众的支持和拥护为根本，如果失去了群众基础，国家政治秩序稳定就会受到严重危害，进而影响到国家政治安全。

第五，意识形态安全是政治安全的重要组成部分，是实现国家利益的重要手段和维护国家安全的重要屏障。意识形态安全作为政治安全的核心，它是一个国家政治的灵魂，其对于培养国民政治认同感、维系社会控制力、维护国家政治安全的作用显而易见。如今，意识形态领域斗争形势更加隐蔽复杂严峻。当代世界思想文化领域交流交融频繁、斗争深刻复杂，尤其是外部势力把我国崛起视为对其价值观和制度模式的挑战，加紧通过互联网等各种渠道进行渗透分化。

第六，执政安全问题是关系执政党生存与发展的基本问题。执政地位主要考虑国家内部对政权合法性的挑战，即要确保国家的政治体制的合法性受到民众的认同和拥护。中国是共产党领导的社会主义国家，这一基本规定确立了我国执政党安全问题，即中国共产党执政安全问题，是国家安全的核心安全问题。随着中国融入全球一体化进程加速，我国对全球化的主动参与，必将深刻地影响国际国内大局，对执政党执政安全既是机遇也是挑战。同时，当前党的建设还存在着许多同新形势新任务不相适应的地方，特别是如何不断提高党的执政能力和领导水平、不断增强拒腐防变和抵御风险的能力，还有不少问题需要研究和解决。为此，要从党和国家长治久安的高度，以强烈的执政安邦的忧患意识，洞察危机，未雨绸缪，锐意进取，勇于开拓，知难而进，一往无前，艰苦奋斗，不断克服前进道路上的困难，经受任何风浪的考验。

二、政治安全面临的威胁与挑战

当前，我国面临对外维护国家主权、安全、发展利益，对内维护政治安全和社会稳定的双重压力，世界急剧变化增大了我国政治安全的不稳定性、不确定性。如今，我国维护政治安全的各项基础和条件虽然不断得到加强和改善，但当前我国面临的政治安全形势仍然十分复杂，国家政治安全面临着威胁与挑战。

（一）面临西方国家的分化、西化战略的威胁

由于在意识形态、政治制度、价值观念、国家利益、全球战略利益等方面的巨大差异和分歧，遏制和制约中国是美国既定的对华战略和政策本质，其对我的“两化”战略是全面性的、连续不断的、长期持久的威胁，是全程性、全方位、多

领域的威胁。无论美国的全球战略如何调整和变化，其对华的政策本质不会变，对华的基本战略不会变。特别是在新时代背景下，其“两化”战略实施的方式、手段更加隐蔽、更加间接、更趋多样化。

国家政治制度面临着西方国家推行的“颜色革命”挑战。“颜色革命”，是指在东欧、高加索、中亚、北非和西亚等地区发生的以颜色命名、倡导“非暴力”进行政权更迭的运动。其实质是外部势力通过各种手段在有关国家进行各领域渗透、培植政治反对派并鼓励其利用社会矛盾推翻现政权的一种政治颠覆活动。“颜色革命”从2000年开始席卷世界，到2014年乌克兰爆发“二次橙色革命”，“颜色革命”席卷了半个地球。21世纪以来，在所发生的以“颜色革命”的“和平和非暴力方式”实现的政权更迭运动背后，都有美国等西方势力的插手。西方国家操纵民意，制造民意，利用民意，形成滔滔洪流冲击国家政权，已经在各国“颜色革命”中反复被验证。例如：突尼斯“颜色革命”的起因是一名青年商贩因不满城管暴力执法自焚，尽管被送往最好的医院，依然因为伤势过重死亡。此事引发了民众对政府的怒火，全国各地相继爆发大规模骚乱并造成流血冲突。最终总统下台。叙利亚“颜色革命”的起因是一名男孩在街头张贴反政府传单，被警察带到警局，通知父母领走。美国操纵的网络谣言开始传播，说警察杀掉了孩子全家。于是叙利亚民众上街，事件最终演变为内乱、内战，叙利亚至今没有恢复和平。乌克兰“颜色革命”的起因是2013年11月21日至2014年2月22日，乌克兰爆发了“亲欧盟示威运动”。美国中情局利用枪手同时射杀群众和警察，制造混乱，欺骗乌克兰民众，最终将亲俄政权推翻。乌克兰亲俄政权被“颜色革命”推翻，就是因为总统被欧美威胁，同时试图维持文明形象，不敢采取强力措施平息事态，最终使乌克兰沦为欧洲最穷的国家之一。

“颜色革命”对我国政治安全构成严峻的现实威胁。中国是一个与西方国家价值观不同的社会主义国家，西方势力不愿意看到一个强大的社会主义中国存在，总是千方百计进行破坏和干扰，甚至试图发动“颜色革命”，颠覆中国共产党的领导，颠覆我国社会主义制度。可以说，敌对势力在我国策划“颜色革命”的战略图谋是长期的，他们从来没有停止过对我国实施西化分化战略，从来没有停止过对中国共产党领导和我国社会主义制度进行颠覆活动。香港非法“占中”事件中，美国的“颜色利器”，如CloudFlare、Firechat、Code4HK等社交、串联的网络工具纷至沓来，再次踏准了“占中”行动的节奏，在互联网世界兴风作浪。目前，人民内部矛盾和其他矛盾相互交织，容易被外部势力所利用，便于他们扶植反对势力。一旦人民内部矛盾未能得到有效处理，便有可能引发大规模社会动荡，直接威胁我党的领导地位和执政安全，威胁我国的社会主义政治制度。因此，习近平总书记尖锐地提出：“如果哪天在我们眼前发生‘颜色革命’那样的复杂局面，我们的干部是不是都能毅然决然站出来捍卫党的领导、捍卫社会主义制度？”①中国已经被推到了“颜色革命”的边缘，每一位党员干部都应始终保持高度警惕，防止国内外敌对势力通过“颜色革命”对中国实施西化、分化、和平演变的战略，演变中国社会主义政权和制度的政治图谋。

西方国家在贩卖西方政治制度的同时，极力鼓吹西方资本主义价值观，诋毁社会主义核心价值观，腐蚀人们心灵，动摇理想信念。反共反华势力乘我对外开放、发展市场经济之机，竭力向我国渗透拜金主义、享乐主义和极端个人主义等腐朽思想，而诬集体主义为“戕害人权”、诬爱国主义为“民族主义情绪”、诬社会主义为“专制独裁”，鼓动“知识分子”成为“体制外”的批判性力量，把西方包含特定内容的“民主、自由”等虚伪口号美化为“普世价值”，把“新自由主义”吹捧为治世良方，把“华盛顿共识”神化为国家发展的唯一模式。

（二）国家仍然存在被分裂的安全隐患

国家统一和领土完整是政治安全的核心问题。长期以来，在以美国为首的西方敌对势力支持下，“台独”“藏独”“疆独”“港独”“民运”等反动分裂势力，沆瀣一气，内外勾连，一刻也没有停止分裂破坏活动。西方国家利用台湾问题，以各种方式支持“台独”分子，使台海两岸几度乌云密布，严重威胁了中国领

① 《习近平谈治国理政》，外文出版社 2014 年版，第 415 页。

土完整和统一。此外，“港独”“藏独”“疆独”势力近年来在西方国家鼓动下，大量从事分裂祖国的活动，而且越来越猖狂，给国家建设与发展造成了极大的危害，特别是“港独”势力近两年来的分裂行为尤为猖狂。

一是“台独”分裂活动使国家统一的任务更加艰巨。台湾问题实质上是国共两党在国内进行战争遗留的问题。在两蒋时期，台湾当局是反对“台独”的，只有民进党主张“台独”。如今，“台独”已经成为台湾的一种政治势力，不仅是民进党主张，包括台湾国民党在内的其他党派也有不少“台独”势力。蔡英文上台以来，拒不承认“九二共识”，导致两岸关系走向低谷。部分台湾民众对台湾地位、两岸关系前途的认识存在偏差，“台独”的社会基础在相当长时期内仍会存在。美国等外部势力纵容扶持“台独”分裂势力，也构成了阻滞中国和平统一进程的消极因素。特朗普执政期间，先后批准了国会通过的《台湾旅行法》《国防授权法》《亚洲再保证倡议法》《台湾保证法》，这些法案环环相扣，为与中国台湾交往特别是军事交流提供了法律基础。特朗普执政期间连续7次批准“对台军售案”，超过以往任何一届美国政府的对台军售。

二是反分裂斗争形势依然错综复杂。边疆地区民族分裂势力一直是困扰我国边疆安全的不稳定因素，并在不同历史时期具有不同的表现。改革开放以来，由于历史和现实等原因，西藏和新疆等边疆地区的民族分裂活动达到新中国成立以来的最高峰，使反分裂斗争呈现长期性、复杂性、尖锐性。比较严重的是发生在新疆的“7·5”事件。2009年7月5日，乌鲁木齐市发生打砸抢烧严重暴力犯罪事件，造成197人死亡、1700多人受伤。①再就是发生在昆明的“3·01”恐怖袭击事件。2014年3月1日，昆明火车站广场发生的“3·01”恐怖袭击事件，造成29人死亡、143人受伤。这是一起由“东突”分裂势力一手策划组织的严重暴力恐怖事件。近年来，分裂势力还不断变换手法，打着“民主”“人权”“宗教自由”的幌子，骗

① 国务院新闻办公室：《新疆的发展与进步》白皮书，2009年9月21日，http://www.scio.gov.cn/ztk/dtzt/2015/33542/33548/Document/1450765/1450765_7.htm。

取国际社会的同情与支持，实际上是以分裂国家为目标，以极端宗教思想为指导，企图以暴力恐怖为手段破坏国家统一和民族团结。2018年3月24日，“台独”“港独”“藏独”“疆独”“蒙独”等势力，以及中国大陆海外“民运”分子等分裂势力，在台湾上演了一场鼓吹分裂中国的“研讨会”。如今，民族分裂主义势力、宗教极端势力、暴力恐怖势力及境外敌对势力对我国民族地区安定团结的政治局面和国家安全构成严重危害。

三是“一国两制”在香港受到严峻挑战。近年来，“一国两制”在香港实践遭遇新情况、新问题，“港独”势力置民生于不顾、视法律为无物，制造分裂国家的暴乱事件。继2014年9月香港发生少数激进分子骤然发动“占领中环”事件之后，2019年6月“修例风波”发生以来，内外勾结的“港独”“黑暴”“揽炒”等激进暴力犯罪行为和活动愈演愈烈，对中国的国家安全已造成现实危害，严重触碰“一国两制”原则底线，严重侵害香港居民的生命财产安全，远远超出合法行使个人自由与权利的界限和范围。暴徒将施暴目标从爱国人士、香港警察、建制派人物、内地游客扩散到普通市民、孕妇、儿童，甚至是外国人。2020年5月1日，香港极端激进分子在“五一”假期再次发动违法聚集、滋扰商铺和掷汽油弹等违法活动。2020年6月30日，十三届全国人大常委会第二十次会议表决通过《港区国安法》后，“港独”势力立即又在香港制造暴乱事件。

（三）意识形态领域斗争形势复杂严峻

历史经验和现实教训证明，意识形态领域的斗争是一场没有硝烟的战争，关乎政权安全、政治稳定和执政安全。“冷战”结束以来，以美国为代表的西方国家对中国的意识形态渗透一刻也没有停止过。新时代，我国在意识形态领域面临的形势更加错综复杂，面临的风险挑战更加严峻，意识形态领域斗争更加激烈。

一是通过话语霸权和网络技术潜移默化地影响意识形态领域安全。美国等西方国家在把持全球化霸权的同时，自觉不自觉地总是将自己独特的自我经验上升为全人类的经验，从而占据了全球化精神生产的制高点。西方发达国家通过网络扶持极端宗教和民族分裂势力，摧毁我国主流意识形态，实现资本主义意识形态渗透。

它们还把带有意识形态的产品包装成视频、电子书籍等形式并通过互联网进行传播，进行意识形态领域的渗透，这不仅对我国主流意识形态的健康发展造成了威胁，也加大了政府部门对网络市场监管的难度。网络技术随之把这种全球化的意识形态即时地以“无意识”的方式侵入中国。

二是经济力量和意识形态号召力相结合。当今，发达国家在与中国的经济交往中，时刻不忘把自己的世界观和价值观强加给我们，以所谓的最惠国待遇为诱饵，动辄施以经济制裁。把意识形态号召力和经济力量结合在一起，应该说是西方现代意识形态专家们的理论“新贡献”。西方采取多种手段、方式在中国宣扬其错误思潮，并攻击中国共产党的领导和社会主义制度，严重地冲击我国主流意识形态，极大地危害着我国的政治安全。

三是政治力量和意识形态号召力相结合。东欧剧变中，西方现代意识形态专家们除了使用“经济力量和意识形态号召力相结合”的新的意识形态策略，很明显也运用了政治力量和意识形态号召力相结合的手法。种种迹象表明，西方大国对中国内政的种种粗暴干涉，既是严重的政治问题，又是意识形态的渗透。

四是思想文化和意识形态相结合。近年来，西方国家利用信息网络、课堂讲坛、独立媒体、地下教会等方式，传播西方思想文化和意识形态，诋毁我国的主流意识形态，片面渲染、刻意放大我国的各种问题，甚至制造各种谣言，煽动人民的不满情绪。随着人民内部矛盾多发，人们思想观念、价值取向趋于多元，一些党员干部理想信念动摇、思想道德滑坡，一些腐化落后的观念更容易滋长泛滥，必将极大地冲击社会主义的思想文化阵地。如果缺乏足够的警觉性，不能守住“道路自信、理论自信、制度自信、文化自信”的底线，就必然造成严重后果。

五是实现中国梦面临各种敌对势力渗透和遏制的挑战。西方国家一方面利用媒体网络、文化贸易、学术交流、电影电视等各种手段传播西方的政治思想、价值观念和意识形态，通过大规模文化渗透极力美化西方资本主义社会制度，宣扬民主、自由、人权等“普世价值”；另一方面利用历史虚无主义的手段夸大、捏造我们党和新中国历史上的失误，并以此来隐晦地攻击我们党和社会主义，诋毁和批判我国以马克思主义为指导的主流意识形态，其形式、手段变得更隐秘、更具有迷惑性和欺骗性，危害性也就更大。因此，马克思主义的指导思想地位面临多样化社会思潮的冲击，社会主义核心价值观面临市场逐利性的挑战，传统的宣传管理方式正面临迅猛发展的新媒体的挑战，我国在实现民族复兴过程中面临各种敌对势力渗透和遏制的挑战。

（四）我党的执政地位面临挑战

执政安全问题是关系执政党生存与发展的基本问题。中国共产党执政安全问题，是国家政治安全的核心问题。当今世界正处于百年未有之大变局，国内外复杂的安全形势对我党执政安全带来严峻挑战。

一是执政环境面临长期复杂的考验。党的十九大报告指出，要深刻认识党面临的执政考验、改革开放考验、市场经济考验、外部环境考验的长期性和复杂性，深刻认识党面临的精神懈怠危险、能力不足危险、脱离群众危险、消极腐败危险的尖锐性和严峻性。腐败、法制执法不严等，是当前中国最大的政治不安全因素。中国40多年的改革开放积累的相当多的问题和矛盾，开始进入敏感期、突发期、多发期、易发期、并发期，这些问题主要是政治腐败、法治欠彰、以权代法、分配不公等问题，都使我党执政环境面临长期复杂的考验。

二是腐败问题影响人民群众对我党的执政信心。在和平建设时期，危险主要来自执政党内部的腐败。腐败现象是侵入党和国家机关健康肌体的毒瘤，影响社会稳定、危害国家安定。贪污腐败，特别是高级干部的贪污腐败，以及与贪污腐败紧密相连的权力滥用，严重地威胁和危害我党的执政安全。据十八届中央纪律检查委员会向中国共产党第十九次全国代表大会的工作报告，党的十八大以来，经党中央批准立案审查的省军级以上党员干部及其他中管干部440人。其中，十八届中央委员、候补委员43人，中纪委委员9人。周永康、令计划、郭伯雄、徐才厚等一个个大“老虎”的腐败问题令人触目惊心。腐败现象的存在，一定程度上影响了中国特色社会主义的感染力。腐败问题如果不能得到有效遏制，就必将影响人民群众对中国特色社会主义的信心。如果任由腐败泛滥，就会葬送我们的党，葬送我们的人民政权，葬送我们的社会主义现代化大业。执政党只有坚决反对腐败、有效地预防腐败，才能保持执政地位，维护国家的稳定和发展。

三是精神懈怠、能力不足、脱离群众、消极懒政的问题十分尖锐。改革开放以来，我国经济社会发展取得了翻天覆地的变化，人民群众的物质生活得到极大改善。但同时我党内部一些党员领导干部出现骄傲自满、贪图享乐情绪；少数党员干部经不住权力本身具有的腐蚀性和市场经济带来的利益诱惑，出现了我党历史上从未出现过的高级领导干部成批腐败现象。进入新时代，中央八项规定出台后，面对反腐压力，少数党员干部不思进取、消极懒政。这些问题严重地损害了党的形象，削弱了党的战斗力，危及政治安全，这对我党执政安全的危害尤为严重。

四是执政成本过高影响我党的长期执政。执政成本过高，对于执政党而言，轻则降低执政绩效，重则威胁执政权威与地位。世界上一些执政党下台的原因很复杂，而执政成本过高则是一个重要因素。苏联的经验教训和中国共产党执政的经验教训都启示我们必须注重执政成本。在过去很长一段时期，由于成本意识淡薄、执政方式不当、政绩考评制度失偏、腐败之风蔓延以及缺乏成本核算和成本监督机制等原因，我党执政成本呈升高趋势。改革开放以来，政府行政成本大幅度增长，高于经济的增幅。导致我国执政成本上升的成因极为复杂，其中有合理因素，也有不合理因素。因此，降低执政成本，提高执政效率，是执政的中国共产党提高执政能力、巩固执政基础、实现执政宗旨的一种必然选择，也是构建社会主义和谐社会的重要任务。①

三、维护政治安全应把握的主要问题

维护政治安全是一项长期复杂的系统工程。要有强烈的风险意识，抓住重大问题和关键问题，着力推动解决维护政治安全面临的突出矛盾。习近平总书记强调

① 张光：《测量中国政府的行政成本》，《甘肃行政学院学报》2015 年第 5 期。

指出："要把维护国家政治安全特别是政权安全、制度安全放在第一位，提高对各种矛盾问题预测预警预防能力。"[①]牢记习总书记以政治安全为根本的重要指示，把维护国家主权安全、政权安全、政治制度安全、意识形态安全和社会政治秩序安全作为最大政治责任和最重要的使命，严厉打击敌对势力渗透破坏，确保党的执政地位绝对巩固。

（一）坚决抑制和防范西方国家对我实施"颜色革命"

坚决抵制境外势力渗透，坚决防范"颜色革命"。"颜色革命"是一场"没有硝烟的战争"，目前已在全球范围内取得了不少成功"先例"。因此，我们应从顶层设计角度，审视全球范围内西方势力进行"颜色革命"的手段、方式、内容和理念，总结归纳"颜色革命"的内在规律和发展模式，并将其进行归类分析，从当前中国意识形态领域的实际出发，提出有针对性、可操作性的具体预案，做好从里到外的全方位应对，打赢这场关系国家政权安危的"生死战"。依法严密防范、打击敌对势力渗透颠覆破坏活动，坚决捍卫中国共产党领导和中国特色社会主义制度。

一是坚定中国特色社会主义制度自信。要坚定对中国特色社会主义政治制度的自信，不能"看到别的国家有而我们没有就简单认为有欠缺，要搬过来；或者，看到我们有而别的国家没有就简单认为是多余的，要去除掉"[②]。这两种观点过于简单、片面，都是错误的，需保持清醒认识。

二是加强民主政治和法治建设。完善中国特色社会主义民主政治制度，强化人民代表大会制度作为国家最高权力形式的职能定位和作用发挥，推进协商民主广泛多层制度化发展。加强法治保护民主功能，不断建立健全维护政治安全的法律法规。

① 《全面提升防范应对各类风险挑战的水平　确保国家长治久安人民安居乐业》，《人民日报》2017 年 1 月 13 日第 1 版。

② 习近平：《在庆祝全国人民代表大会成立 60 周年大会上的讲话》，人民出版社 2014 年版，第 15 页。

三是加强国家安全防控体系建设。全方位实施集中统筹领导，从法律法规制度、体制机制、力量运用和操作规程，以及跨国联手合作等环节，构建起包括港澳在内的渗透各领域层次、灵敏协调高效的安全防控网。

四是加强矛盾纠纷排查调处。建立党和政府主导的利益维护机制，使群众由衷感到权益受到公平对待。健全重大决策社会稳定风险评估机制，凡是涉及群众切身利益的重大事项，都必须充分听取群众意见建议。深入开展矛盾纠纷排查调处活动，努力做到发现在早、防范在先、处置在小，防止矛盾碰头叠加，防止外部势力插手利用导致矛盾“交叉感染”、蔓延升级。

（二）坚决反对和打击各种分裂势力

维护祖国统一，坚决反对和打击各种分裂势力是新时代维护国家政治安全的重要任务。“十四五”规划中明确要求，“保持香港、澳门长期繁荣稳定……推进两岸关系和平发展和祖国统一”。

维护祖国统一、促进民族团结，必须坚决反对和打击“台独”“港独”“藏独”“疆独”等分裂势力。“台独”“港独”“藏独”“疆独”势力一直在迅速地演进，因时因地因对象而变，改换自己的手段、口号、宣传策略。近年来，“台独”“港独”“藏独”“疆独”势力有所扩大，在台湾，支持“台独”的人占台岛人口比例不断上升；在国外，“藏独”分子由单纯宣传西藏是个独立国家，演进为宣传汉族镇压藏族民众，在西藏侵犯人权、烧杀抢掠、灭亡西藏民族文化等，他们都以现在时兴的人权为幌子，以今日流行的民族自决权作为大旗，从而在海内外大举扩张影响。其实“四独”都以人权、自决权作为口号，除了说明他们迫不及待、装模作样，还说明人权、自决权的确是现代文明社会的救世观念，有着全球的宣传作用和放之四海而皆准的感召力，现代中国不必忌讳这两个词，更不要在这两个词面前自卑。恰恰相反，我们要与时俱进，大胆吸收现代社会诞生的各种好思想、好观念，高举人道主义、人权、民主的鲜艳旗帜，反对“台独”“港独”“藏独”“疆独”。因为人道主义、人权、自决权、民主正是反对“台独”“港独”“藏独”“疆独”的最有力武器。近期香港频繁发生骚乱，使“一国两制”遇到香港回归20多年来最大的挑战，“一国两制”的底线正在被疯狂地破坏，我们应该加强国安法在香港的适用。继续推进“一国两制”在港澳台的适用性探索，进一步完善“一个国家，两种制度”的基本国策。通过合理的制度安排使所有中国人团结起来，高举爱国主义的伟大旗帜，坚持统一，反对分裂，全力推动促进祖国统一大业的完成。

（三）维护意识形态安全特别是网络意识形态安全

意识形态工作是党的一项极端重要的工作，能否做好意识形态工作事关党的前途命运，事关国家的长治久安，事关民族凝聚力和向心力。因此，习近平总书记敏锐地指出：“意识形态关乎旗帜、关乎道路、关乎国家政治安全。各级党委和宣传思想部门、组织部门、教育部门要加强领导和管理，党报党刊党网、党政干部院校、大专院校要强化政治意识、责任意识，在重大问题上与党中央保持高度一致，绝不允许与中央唱反调，绝不允许吃共产党的饭、砸共产党的锅。要高度重视苗头性、倾向性问题，打好主动仗，防患于未然。”①我们必须坚持马克思主义的指导地位，坚定不移高举中国特色社会主义伟大旗帜，坚定不移走中国特色社会主义道路。要加大舆论引导力度，做大做强主流舆论阵地，牢固坚持马克思主义在意识形态领域的指导地位，坚决防范和抵制“颜色革命”，坚决遏制西方敌对势力的渗透颠覆破坏活动。

要特别注意切实维护网络意识形态安全。当前，随着网络信息化的迅猛发展和网民规模的持续扩大，西方敌对势力把意识形态渗透的重点转向互联网，互联网已经成为舆论斗争的主战场，直接关系我国政治安全和文化安全。2018年8月21日，习近平总书记在全国宣传思想工作会议上强调：“我们必须坚持以立为本、立破并举，不断增强社会主义意识形态的凝聚力和引领力。我们必须科学认识网络传播规律，提高用网治网水平，使互联网这个最大变量变成事业发展的最大增

① 习近平：《意识形态关乎旗帜关乎道路关乎国家政治安全》，《人民日报》2014年10月5日。

量。”[1]这为新时代维护网络意识形态安全指明了方向。

一是顶层设计要关注意识形态领域安全工作。全球化时代，中国在参与国际分工或与国际接轨的过程中，西方意识形态、民族分裂势力和宗教极端势力的渗透日趋活跃、日趋严重。亨廷顿认为：“对一个传统社会的稳定来说，构成其主要威胁的并非来自外国军队的侵略，而是来自外国观念的侵入，印刷品比军队和坦克推进得更快、更深入。”[2]未来意识形态领域的博弈将更趋白热化，我们必须未雨绸缪。坚持党管意识形态是我们党的优良传统和政治优势，也是巩固我们党执政基础的重要保障。进入网络信息化时代，网络意识形态安全建设同样离不开中国共产党的坚强领导。各级党组织要强化政治担当，顺应网络信息化时代的新要求，坚决抵制、批驳各种错误思潮和错误观点在网络空间的渗透和传播，始终把网络意识形态工作领导权、管理权、话语权牢牢掌握在手中，妥善做好突发事件和热点问题的舆情应对和舆论引导，切实将党管意识形态、党管网络原则落到实处。

二是牢牢掌握网络意识形态主导权。推进马克思主义中国化时代化大众化，用习近平新时代中国特色社会主义思想引领网络思想文化阵地建设。必须充分利用网络技术的优势，积极推进马克思主义中国化时代化大众化，推动习近平新时代中国特色社会主义思想深入人心，建设具有强大凝聚力和引领力的社会主义意识形态，使全体人民认同共产主义远大理想和中国特色社会主义共同理想，自觉将社会主义核心价值观转化为情感认同和行为习惯，树立正确的历史观、民族观、国家观、文化观，自觉抵制各种错误思潮、腐朽落后文化的侵蚀，真正做到正能量充沛、主旋律高昂。

三是严格落实意识形态工作责任制，加强对网络意识形态领域重大问题的分析研判。进一步大力贯彻落实意识形态工作责任制，增强“四个意识”，坚定“四

---

① 《举旗帜聚民心育新人兴文化展形象　更好完成新形势下宣传思想工作使命任务》，《人民日报》2018年8月23日第1版。

② [美]塞缪尔·P. 亨廷顿：《变化社会中的政治秩序》，王冠华，刘为等译 . 生活·读书·新知三联书店1989年版，第114页。

个自信”，旗帜鲜明地坚持社会主义主流意识形态，加强网络意识形态斗争的思想判断力、辨析力，提高开展网络意识形态斗争的工作能力，牢牢掌握网络意识形态工作的领导权和主动权，增强责任担当，努力做到履职尽责，主动担负起维护网络意识形态安全工作的重大使命。落实意识形态工作责任制，要加强对意识形态工作者的监督和管理，通过巡视监督进一步建立和落实网络“把关人”责任，充分发挥网络“把关人”的作用，筑牢网络空间意识形态安全的坚强堡垒，努力开创意识形态工作新局面。

四是依法依规加强网络空间治理，努力营造向上向善的网络文化。法治是加强网络空间治理的基本手段，是维护网络意识形态安全的基本保证。随着网络空间的迅猛发展，各种新情况、新问题大量涌现，网络直播、小视频等新的传播手段层出不穷，有些人利用这些新手段传播低俗文化、散布虚假信息、制作有害影音，对广大网民特别是青少年产生了严重的负面影响。习近平总书记强调：“我们要本着对社会负责、对人民负责的态度，依法加强网络空间治理，加强网络内容建设，做强网上正面宣传，培育积极健康、向上向善的网络文化。”[①]既要尊重网民交流思想、表达意愿的权利，也要依法构建良好的网络秩序，将网络空间治理纳入法治化的轨道，依法开展网络空间治理，建立健全相关网络法律法规，依法惩治网络违法犯罪行为，防止和抵御不良意识形态渗透，营造安全文明的网络环境，让网络空间有法可依，让互联网在法治轨道上健康运行。

（四）全面提高共产党执政能力

如今，我党作为拥有人数最多、组织最庞大的世界上第一大政党组织，如何永葆革命青春，带领全国人民走向共同富裕之路，是摆在我党面前的重要问题。为此，必须全面提高我党的执政能力。

一是全面提高维护政治安全的能力。针对新时代政治安全面临的新挑战新要

---

① 《在践行新发展理念上先行一步　让互联网更好造福国家和人民》，《人民日报》2016年4月20日第1版。

求，维护政治安全要从现实矛盾和重点方向出发，全面提升防范应对各类风险挑战的能力，确保国家长治久安、人民安居乐业。为提升维护政治安全的能力，应该重点加强以下工作：坚持和完善中国特色社会主义制度，强化意识形态工作，坚决抵御“颜色革命”，加强网络空间治理，加强对社会层面的控稳能力，坚持在发展中改善民生，防范内外各类风险叠加共振，加强党的自身建设。此外，还要进一步深化行政体制改革，通过大部制改革实现政府职能、机构和人员优化；健全地方政府的公共预算制度，从制度上有效控制行政成本；建立健全民主化和科学化的现代行政决策体制和机制；树立科学发展观和科学政绩观，有效遏制“面子经济”和“天价维稳”；积极推进电子政务和政府信息化建设，提高行政效率，建立廉价政府。

二是全面预防和根治党内腐败。改革开放以来，腐败问题是一直困扰中国顺利发展的重大国家问题、事关共产党执政能力的重大问题、攸关人民利益和国家稳定的重大问题。今后中国能否顺利发展，人民能否安居乐业，国家能否平稳发展，解决腐败问题是关键。我党要想保持长期执政党的地位，就必须解决自身腐化和脱离群众的问题。为此，必须坚持不断的自我改革，实行强有力的群众监督制度，特别是要做好以下两方面工作：一方面，实行党内民主，定期改选领导集体，让有作为而清廉的人来领导，解决党内老化、腐化问题；另一方面，真正实行政治民主，请人民来监督执政党和政府干部。特别是在人民当家作主的新时代，对群众监督应该有新认识、新态度。要以整风精神解决形式主义、官僚主义、享乐主义和奢靡之风的问题，推动各级干部既严以修身、严以用权、严于律己，又谋事要实、创业要实、做人要实。坚持高压态势惩治腐败，坚持零容忍的态度不变、猛药去病的决心不减、刮骨疗毒的勇气不泄、严厉惩处的尺度不松，坚决把党风廉政建设和反腐败斗争进行到底，着力营造不敢腐、不能腐、不想腐的政治氛围。

三是提高防范政治风险的能力。增强政治敏锐性和政治鉴别力，对容易诱发政治问题特别是重大突发事件的敏感因素、苗头性倾向性问题，做到眼睛亮、见事早、行动快，及时消除各种政治隐患。高度重视并及时阻断不同领域风险的转化通道，避免各领域风险产生交叉感染，防止非公共性风险扩大为公共性风险、非政治性风险蔓延为政治风险，增强斗争精神，敢于亮剑、敢于斗争，坚决防止和克服嗅不出敌情、分不清是非、辨不明方向的政治麻痹病。

四是切实巩固党的执政地位。中国共产党执政地位的巩固，直接关系到国家政治安全。当前，我们党面临的执政环境相对复杂，影响党的先进性、弱化党的纯洁性的因素不少。这要求我们必须积极面对“四大考验”“四种危险”，牢固树立习近平新时代中国特色社会主义思想的指导地位，切实加强党的自身建设，全面增强党的执政能力。要坚持全面从严治党，严肃党内政治生活，加强党风廉政建设，坚决铲除党内腐败，坚持无禁区、全覆盖、零容忍，坚持重遏制、强高压、长震慑。要坚持中国共产党对国家安全工作的绝对领导，坚持集中统一、高效权威的国家安全工作领导体制，确保国家安全工作正确的政治方向。要旗帜鲜明地开展意识形态领域的斗争，始终坚持马克思主义在意识形态领域的主导地位，以意识形态安全保证政治安全。

五是切实抓好全面从严治党这个关键。维护政治安全就是要通过捍卫和巩固党的领导和社会主义制度，保持执政党的纯洁性和先进性，增强国家基本制度的生机和活力，为维护其他领域国家安全提供坚强的政治保障、政权保证和制度保证。当前和今后一个时期，维护政治安全，需要切实抓好全面从严治党这个关键，不断提高党的领导水平和执政水平、提高拒腐防变和抵御风险的能力，增强全国人民对中国特色社会主义的道路自信、理论自信、制度自信、文化自信。这是以政治安全为根本的内在要求。

思考题

1. 什么是政治安全？

2. 政治安全包括哪些内容？

3. 如何维护国家的政治安全？

4. 当代维护政治安全的主要任务包括哪些内容？

第二章 国土安全

中国人民珍爱和平，我们决不搞侵略扩张，但我们有战胜一切侵略的信心。我们绝不允许任何人、任何组织、任何政党、在任何时候、以任何形式、把任何一块中国领土从中国分裂出去，谁都不要指望我们会吞下损害我国主权、安全、发展利益的苦果。人民军队要坚决维护中国共产党领导和我国社会主义制度，坚决维护国家主权、安全、发展利益，坚决维护地区和世界和平。

——中央军委主席习近平《在庆祝中国人民解放军建军九十周年大会上的讲话》（2017年8月1日）

【案例透视】

中印军人在加勒万河谷地区发生肢体冲突

2020年以来，印度边防部队单方面抵边修建设施，中方多次就此提出交涉和抗议。5月6日凌晨，印度边防部队越线进入中国领土构工设障，阻拦中方边防部队正常巡逻，试图单方面改变边境管控现状。中方边防部队不得不采取必要措施，加强现场应对和边境地区管控。6月6日，在中方的大力推动下，双方经过多渠道沟通，两国边防部队举行首次军长级会晤，双方同意采取切实措施，缓和边境地区局势。印方承诺不越过加勒万河口巡逻和修建设施，双方通过现地指挥官会晤商定分批撤军事宜。

然而，印边防部队出尔反尔，严重违反两国有关边境问题协定协议，严重违反中印军长级会谈共晤。6月15日晚间到16日凌晨，印军集中精干人员，渡过加勒万河谷，爬山前往我加勒万边防公路工地，试图干扰中方晚间施工作业，并试图在河对岸造成既成事实。印军进入工地后强行阻拦，打伤我军施工人员，并毁坏施工队财产，与我军施工队发生冲突。解放军附近的部队随后赶到，并与印度方面爆发激烈冲突。印军随后还呼叫了增援，前来增援的印军包括列城14军第三步兵师步兵。这两批人和我军先后战斗了6个小时，随后这群印度士兵被从山上赶到山下河谷附近，不少士兵最终掉进加勒万河冰冷的水中。根据印度国防部发布的消息，印军最终有3人当场死亡，17人伤重不治身亡，78人受伤，其中22人伤势严重。此次事件完全是由于印方违背共识、单方面挑衅造成的，完全是在双方认可的实控线中方一侧发生的，责任完全在印方。中方要求印方严惩肇事人，严格管束一线部队，确保此类事件不再发生。

中印边境发生军人肢体冲突后，印度军方相当不安分，除了和巴基斯坦、尼泊尔发生军事冲突，还在中印边境集结重兵，而且不断地从英国、法国、美国、俄罗斯等国购置各种先进的武器部署在边境地区，而且口出狂言称印度现在已经不是1962年时期的印度了。印军已将苏-30MKI、幻影2000、美洲豹、阿帕奇等几乎所有前线战机部署到了列城东部和实控线沿线的关键边境空军基地，甚至还将自家海军的米格-29K舰载机派到拉达克地区边境，意在加强军事态势。与此同时，印度军方还在不断“招兵买马”，为中印边境地区今后可能出现的长期对峙做准备。印度国防部紧急批准了总额高达3890亿卢比（1卢比约合0.1元人民币）的武器装备采购项目，其中包括33架新型战机、300枚陆基远程巡航导弹、250枚空对空导弹等。

中印互为重要邻国，维护边境地区和平与安宁符合双方的共同利益，需要双方的共同努力。印方应该与中方相向而行，切实落实两国领导人重要共识，严格遵守双方达成的协定协议，继续通过各层级对话与谈判妥善解决有关问题，共同为缓和边境地区局势、维护边境地区和平稳定作出积极努力。

【法条链接】

《中华人民共和国国家安全法》第十七条　国家加强边防、海防和空防建设，采取一切必要的防卫和管控措施，保卫领陆、内水、领海和领空安全，维护国家领土主权和海洋权益。

国土安全是整个国家安全体系的载体和依托，在国家安全中具有根基作用，是传统安全备受关注的首要问题。当今，我国国土安全面临复杂严峻的挑战，维护国土安全是国家安全面临的重要而紧迫的问题之一。

一、国土安全是国家安全之基

国土是构成国家的基本要素，是国家生存发展的必要前提。国土安全是国家政治、经济、军事、文化、生态、信息和科技等诸安全的基础，与政治安全、军事安全一样，属于传统安全的范畴。

（一）国土安全概念阐释

国土安全是指领土完整、国家统一、海洋权益及边疆边境不受侵犯或免受威胁的客观状态，以及持续保持这种状态的能力。国土既是国家主权的对象，又是国家行使一切权力的空间范围。在传统的国家理论和国家安全理论中，国土主要由领陆、领水、领空和底土四部分组成。领土是国家构成的基本要素之一，是国家主权行使的地理空间，是国家行使主权的对象。国际法承认国家在其领土上行使排他的管辖权，是国际法的客体。

国土安全是立国之基，是国家生存和发展的基本条件。国家对其领土的所有权，即国家对其领土范围内的一切土地和资源享有占有、使用和处分的权利，具体体现为领土管辖权、所有权和不可侵犯权，以及对其领土范围内的人、事、物的排他性最高权力。没有领土主权，国家在政治上不会拥有真正的独立自主权，也不可能得到独立平等的国际地位。因此，领土主权是国家的根本利益所在。

作为中华民族的子孙，任何时候都要牢记：五千年的优秀文化不要搞丢了，老前辈确立的正确政治制度不要搞坏了，老祖宗留下的地盘不要搞小了。正如习近平主席2018年6月在会见来访的美国国防部长时指出的："在涉及中国主权和领土完整问题上，我们的态度是坚定的也是明确的，老祖宗留下来的领土一寸也不能丢，别人的东西我们一分一毫也不要。"[①]如何有效维护以主权利益、安全利益、发展利益为主要内容的核心利益，尤其不要把"地盘搞小了"，将是我们在推进中华民族伟大复兴的过程中始终相伴的重大现实考验。

（二）国土安全是国家安全的重要载体

国家拥有的领土是不可分割、不可侵犯的。国家在其领土上有完全的主权，且其他国家理论上无权干涉。国土安全作为赖以生存的最基本安全，是当代国家安全战略高度重视的安全，在维护国家安全中具有十分重要的地位。在新时代，强大稳固的国土安全，是国家安全的前提和基础，是国家总体安全的重要地理防线和重要屏障。

首先，国土安全是国家生存与安全的必要前提。国土安全对于国家安全的重要性，是由国土本身固有的性质所决定的。从政治学的角度看，一个国家的存在必须具备领土、居民、政权组织和主权四个要素。其中领土是国家存在的首要因素，其他要素的存在均以领土范围为前提。只有拥有确定的领土，才能使居民有生存和发展的场所，才能提供组织政权和国家行使主权的空间。因为国家领土是国家生存和发展的基石，是国家主权的物质载体，所以国土安全与否直接关系到国家的生死存亡。

其次，国土安全是国家政治安全的重要标志。国土安全的一个主要内容和重要体现，是国土主权不受侵犯和威胁。领土主权是国家主权的核心，是国家政治安全和建立独立平等国际关系的基础。国家对领土的所有权，规定了国家在国际关系中是其全部领土的所有者，国家对其领土拥有独立的专属占有、支配、使用及处理的权利。基于国家的领土管辖权，国家在其领土上（除国际法另有规定外）可以充分地、独立地和不受干扰地行使国家统治权，排除一切外来的参与、竞争和干涉。

---

① 人民出版社编写组：《国家安全知识百问》，人民出版社 2020 年版，第 54 页。

一国有权决定本国的各项社会、政治、经济制度及方针政策，采取立法、司法和行政措施，以在领土范围内行使其最高统治权。

再次，国土安全是国家经济发展的基本保障。国家领土是国家物质财富的主要源泉，是国家经济发展的基础。一个国家如果没有领土安全作保证，国家经济活动就难以正常进行，国家经济的发展就更难以实现。只有确保国土安全，才能独立自主地管理和调控本国经济，有力地抵御国际市场和外国资本的冲击，有效地保护国家财富和资源以及生态环境，为国民经济得到持续有效的发展提供基本保障。

此外，国土安全与其他领域安全息息相关。国土安全作为国家安全最敏感的要素，具有很强的联动性。如果国土安全能够得到切实有效维护，国家的政治、经济、文化等安全就有保障。一旦国土安全遭受破坏，将很快涉及其他领域安全，进而引发国家安全的总体危机。同时，其他领域的安全对国土安全也具有重要影响。任何一个领域的安全出现问题，都将直接或间接对国土安全造成威胁。比如，在政治安全中讲到的“台独”“东突”“藏独”“港独”等分裂势力，不仅对我国政治安全造成严重威胁，而且对国家统一、领土完整造成严重威胁。

（三）维护国土安全的主要内容

国土安全涵盖领土、自然资源、基础设施等要素。维护国土安全就是维护国家主权范围内的领陆、领水、领空和底土四个方面的安全，这是传统的国家生存空间范围的安全。

领陆安全。领陆是指处于国家主权管辖下的地球表面特定部分，包括国家主权管辖下的一切陆地、河流、湖泊、内海以及它们的底床、底土，是主权国管辖的国家重要疆域。

领海安全。领海是指沿海国主权管辖下与其海岸或内水相邻的12海里（1海里≈1.852千米）宽度的海域，是国家领土的组成部分。领海的上空、海床和底土，均属沿海国主权管辖。领海与公海之间的次级地位者是专属经济区（宽度可达200海里）。专属经济区如有国际航道，其他国家有自由航行权，可以无害通过。中国于1958年9月4日发表关于领海的声明，宣布中国的领海宽度为12海里，该规定适用于中国的一切领土。1982年，联合国第三次海洋法会议通过的《联合国海洋法公约》把12海里规定为领海宽度的最大限制。

领空安全。领空是指一个主权国家领陆、领水上空垂直向上100千米之内的全部空气空间的空域。它是一个主权国家领土不可分割的组成部分。主权国家对其具有完全的、排他的主权，对其实行完全的管辖和管制。主权国家可以在其领空划分禁飞区，甚至禁止任何他国飞机进入领空。1919年的《巴黎公约》和1944年的《芝加哥公约》都确定了“空中主权”原则，即缔约国对其领土之上的空气空间拥有主权。1979年中国民用航空总局颁布的《外国民用航空器飞行管理规则》第二条规定：“外国民用航空器只有根据中华人民共和国政府同该国政府签订的航空运输协定或者其他有关文件，或者通过外交途径向中华人民共和国政府申请，在得到答复接受后，才准飞入或者飞出中华人民共和国国界和在中华人民共和国境内飞行。”如果擅自进入，就是侵犯中华人民共和国的主权。

底土安全。底土是指表土层和心土层下面的第三层土壤，底土包括领陆的底土和领水的底土。因所处部位较深，受耕作、施肥等措施的影响很小，土质紧密，物质的转化缓慢而平稳，一般将其称为生土或死土。底土是一个主权国家领陆的地底部分，主权国家对这些地下土具有绝对操控权。主权国家能自由地开发底土的地下资源，如煤、石油等。

二、我国国土安全总体现状

我国的领土面积大、邻国数量多，由于历史和现实的原因，我国国土安全形势面临着安全隐患。随着我国快速发展和综合国力的不断提高，美国以及周边一些国家日益担心中国强大，它们相互勾结，使我国国土安全面临现实威胁和挑战。

（一）复杂的周边地缘安全环境

我国的领土面积大、邻国数量多，这使我国国土的安全形势面临着巨大的挑战。中国是一个有着漫长海岸线和重大海洋权益的国家。我国疆域东西跨度约5200千米，南北跨度约5500千米。陆地领土面积960多万平方千米，仅次于俄罗斯和加拿大，居世界第三位。中国大陆陆地边界长达2.2万多千米，大陆海岸线总长1.8万多千米，陆地与14个国家接壤，海上与8个国家海域相邻或相望，海洋国土面积约300万平方千米。[①]

全世界共有224个国家和地区，能称得上“大国”的有美、英、德、法、日、俄、印、中等国，但唯有中国还存在统一问题。还没有哪个大国地缘政治环境像中国这么复杂。我国是世界上邻国最多的国家之一，周边国家多达29个，而且社会制度和意识形态差别最大，包括了世界上所有的制度类型；文化类型最多，包括中华文明、佛教文明、伊斯兰文明和东正教文明；社会发展水平层次最多，既有经济发达国家、新兴工业化国家，又有发展中国家和极端贫困国家；安全威胁类型最多，主权纠纷、地区热点、军事战乱、政治动荡、宗教冲突、恐怖主义、毒品泛滥，世界上所有的安全问题都可以在这里找到。特殊的地缘政治环境，使我国不仅要面临传统的安全威胁，而且面临非传统安全威胁。

中国面临复杂的海洋安全环境。我国大陆海岸线漫长，北起鸭绿江口，南至北仑河口，沿海岛屿、台湾及包括钓鱼岛在内的附属各岛、澎湖列岛、东沙群岛、西沙群岛、中沙群岛、南沙群岛等都是我国领土。根据1958年我国政府关于领海的声明、1992年《中华人民共和国领海及毗连区法》和1998年《中华人民共和国专属经济区和大陆架法》，我国领海宽度为12海里，主张管辖海域包括渤海全域和黄海、东海、南海的大部分海区。我国的200海里专属经济区是领海以外并邻接领海的区域，大陆架为领海以外依本国陆地领土的全部自然延伸，扩展到大陆边外缘的海底区域的海床和底土。根据《联合国海洋法公约》的规定，我国主张管辖的

① 参见《外交部条约法律司司长谈中国与邻国的划界工作》，中华人民共和国驻墨西哥合众国大使馆，2005年8月31日，https://www.fmprc.gov.cn/ce/cemx/chn/xw/t209312.htm；《中国已与12个陆地邻国划定边界》，中国日报网，2010年2月2日，http://www.chinadaily.com.cn/hqjs/2010-02/02/content_9413138.htm。

海域面积约为300万平方千米，其中包括了内海、领海、毗连区、专属经济区和大陆架。我国是一个大陆国家，也是一个海洋大国，大陆海岸线长达1.8万多千米，500平方米以上的岛屿有6500多个，岛屿岸线长1.4万余千米，拥有主权和管辖权的海洋面积有300多万平方千米，还在太平洋拥有7.5万平方千米的国际海底专属开发权。我国海上方向既存在巨大的战略利益，又面临各种矛盾和威胁。

在中国所毗邻的渤海、黄海、东海和南海中，除渤海属于中国的内海，不存在海洋划界问题外，在黄海、东海和南海三个海区，同8个海岸相邻或相向的国家之间都存在海域主张的重叠，需要解决划界的争议。中国同有关国家的海洋划界问题，涉及领海、专属经济区和大陆架多种不同性质的国家管辖海域，而且多国主张交叉重叠，错综复杂。海洋划界之争还属于问题的表面，潜伏其下的是针锋相对的国家利益争夺和激烈的资源争夺。个别西方大国的觊觎和插手，使问题更加复杂化。当今，海洋争端是威胁中国海洋利益最大的隐患。

随着海洋世纪的到来，中国的海上邻国纷纷提升海洋在其国家发展和国家安全战略中的地位，并与中国在南海、东海、黄海等海域展开了激烈的争夺和较量。中国海洋安全问题随之逐渐凸显出来，成为国家安全的主要战略方向，不仅关系到国家的主权与安全，更关系到国家的未来发展。就中国面临的海洋安全而言，当前的主要安全威胁是岛屿主权争端升温可能导致的国家间冲突。

（二）国土安全面临复杂严峻挑战

经过多年努力，我国已经成功解决绝大部分陆地领土主权争议，从战略上消除了周边的主要对抗因素，为集中处理剩余的领土主权和海洋权益争议奠定了基础。新中国成立后，通过和平谈判，我国解决了与绝大多数邻国的边界问题。20世纪60年代，我国分别与朝鲜、蒙古、阿富汗、巴基斯坦、尼泊尔、缅甸6国签约划定边界。进入20世纪90年代，我国又与俄罗斯、老挝、哈萨克斯坦、吉尔吉斯斯坦、塔吉克斯坦、越南6国签订了边界条约或协定。目前，除印度和不丹，我国与其他12个邻国的陆地边界问题均已解决，划定边界线达2万余千米，约占全国陆地边界总长度的90%。

同时也要看到，随着我国进一步发展壮大和周边安全环境的发展变化，国土安全依然面临复杂威胁，陆地边界争议尚未彻底解决，岛屿领土问题和海洋划界争端依然存在，个别域外国家舰机对中国频繁实施抵近侦察，多次非法闯入中国领海及有关岛礁邻近海空域。在国家依然没有获得完全统一的今天，国家安全战略必须把国家统一作为一个重要的具体目标给予安排。随着我国进一步发展壮大，国土安全面临的形势较以往更为突出复杂。南海诸岛不断被蚕食，不可谓领土完整；台湾问题仍为隐患，不可谓领土统一；周边领土争议难平，不可谓领土安全。领土是一个综合概念，国土安全也应是一个集“完整、统一、安全”为一体的综合目标，这是中国作为一个完整主权国家的历史任务。中国国土安全面临复杂严峻挑战，维护国土安全是维护国家安全重要、紧迫的任务之一。

国家的领土统一和完整仍深藏隐患。我国尚未实现完全统一，是与周边存在陆地和海洋的领土争端最多的国家。如“台独”“疆独”“藏独”“港独”等分裂势力及其分裂活动的威胁仍然存在，远未消除。我国主张的300多万平方千米管辖海域中，有一半以上与有关国家存在争议。南海周边有关国家非法侵占南沙岛礁，南沙和西沙大面积海域被分割，油气和渔业资源被掠夺。个别国家频繁挑起事端，企图联手他国对我国发难，给我国维护岛礁主权和海洋权益带来新的复杂因素。

（三）美国“岛链”战略的海上封堵

岛链是冷战地缘战略理论的产物。岛链的概念由美国前国务卿杜勒斯于1951年首次提出，最初是用以对付苏联，尤其是为了封锁太平洋舰队的核潜艇。第一岛链北起阿留申群岛、千岛群岛、日本列岛、琉球群岛，中接台湾岛，南至菲律宾群岛、印度尼西亚群岛；第二岛链北起日本本州岛，经小笠原群岛、硫磺列岛、马里亚纳群岛、帛琉群岛等。

美国在太平洋的两条岛链上建有大量海、空军基地，重兵把守，牢牢控制着西太平洋地区战略地位极为重要的海峡、航道、海域和岛屿，成为美国在亚太地区推行霸权政策的多座桥头堡。在两条岛链后方，还有庞大的夏威夷基地群属于第三岛链，作为美军太平洋战区的指挥中枢和战略预备队所在。著名的海军基地珍珠港，是太平洋舰队司令部驻地，也是太平洋上最大、最重要的海军基地；史密斯兵营是美军太平洋总部和太平洋美陆战队司令部驻地；薛夫特堡是太平洋美陆军司令部驻地；希卡姆空军基地是太平洋美空军司令部驻地。此外，美国在中途岛、约翰斯顿岛上也设有港口和机场。“9・11”事件后，美国快速实现了军事上重返东南亚的战略目标，成为唯一与东盟国家有双边军事安排的域外大国。

三、国土安全面临的威胁与挑战

在国际政治经济体系大变动和全球资源环境日趋紧张的背景下，我国所面临的领土安全冲击日趋严重。不管是印度这样的新兴大国，还是发达国家日本，抑或是疆域上与我国相邻的东南亚诸国，甚至是美国这样在地缘上与我国并不邻近的国家，其在领土问题上的作为都对中国的国家安全和经济社会稳定构成了严重的威胁和挑战。

（一）中印边界领土争端仍然激烈

中印边界问题是一个殖民者的历史遗留问题，英国于19世纪末20世纪初在中印边界单方面划定了麦克马洪线和约翰逊线这两条边界线，这是当前领土问题的源头。20世纪80年代之后，中印关系正常化，双方同意和平谈判解决边界问题。

中印领土争端是当今中国陆地边界唯一没有解决的问题（虽然目前我国与不丹也没有划定陆地边界，但其主要原因是印度的干涉）。中印双方有争议的边界长1700千米，其中东段长650千米、中段长450千米、西段长600千米。在西段，双方争议面积为3.35万平方千米，主要是阿克赛钦地区，除巴里加斯一处，其余都控制在我们手中。在中段，双方争议面积2000多平方千米，现控制在印度手中。在东段，双方争议地区即为“藏南地区”，现全部控制在印度人手里。在整个中印边境争端中，东西两段是争议重点，1962年的边境冲突也是在这两段发生的。

50多年来，虽然中印政府一直在寻找公平、合理解决边界争端的方式方法，但至今未能取得突破性进展。不论是东线的麦克马洪线，还是西线的约翰逊线，都不具有法律依据，从来没有得到过中国政府和人民的承认。在中印边界谈判中，中国政府本着“相互尊重、相互理解”的原则，在边界协定中，中国间接承认了印度对锡金的主权，为解决边界争端作出了重大让步。印度在边界谈判中顽固坚持自己的主张，不仅对中国在东线合理的领土要求置之不理，甚至还妄图在西线阿克赛钦瓜分一片土地。近年来，中印边界安全形势出现一些复杂的局面和敏感因素。特别是2017年6月到8月，印度军队竟然越境进入我国洞朗地区长达两个多月，引起了国际社会的广泛关注。经过两个多月的外交、军事和心理博弈，印军于当年8月21日撤回国内。印度是在中国外交、舆论、强大军事压力的攻势下才撤回进入中国的军队的。

中印“洞朗对峙”事件过去的三年后，2020年6月15日晚，印方一线边防部队又公然打破双方军长级会晤达成的共识，在加勒万河谷现地局势已经趋缓的情况下，再次跨越实控线蓄意挑衅，甚至暴力攻击中方前往现地交涉的官兵，进而引发激烈肢体冲突，造成人员伤亡。可见，我国陆地边境地区仍然存在一定程度的现实威胁。

（二）周边海洋争端使海洋安全威胁上升

在解决与周边国家的陆上疆界历史遗留问题之后，海上疆界的划定成为维护中国领土主权的重大问题，这方面中国面临的挑战很严峻。当前，中国与周边国家特别是一些海洋邻国存在着争端，海洋国土安全形势面临着许多可以预见和难以预见的挑战，严重威胁国家海洋安全。

一是中日钓鱼岛主权争端时起时伏。钓鱼岛（日本称“尖阁列岛”）由钓鱼岛（主岛）、黄尾屿、赤尾屿、南小岛、北小岛和3块小岛礁（即大北小岛、大南小岛、飞濑岛）等8个无人岛礁组成（这些岛屿在地质上和花瓶屿、棉花屿、彭佳屿一起，都是台湾北部近海的观音山、大屯山等海岸山脉延伸入海后的突出部分，为台湾岛的附属岛屿）。钓鱼岛主权属于中国，但被日本实际控制。近年来，中日关于钓鱼岛主权争端时起时伏，直接影响中日关系的正常发展。2012年9月，日本政府宣布“购买”钓鱼岛并将其“国有化”，导致中日围绕钓鱼岛主权的争端不断升级。

日本政府不顾中国反对，坚持与钓鱼岛所谓的“土地权所有者”签订了“购岛”合同，进行所谓的钓鱼岛“国有化”。此后，日方一直否认钓鱼岛存在争议，软硬兼施，妄图争夺主权。在硬的方面，日本公然强化钓鱼岛周边部署，包括在距钓鱼岛170千米的与那国岛上加强自卫队部署，单独或与美国联合开展以所谓“岛屿防御”“夺岛”为目标的军事演习。同时，与美国确认钓鱼岛适用于《日美安保条约》。2013年版《防卫计划大纲》及《2014—2019年中期防卫力量整备计划》都明确提出未来将加大西南地区作战装备建设力度，全面提升以西南地区为重点的应对岛屿作战等事态能力。软的方面，日本热衷于宣传攻势。日本外务省的官网上推出了钓鱼岛的宣传册和宣传片，研究如何打“历史资料牌”，成为日本宣传的新目标。2014年7月，日本媒体发布消息称，日政府为强化钓鱼岛“主权宣传”，计划在全国各地搜集“史料”，制成电子文档后在网上公布。

二是中韩东黄海大陆架分界争议。黄海位于中国大陆与朝鲜半岛之间。黄海南北长约470海里，东西宽约300海里，总面积约38万平方千米。中韩两国在黄海南部海岸相向，但黄海的宽度不足以使双方各自划定200海里专属经济区，需要进行海洋划界。中韩两国在黄海的海洋划界，既包括专属经济区划界，也包括大陆架划界。因中韩两国的划界主张不尽一致，两国海上领土争端主要包括黄海大陆架划分和以苏岩礁为代表的东海大陆架划分两部分。由于处于中韩两国专属经济区主张重叠区内，苏岩礁（韩国称为“离于岛”）问题也就隶属于东海大陆架划分问题。目前，韩国占据苏岩礁，在上面建立直升机机场、雷达站，把该礁变成监视中国海上活动的前哨，可以随时掌控该海区中国海上兵力的行动情况，对中国南北海上交通也是一个潜在的隐患。另外，美国在韩国部署的“萨德系统”也对中国安全构成较大的隐患。

三是南海岛礁及海洋权益争端。从东海往南穿过狭长的台湾海峡，就进入了南海。南海是中国最大的外海，因位于中国南方的陆缘海而得名。南海地处太平洋到印度洋航道要冲，是中国海上丝绸之路关键位置之一，是国际海上交通运输最繁忙的交通线之一，每年全球有半数以上的超级油轮都要经过南海水域，日本和韩国90%以上的石油进口、中国台湾地区98%以上的石油进口都必须经过该区域，我国现阶段有近90%的能源进口都得经过南海海域。除了能源安全和交通运输上的战略地位，南海本身丰富的自然资源也使其成为海权时代的兵家必争之地。南海石油天然气储藏量超过200亿吨，含有锰、铁、铜、钴等35种金属和稀有的锰结核，动植物资源经济价值极高。

在南海海域，虽然海上安全形势基本可控，但属于中国的岛礁被侵占、海域被瓜分、资源被掠夺的局面正在变得日益严重。目前，南海问题中各种力量错综复杂，周边国家不断蚕食南海岛礁和我国传统海域，非法干扰我国南海作业和航行，进行违章建筑和开采，严重破坏南海地区的区域安全，窃取我国资源。除了与当事国的争端，域外强国介入并不断加强与南海争端方的战略安全合作使得形势更为复杂严峻。我国主张的300多万平方千米管辖海域中，有一半以上与有关国家存在争议。南海周边有关国家非法侵占南沙岛礁，南沙和西沙大面积海域被分割，油气和渔业资源被掠夺。个别国家频繁挑起事端，企图联手他国对我国发难，给我国维护岛礁主权和海洋权益带来新的复杂因素。从岛屿领土主权争端的角度看，涉及中国、越南、菲律宾、马来西亚、文莱和中国台湾地区等“五国六方”。其中，越南、马来西亚、菲律宾和文莱对南沙群岛和西沙群岛及其附近海域部分或全部岛礁提出了主权要求。一些周边国家长期非法侵占我国南沙部分岛礁，不断加强非法岛礁建设和油气等海洋资源开发。作为域外大国，美国对南海事务介入力度不断加大，为南海周边国家撑腰打气，不断阻挠我国海上维权维稳。南海争端的实质，是一些国家非法侵占我国南沙群岛部分岛礁引起的领土争议以及南海沿岸国家之间的海洋权益主张重叠问题。

（三）美国深度介入中国周边海洋争端

美、日等大国为与中国争夺南海地区的资源、海权和地区主导权，背后支持菲律宾、越南等国军事干扰南海安全，策划多边协商，蓄意将双边问题多边化、东盟化、国际化，企图“联合制华”。

由于南海存在争端，美国将南海问题作为牵制中国的一个重要抓手，除了经常派军舰侵入我国南海，还经常派飞机对南海领空进行骚扰。2001年4月1日，美国一架侦察机侵犯我国南海领空，我军随后派出两架飞机拦截，美军飞机突然撞向飞行员王伟驾驶的歼-8战机，飞行员王伟不幸罹难。

近年来，美国对我国南海的武力挑衅不断，连续派军舰闯岛礁领海或邻近海域、侦察机频繁前往南海。新冠肺炎疫情期间，美军在南海的挑衅频次更为密集。2020年4月17日，据长期观察美军动向的“飞机守望”推特账号公布的消息称，美国海军一架RC-135电子侦察机通过巴士海峡进入南海。这是2020年4月以来美军军机第9次进入南海。4月28日和29日，除了军舰，美军还派出多架侦察机或巡逻机配合行动。据统计，在29日行动中，美军连续派出P-8A、EP-3E、RC-135W、P-3C等军机配合行动。P-8A和P-3C属于反潜巡逻机，配备了雷达、光电、声呐浮标等设备，可为军舰或其他平台提供水面和水下的态势信息，EP-3E和RC-135W属于电子侦察机，可以探测并追踪雷达、无线电以及其他电子通信讯号。

维护海上非传统安全任务越来越艰巨。我国90%的石油及其他进出口贸易物资都依赖海上运输。护航、打击海盗、确保海上运输线安全顺畅，已成为关系我国生存与发展的重大现实问题。

当今世界发展的动力和希望在海洋和太空两个维度。我国是一个陆海兼备的国家，海洋构成了中华民族赖以生存的半壁江山，中国海域是中华民族生存的重要空间，我们一定要牢固树立海洋安全意识。

四、维护国土安全应把握的主要问题

国土安全是立国之基，是国家其他安全的载体。因此，习近平总书记强调指出:“要坚持把国家主权和安全放在第一位，贯彻总体国家安全观，周密组织边境管控和海上维权行动，坚决维护领土主权和海洋权益，筑牢边海防铜墙铁壁。”①

① 《强化忧患意识使命意识大局意识　努力建设强大稳固的现代边海防》，《人民日报》2014 年 6 月 28 日第 1 版。

为此，我们要不断提升维护国土安全能力，加强边防、海防、空防建设，坚决捍卫领土主权和海洋权益，有效遏制侵害我国国土安全的各种图谋和行为，筑牢国土安全的铜墙铁壁。

（一）提高国土安全意识，增强海防安全观念

“寸寸山河寸寸金”“位卑未敢忘忧国”，这是我们的先辈留下来的警示后人的古训，也是先辈们对于国土安全问题的深刻认识和领悟，更是先辈们对于自觉履行公民义务，具有高度的民族使命感和民族气节的集中体现。言简意赅的语言给予我们中华民族传承至今的真理。

追溯保卫国土安全的本质，便是提高每个公民的国土安全意识，提升民族荣誉感，培养公民的主人翁意识。祖宗疆土，当以死守，不可以分寸于人。诚然，先辈们在战场上抛头颅、洒热血才争取到的土地，怎可以因为后人的懒惰、愚昧、骄奢淫逸、不思进取而拱手让人？所以国土安全问题并不是一个对于我们距离遥远的问题，而是切身关系到每个公民的民族尊严和民族荣誉感的问题。正所谓“天下兴亡，匹夫有责”。然而，在审视历史和俯瞰当今世界形势的同时，我们又不得不承认，我国的领土主权受到过一次又一次的威胁，近代中国史更是写满了屈辱和血泪。割让领土、划分租界，开放港口使鸦片流入中国，残害中国人的躯体。就在我们中国人承受着不堪忍受的痛苦时，列强们却并不罢休，一次次地欺凌，一次次地压榨。这些都是源于当时国力弱于列强，清朝政府软弱无能，妄想以割让国土来换取一时的安稳和地位的保全。殊不知我国国土有限，列强的贪婪却是无休止的。所以说对于一个民族而言，国土安全是民族尊严存在的基础，而民族尊严归根结底就是每个人的尊严。

当今的世界形势紧张，我国的周边安全也不容乐观。特别是来自海上的威胁比较严峻，因此迫切需要增强民族的海防安全意识。增强民族的海防安全意识，这主要体现在牢固树立“海洋价值、海洋经济、海洋权益、海洋安全”四种观念。首先，树立海洋价值观。我国面临着严重的资源危机，作为一个海洋大国，更应该开发和利用海洋。面对资源日趋减少的陆地，海洋以其巨大的经济价值，被誉为地球

的“第六大洲”。在我国管辖的数百万平方千米海域中，矿产资源种类特别多、储量特别大，是世界上资源最丰富的海域之一。其次，树立海洋经济观。对于有着14亿多人口的中国来说，海洋经济对一个海洋大国的兴衰具有至关重要的意义。加速国家海洋事业的发展，要转变重陆轻海的传统观念，树立“靠海吃海”“以海补陆”的海洋经济观，勇敢地面向海洋，充分地利用海洋，发挥海洋在我国经济腾飞中的巨大作用，把国家海洋事业搞上去，对于促进国民经济的全面发展具有极大的推动作用。再次，树立海洋权益观。世界海洋大国的普遍经验启示我们，要想经略海洋，必须树立牢固的海洋权益意识。海洋权益是世界濒海国家的基本权利，是一个国家应享有的合法主权和利益，是国家权益的重要组成部分，是国家的核心利益。其主要包括国家对岛屿和领海的主权权利，对专属经济区的管辖权利和对国家海洋资源的管理与开发权利。最后，树立海洋安全观。海洋安全观是现代海洋观的一个重要组成部分，是国家和民族对海上方向安全与国家根本利益之间关系的基本认识。海洋是国家安全的门户，“操之在我则存，操之在人则亡”。海洋是大陆的屏障，是抵御外敌入侵的第一道防线，直接关系到国家内陆的安全。

（二）调整优化陆海空防卫作战力量体系

按照任务和能力需求，着眼提高对陆海空侦察预警、对海精确打击、对空防卫作战和机动防御作战能力，加强陆海空防卫作战力量建设，调整优化陆海空防卫作战力量的结构编成，重点加强四个方面的力量建设。

一是侦察预警力量。发展陆基远程相控阵雷达、新体制技术侦查和网络侦察系统等手段；换装新型陆海空侦察雷达，增配机动侦察雷达车组，部署无人机分队，新建水下侦察探测系统；加强陆海空防卫监控中心、视频监控站建设，形成视频监控体系。

二是威慑打击力量。在重要前沿地区，如重要战略方向、重要岛屿和重要空域加强兵力部署，在沿岸重要方向部署具备精确打击能力的战役战术巡航导弹和机动式远程打击火炮，以控制重要方向、海域和空域作战行动。

三是防空作战力量。针对海防空军现有防空力量低空防护能力较弱和重要方向、重点区域的防护强度不够的实际，驻岛海防陆军部队均执行“一种编制、两种主要装备”，加配先进高炮和便携式防空导弹，并在强敌可能进袭的方向，依托海防部队改建防空营，与海军、空军防空力量一体形成高低互补、远近搭配、弹炮结合的多层防空火力网。

四是加强机动防卫力量建设。在陆地，构建以高铁为机动平台的陆地机动防卫作战体系，建成陆地防卫力量的快速反应作战力量。在沿海，将沿岸部分海防摩步分队改编为装甲步兵分队，提高机动作战能力；依托现有海防船运大队，换装高速侦察艇、巡逻艇，提高近海机动作战能力。在空中，增编空中机动力量，为重要方向海防部队配备直升机，提高对岸、对海、对岛的快速机动和立体支援能力。

（三）综合施策，维护海洋权益与安全

保护国家海洋安全利益，要求我们走向海洋，利用海洋。走向海洋必须了解海洋，利用海洋必须驾驭海洋。我国海洋科技面临的安全挑战来自多个方面，例如：我国虽然是海洋大国，但还不是海洋强国；海洋科技人才队伍还很弱小，海洋科技研究培训单位还比较少，需要涌现出更多的领军人物；我国海上国防科学技术水平还比较低，难以满足尽快建立强大的人民海军的需要。中国作为一个主权国家，作为一个海洋大国，维护国家海洋权益成为建设海洋强国的第一要务。为此，必须综合施策，全面维护海洋权益与安全。

一是针对挑衅，中国展开了有力、有理、有节的斗争，向世界传递出明确的外交信号——维护国家领土主权与海洋权益的信念坚决不动摇；与邻为善、睦邻友好的和平外交政策坚决不动摇。

二是加强海上军事巡航。在钓鱼岛海域，中国展开维权巡航活动。目前向海空立体化、军民联手和常态化发展，打破了日本的所谓“实际控制”。由于弱肉强食的丛林法则仍然是西方国家处理国际事务中的通行的原则，所以中国政府的抗议、交涉等行为都难有效维护海洋权益，最好的办法还是加强军事巡逻等强硬措施。

三是加强我国海上执法力量建设。随着海洋科学技术的发展和海洋开发的深

入以及对外合作交流的增加，外国船只进入我国管辖海域的活动也越来越频繁，而现代高科技探测手段的使用已经使得外国船舶从海上获取沿岸国的具有重要军事价值的海洋信息变得轻而易举。

四是建立多边合作安全机制，加强与周边国家的交流与沟通。加强与周边国家的沟通与合作交流是维护和稳定我国海上安全的重要举措，临时安排与搁置争议、共同开发是我国维护海洋权益的基本方针。

思考题

1. 什么是国土安全？
2. 国土安全包括哪些内容？
3. 如何维护国家的国土安全？

第三章 军事安全

当今世界正面临百年未有之大变局，我国发展仍处于重要战略机遇期，同时各种可以预料和难以预料的风险挑战增多。全军要正确认识和把握我国安全和发展大势，强化忧患意识、危机意识、打仗意识，扎扎实实做好军事斗争准备各项工作，坚决完成党和人民赋予的使命任务。①

——2019年1月4日，中央军委主席习近平在中央军委军事工作会议上发表的重要讲话

【案例透视】

美军定点清除苏莱曼尼行动

2020年年初，美军斩首伊朗“3号人物”苏莱曼尼。2019年最后一天，伊拉克境内的反美抗议人群围攻美国大使馆，馆内人员一度狼狈撤离。特朗普当天发表推文称，伊朗要为美国承包商的死亡以及美国使馆被围堵“负全责”，“他们将付出巨大代价”。1月2日，使馆外的人群继续静坐抗议，并宣称直到“魔鬼的巢穴”关闭为止。

美国防长埃斯珀2日发出威胁，有迹象表明，伊朗或其支持的武装可能计划发动更多袭击，“游戏已经改变”，美国可能不得不采取先发制人的行动。美国防长话音未落，报复性的空袭随即开始。3日凌晨，伊拉克首

① 《在新的起点上做好军事斗争准备工作　坚决完成党和人民赋予的使命任务》，《人民日报》2019年1月5日第1版。

都巴格达有两处地点遭遇美军空袭，包括巴格达国际机场。在这次空袭中，两名关键人物被定点清除。一名是伊朗伊斯兰革命卫队圣城旅指挥官苏莱曼尼，一同被杀的还有他的公共关系官员及两名保镖。在袭击当时，美军MQ-9无人机发射AGM-114“地狱火”导弹，将上述4人乘坐的汽车炸成火球，苏莱曼尼被炸得面目全非，现场极其惨烈。另一名是“真主党旅”领导人穆哈迪斯。

在这次定点清除行动中，美军采用典型的体系支撑、精兵制胜行动，通过构建侦、控、打、保一体的作战体系，调集战略资源、整合多元情报、分层赋权指挥、统筹联合力量、跟进境外保障、强化舆论主导，以体系支撑全面占据非对称优势，达成作战目的，形成政治军事联动效应。首先，建立资源统合、实时精准的侦察情报体系。在猎杀苏莱曼尼行动中，美利用技侦手段提前掌握苏活动的准确动向，依托布设在大马士革、巴格达机场和民航航班的谍报网络，于行动前按“分钟”实时获取苏动态信息，为精准行动提供了实时的情报支撑。其次，构建融合集成、安全可靠的指挥信息系统。在行动中，美军构建了“白宫—前指—任务部队”三级指挥体系，配套完善网络系统、信息服务等指挥保障。整个作战行动，依托天基卫星打造信息网络体系，融合一线分队多种信源，实现本土、海外和作战地域不同层级的可视指挥，共享战场态势、协调部队行动。再次，锤炼专兼结合、一击制胜的境外行动力量。在猎杀苏莱曼尼行动中，综合考虑隐蔽作战企图、打击窗口不确定等因素，紧紧围绕“精”构建作战力量，以航时长、噪声小的“死神”无人机为主，空中待战、寻机猎杀，以特战力量作为备手，担负补充打击、取证核实任务。最后，创新聚焦境外、管用托底的支撑保障模式。在行动中，美建立的应急协调、境外支撑、特需装备等保障体系，精准发力、可靠托底。在装备保障上，美强大的武器库为行动提供了多选项，火力投送选用MQ-9无人机对点状移动目标“猎杀”，MQ-9无人机发射AGM-114“地狱火”导弹，有效保障了打击效果。此外，还打造了统合规范、军地联动的舆论外宣体系。在猎杀苏莱曼尼的行动中，围绕打击的“正义性”，第一时间爆料苏组织恐怖活动“内幕”，争取国际舆论支持，为定点清除行动贴上“反恐”标签。

【法条链接】

《中华人民共和国国家安全法》第十八条　国家加强武装力量革命化、现代化、正规化建设，建设与保卫国家安全和发展利益需要相适应的武装力量；实施积极防御军事战略方针，防备和抵御侵略，制止武装颠覆和分裂；开展国际军事安全合作，实施联合国维和、国际救援、海上护航和维护国家海外利益的军事行动，维护国家主权、安全、领土完整、发展利益和世界和平。

军事安全直接关系到国家领土和主权完整，关系到国家生死存亡，是国家安全的基本保障。自人类进入阶级社会并产生了国家，尤其是到了近代民族国家出现后，维护国家主权独立、领土完整，维护民族尊严和增进民族凝聚力，成为主权国家孜孜以求的战略目标，而建立和使用相应的军事力量，则是实现这些目标的基本保障。因此，国家安全最早就是体现在军事安全领域。即便如今在和平发展时期，军事安全仍然是国家安全战略选择的有效手段和国家安全的保底手段。

一、军事安全是国家安全的重要保障

无论是过去、现在还是将来，军事安全都是国家安全的基本构成要素之一，军事力量仍然是保障国家安全的重要手段，军事斗争仍然是维护国家安全的重要形式。习近平总书记强调指出：“我们捍卫和平、维护安全、慑止战争的手段和选择有多种多样，但军事手段始终是保底手段。”①

（一）军事安全概念阐释

军事安全，是指一个国家免于军事入侵和战争威胁的状态，以及保持这一持

① 习近平：《在庆祝中国人民解放军建军九十周年大会上的讲话》，人民出版社 2017 年版，第 18 页。

续状态的能力。军事安全既是国家安全体系的重要领域，也是国家其他领域安全的重要保障。军事安全属于传统安全领域。

军事安全直接关系到国家领土和主权完整，关系到国家生死存亡，是其他安全的基本保障。一个国家的军事是否安全，主要表现在如下三个方面：一是指国家在客观上是否存在军事威胁。一个国家所面临的军事威胁，可分为外敌入侵和内部利益截然不同的集团武装纷争。二是指国家在主观上是否具有军事安全感。国家在不同时期、不同军事力量对比环境下，安全感各不相同。三是指一个国家是否拥有维护国家安全的军事手段和军事能力。在国际社会中，弱国与强国为邻，即使强国无威胁弱国的意识，弱国也有一种不安全感。我国经济社会发展取得重大成就，维护国家安全的手段和选择增多了，但军事手段始终是维护国家安全，有效遏制、抵御外来侵略和颠覆的保底手段。

军事安全的目标是以武力保卫国家利益免遭敌对国家的威胁和侵犯。维护军事安全，就是国家运用军事力量捍卫国家安全，维护国家的主权完整和长治久安，保卫人民的生命财产，为国家的发展和人民生活提供一个相对稳定的内部和外部环境。从国家本质和国际关系体系的特点上看，军事安全始终是国家安全的核心内容，也是世界各国安全问题的关注焦点。从历史上看，任何国家特别是大国，其国际地位的确立和国家利益的发展，都离不开军事上的支撑和保障。进入21世纪以来，军事因素在国际事务、国家安全特别是反恐战争中的地位作用仍然不可替代，军事安全问题更加突出。

（二）维护军事安全是国之大事

兵者，国之大事，攸关国家安危、人民福祉。军事安全是国家安全至关重要的方面，军事安全失守对国家安全的影响是致命性的，军事安全以自身的安全捍卫国家安全。当今世界处于百年未有之大变局，军事安全直接关系到国家领土和主权完整，关系到国家生死存亡，是国家安全的基本保障，是国家安全的坚强后盾。

军事安全是维护国家安全不可或缺的重要内容。当今世界安全形势变化的特点仍然是和平与发展，虽然世界大战打不起来，但地区冲突急剧上升，局部战争不断，不断催生新的军事变革，武器装备领域出现了巨大变化，特别是美国全球军费第一，不断加强军备建设，不少国家群起效尤，这些都给我国军事安全提出了新的挑战。美国特朗普政府上台以来，将大国竞争作为对外政策的重要内容，国际安全局势出现紧张局面。随着中国不断壮大，美国越来越把中国作为直接遏制的竞争对手，并制定各种防范中国崛起的政策和战略。为此，美国军事战略东移，在我国周边地区不断强化军事部署，不时在我国一些内政问题上做手脚，显示出防范中国发展已成为美国全球战略的长期目标。进入新时代，我国发展仍处于重要的战略机遇期，发生大规模外敌入侵的可能性基本可以排除，但对因外部因素引发局部战争和武装冲突的可能性不可不防。

维护军事安全，为国家长治久安提供坚强支撑。军事安全在整个国家安全体系中发挥至关重要的支柱和保障作用，关系到国家的生死存亡和长治久安。虽然当前国家安全的内涵和外延比历史上任何时候都要丰富，但是军事安全的重要性依然不可替代，军事手段始终是维护国家安全的保底手段。面对复杂多样的安全威胁和挑战，用传统的理念、方法和手段越来越难以有效维护国家安全。维护新形势下的军事安全，就是要在总体国家安全观指导下，更新战略思维，综合统筹，不断提升国家安全保障能力，尤其要加快推进国防和军队现代化建设，全面提升打赢能力，坚决维护军事安全，为国家长治久安和中华民族伟大复兴提供强有力支撑。

（三）维护军事安全的主要内容

维护军事安全的主要内容包括国防力量建设、军事斗争准备、维护国家海外利益和开展国际军事安全合作。

一是加强国防力量建设。国防力量是抵御外来侵略、维护国家安全的各种力量的总称。国防力量包括军事力量和非军事力量、物质力量和非物质力量、现实力量和潜在力量。军事力量是国防力量的主体，表现为现实力量的通常包括：武装力量（主要指常备军）数量、政治素质、文化水平、军事素养、技术水平及其部署状况；武器装备的数量和质量；指挥、控制、情报、通信能力；战场建设和战略物资储备状况；国防科技和国防工业的规模及水平；联合勤务保障能力；军事理论状况以及战争准备程度；等等。非军事力量通常指国家在政治、经济、外事、科技、教育、文化等领域内的力量用于国防目的的投入水平及其效应，它们既是现实国防力量的组成部分，也是国防潜力的组成部分。国防和军队建设是国家安全的坚强后盾，军事上的落后对国家安全的影响是致命的，军事斗争是进行国家博弈的重要方面，打赢能力是维护国家安全的战略能力。

二是做好军事斗争准备。军事斗争准备是为赢得战争胜利而在相对和平时期进行的组织、物质和精神等各项工作的总称。军事斗争的预先筹划与安排，是贯彻落实军事战略方针的中心环节，是和平时期加强军队现代化建设的主要任务。根据国家安全和发展战略，适应新的历史时期形势的任务要求，实行新形势下积极防御军事战略方针，注重经远谋略，塑造有利态势，综合管控危机，坚决遏制和打赢战争。根据战争形态演变和国家安全形势，将军事斗争准备基点放在打赢信息化局部战争上。捍卫国家利益及其发展，保障国家不受外来的侵略，是军事安全的目的，是国防和军队的价值所在，是军队的使命所在。

三是全面维护国家海外利益。国家海外利益是一国的国家利益在境外的延伸，是国家发展到一定阶段之后、在与外部世界交流互动的过程中的必然产物，关乎国家发展和安全大局。在现代国际体系之中，国家的成长必然伴随着海外利益的延伸与拓展。对于正走在民族伟大复兴道路上的中国来说，海外利益是国家战略筹划的重要内容之一。依托于国家崛起与全球化的推进，近年来中国海外利益的内容不断丰富，范围持续扩展，地位显著提升。但利益的扩展同步于风险的增长，如何化解风险、维护海外利益实现，就成为摆在当前维护中国军事安全方面的重大课题。

四是积极参与国际军事安全合作。国际军事安全合作是维护国家安全特别是军事安全的重要方面，因而《国家安全法》要求“开展国际军事安全合作”。20世纪末以来，我国开展国际军事安全合作有了长足的发展，在国际维和、远洋护航、国际反恐、国际救援、联合军演、军事互信等许多领域都取得了丰硕成果。今后，根据实施维护国家安全的海外军事行动的需要，我国开展国际军事安全合作只会更多，不会减少。

二、军事安全面临的威胁与挑战

新时代，我国国防处于一个迅速变化的大环境之中，世界战略格局和安全形势的新发展，世界军事领域的新变革，我国国内经济体制和政治体制改革的不断深入，既为中国国防提供了宝贵机遇，也提出了严峻挑战。特别是美国将中国作为主要战略对手，战略重心向东转移。在这一大背景下，不利于我国周边和平的因素在增长，军事冲突的因素也在增多，军事安全面临许多挑战和潜在威胁。

（一）与世界一流军队之距离的安全隐患

经过70多年现代化、正规化建设，我国的国防和军队现代化水平在不断提高，特别是通过几年来的国防和军队深度改革，我国的国防整体实力有了一个较大提高，对国家安全的保障更加有力。但是，我们更应看到，随着时代的进步和我国的发展，我国安全利益逐渐超出传统的领土、领海和领空范围，不断向海洋、太空和电磁空间扩展和延伸。这就要求我们必须拓展军事安全和军事战略视野，不仅要维护国家生存利益，还要维护国家发展利益；不仅要维护领土、领海和领空安全，还要维护海洋、太空和电磁空间安全以及其他方面的国家安全。

当今，与世界一流军队相比，我军还有较大差距。随着现代科技特别是信息技术发展，发达国家军队建设呈现信息化、智能化和一体化的发展趋势。例如：美军提出了“二次转型”目标，要求建设更精干、更灵敏、更先进、战备程度更高的新型联合部队。2019年4月，美空军成功试飞了首款远程无人战斗机——XQ-58A“女武神”无人机。作为一种远程高亚声速战斗无人机，“女武神”战斗无人机具备高隐身、长续航、低成本等诸多优点。随着新兴技术的迅猛发展及广泛应用，太空、网络等新型安全领域斗争日趋尖锐复杂，逐步成为国家安全新领域和军事斗争新战场。2017年8月18日，美军网络司令部升级为美军第10个联合作战司令部，地位与美国中央司令部、战略司令部等主要作战司令部持平，与战略司令部、运输司令部、特种作战司令部并列为美军四大职能型作战司令部，直接向国防部长汇报，因而进一步强化了网络攻击能力。2018年2月，特朗普签署“太空政策指令-4”，指出太空军将首先在美国空军部下组建，与空军平级。6月18日，特朗普签署要求组建太空部队的行政令。2019年8月29日，美国总统特朗普宣布正式成立美国太空司令部，负责指挥美军太空作战行动。这是美国国防部的第11个联合作战司令部，可直接指挥其配属的各军兵种部队，接管美国战略司令部原有的太空职能。这标志着美国距离组建独立的太空部队更近一步。太空军将成为陆军、空军、海军、海军陆战队和海岸警卫队以外的第六大军种。除美国，俄军“新面貌”改革进入调整完善阶段，力求实现“精干高效、机动灵活、装备精良、训练有素”的建军方针。日本提出了“机动防卫力量”构想，力求建设快反、机动、灵活、持续的多能型自卫队。欧盟主要国家提出了“建立一支规模小、装备精、轻型化、机动灵活、快速反应能力较强的实战型军队”的建军方针。

党的十九大为人民军队提出建设世界一流军队的战略目标，制定了近期、中期和远期目标。我们清楚地知道，按时完成全面建成世界一流军队是一个重要任务，而全面建成世界一流军队这个目标是动态发展的。随着军事科技的进步、军事理论的创新、战争样式的发展，军队的组织结构模式、武器装备性能、军事人员素质等世界一流军队的各项指标还会不断提升，其中的许多指标可能会远远出乎我们现在的预料。目前，我军还没有完全实现机械化，信息化建设与世界一流军队相比存在着较大差距。发展国家军队体制编制的联合化、小型化、自主化趋势更加明显；武器装备呈现出向精确化、隐形化、智能化的发展趋势；联合作战形态向非接触、非线性、非对称和非正规的“四非作战”和无形、无声、无人的“三无作战”方向发展；军队指挥形态更加扁平化、自动化、网络化、无缝化，一体化联合作战指挥体系逐步形成；现代国防管理体制不断完善。近年来，随着经济实力的提高，我国推进了军队建设加速发展，取得了令人瞩目的成就。但与世界发展国家军队建设相比，我国的军队建设仍然具有一定的差距，打造世界一流军队仍然需要进一步提高军队信息化、智能化和一体化建设水平。

（二）新军事革命特别是人工智能给军事安全带来挑战

世界新军事革命深入发展给军事安全带来新挑战。当今，一场新军事革命已经在世界范围内深入展开。在新军事革命的潮流面前，世界各国军队特别是发达国家军队都很重视本国军队建设，不断推进本国军事变革深入发展。在这场新军事革命中，各国的发展是不平衡的，发达国家处于领先的地位，给我国军事安全带来新挑战。特别是在人工智能迅速发展的背景下，我们需要高度关注人工智能给国家军事安全带来的新影响。

一是人工智能将改变大国军事实力对比图景。近年来，人工智能加速向军事领域渗透转移，改变了人与武器的关系，颠覆了战斗力的传统表现形式，正在引发军事领域的链式突破，其军事应用水平将成为大国军事实力比拼的重要标志。自主化、低成本的远程无人机和深海无人潜航器，将对以坦克、航空母舰为代表的传统武器平台形成非对称作战优势，使这些我们熟悉的“大国重器”的作战效能和军事影响力大为降低。同时，人工智能给工业领域带来的“机器人换人”现象，也深刻影响和重塑国家军事实力的内涵，人口规模将不再是大国军事实力的重要支撑要素，取而代之的是国家军事智能化水平。

二是人工智能将催生新的“以弱胜强”。随着以智能制造为主导的“第四次工业革命”的全面兴起，以及仿人智能、机器智能、群体智能、人机混合智能逐渐发展成熟，从科技创新到物质生产再到战争实践的演进链条再次被全面打通，新一轮战争方式创新呼之欲出。伴随人工智能技术的不断融入，传统作战中需要耗费大量时间精力的“观察—判断—决策—打击”这一流程将得到大幅压缩，在统一智能战场态势感知牵引下的各种作战行动高度耦合、并发进行已经成为可能，一体化并行作战将成为未来战争新的作战形式。由此派生出的“蜂群”消耗战、跨域机动战、认知控制战及其衍生样式，将复杂昂贵的大型武器系统分解成协同增效的低成本集群武器系统，通过群体增效、夺控核心，借助智能技术优势将实现智能化条件的以弱胜强、以小博大。

三是人工智能有可能导致更多军事冲突。尽管人工智能技术有了极大突破，但面对急剧变化、高度复杂的战场环境，人工智能的“创造力”和“能动性”还难以完全适应。首先，基于深度学习的人工智能目前还无法解释和复现决策推理过程，而且人工智能尚不具有人类所特有的情感因素，这就使得人工智能军事应用往往只关注现实军事效果而忽视其他风险因素，从而可能导致难以预料的意外冲突。其次，大量智能化无人装备投入战场，能够提高战争的精确性，有效限制战场范围，从而减少因民意和经济等因素对政府发动战争的制约，事实上给战争的爆发降低了门槛。再次，由于智能化因素的加入，使网络攻击的成本更低、隐蔽性更强、破坏力与波及性更广，智能化时代的网络战争将更加频繁，因网而起的军事冲突有可能成为常态。此外，人工智能引发战争伦理问题。人工智能将推动未来战争变为无人机和机器人之间的不流血战争，作战人员通过远程操控智能系统参加战斗。这种透过计算机屏幕间接参战的模式，会减轻作战人员杀人后的心理负担，极有可能催生出人性泯灭的“战争屠夫”。

（三）美国战略重心东移的安全威胁

“冷战”结束以来，美国推行“一超独霸”战略，并为此强行营造对其有利的绝对安全环境。特别是特朗普政府执政期间，在国际社会行事都是“美国优先”“美国第一”，在亚太地区推出“印太战略”，意在整合中国周边的战略力量，削弱中国的影响力，遏制中国崛起，从而实现美国霸权护持。

美国将全球战略重心由欧亚大陆西部转向亚太地区，带有维护美国利益的根本性，是美国的既定方针和基本国策。尽管美国深陷金融危机，面临重重困难，但今后乃至更长时期，美国不会停止重心东移的步伐。美国以中国为假想敌，重点经略亚太，强化军事联盟体系，完善西太平洋第一岛链军事部署，加紧西太平洋战场准备，中国面临的安全战略压力进一步上升。由于中国不可忽视的战略反击能力，未来中美间不大可能会发展到全面摊牌的地步，但军事摩擦失控的概率增大，太平洋将很难太平。

美国“印太战略”非常明确地指向中国。美国“印太战略”发轫于小布什时期，其亚太政策视野开始涉及南亚；奥巴马政府提出的“亚太再平衡战略”，正式将南亚囊括进来。2017年11月初，上任半年多的美国总统特朗普在访问东亚时，正式宣示“印太战略”成为美国新政府的亚太战略。特朗普虽然事事和奥巴马对着干，但其“印太战略”无疑是“亚太再平衡战略”的延伸与拓展，继承特征较为明显。2019年6月1日，美国国防部公布了近55页的《印太战略报告》，将我国视为战略竞争对手，遏制中国的意味非常明确。美国提出持久的联盟和长期的安全伙伴关系需以美国核心同盟关系为支撑，并以盟友拥有的安全关系网络予以补充、强化；美国将加强在印太地区的同盟和伙伴关系，建立一个能够遏制侵略、维护稳定和确保自由进入共同领域的网状安全架构。可见，特朗普已回归美国对外战略的传统，积极延续奥巴马时代对亚太同盟体系的改革，在印太地区以美国、盟国以及伙伴关系国构成的多边安全合作机制制衡中国。

视中国为战略对手并施加军事遏制。在2017年年底和2018年年初出台的《国家安全战略报告》《国防战略报告》中，美国清楚地表明了当下的中美关系性质，把中国作为主要战略竞争者与战略对手。2018 年5月30日，美军太平洋司令部正式更名为“印太”司令部，标志着特朗普为了有效实施“印太战略”，开始着手重新配置亚太地区军事力量，对“印太战略”的展开起到了实质性支撑作用。在“印太战略”总体设计上，美国将以遏制中国日益扩大的影响力、维持印太区域既有国际秩序作为目标，以自由开放、民主、繁荣、基于规则与法律、市场经济等作为基本原则。具体而言，美国兼顾了经济与安全两大支点，前者以印太广大地区高质量基础设施开发项目为重心，后者则是以美、日、印、澳等所谓印太民主国家间的海洋安全合作为主导，二者均旨在遏制中国“一带一路”倡议及海洋强国战略等重大国策。在印太地区保持强大的军事存在，加强同该地区盟国和伙伴国的安全关系。随着一系列政府报告的出台、军事力量的重组，美国“印太战略”不仅骨架已日趋清晰，且血肉日益丰满。

（四）周边军事安全不容乐观

从周边安全环境看，我国与周边许多国家和平地解决了历史上遗留的边界纷争。但从地缘安全环境上看，我国周边邻国众多，国家安全的自然环境十分复杂。既有与我国存在边境纠纷、领土争端的国家，也存在与我国有历史恩怨的国家；既有与我国貌合神离的国家，也有对我国虎视眈眈的国家；既有拥有大规模杀伤性武器或相关技术的国家，也有谋求成为常规军事大国的国家；既有老矛盾，又有新摩擦，处理不好就可能引发争端。

在东亚和东南亚，过去的环太平洋对华遏制链得到进一步巩固。美日军事同盟关系进一步强化，美、日、澳等多边军事合作迈出实质步伐，美国军事介入东南亚和南海的行动接连不断。同时，一些周边国家和地区借美国军事战略东移的机会，加快扩军备战步伐。日本冲破重重限制，在军事大国道路上越走越远。近年来，美国全球霸权主义和日本极右势力出于牵制中国的战略需要，极力插手和利用地区纷争，使问题日益复杂化，解决问题的难度日益增加。东南亚一些国家不断加强军事力量，特别是海上力量，与我国在南海问题上对峙。不排除某些国家在外力的唆使与支持下，误判形势，发生意外的可能。

在南亚，美国通过反恐加大对印度和巴基斯坦的渗透，对该地区的战略影响进一步加强。印度为争当“有声有色”的世界一流大国，从20世纪50年代起，便以军事和外交手段在中印边境占领了中国领土9万多平方千米；占领了克什米尔五分之三的地区，建成了针对中国的所谓喜马拉雅安全体系。中国同时也在加强自己在该地区的战略影响力，尤其注重与印度的临近国孟加拉国、尼泊尔、巴基斯坦和斯里兰卡发展关系。

在中亚，美国借反恐扩大其军事存在，建立了军事基地。中亚地处欧亚大陆心脏地带，是连接欧亚的桥梁和枢纽，是影响欧亚大陆安全稳定的重要因素。南亚的印度和巴基斯坦两国不断增加军费、扩充军备，特别是印度的军事力量进一步发展。这一地区面临越来越多的非传统安全问题，已成为民族分裂势力、恐怖主义势力和宗教极端势力的重要聚集地。东突恐怖主义势力与国际恐怖组织联系密切，不断在我境内从事恐怖暴力活动。周边的跨国犯罪、走私、贩毒等问题也都在影响着我国的安全和稳定。

三、全面做好维护军事安全准备

弱国无外交，弱国受人欺，没有强大的国防力量，国家安全就没有保障。习近平总书记指出：“建设同我国国际地位相称、同国家安全和发展利益相适应的巩固国防和强大军队，是我国社会主义现代化建设的战略任务。”[①]无论是政治安全还是经济安全，无论是国土安全还是资源安全，无论是科技安全还是网络安全，军事安全都要提供坚强保障。新形势下，能否全面提升维护军事安全的能力、增强维护国家总体安全的能力，是对人民军队履行职责使命的现实考验。

（一）深入推进国防和军队现代化建设

“强国必须强军，军强才能国安。”无论什么时候，没有强大的国防和军事实力作为后盾，国家安全就根本得不到保障。习近平总书记指出：“强国必须强军，军强才能国安。到2020年实现国防和军队现代化建设‘三步走’发展战略第二步目标，是全面建成小康社会的应有之义，也是全面建成小康社会的重要保证。国防实力要同经济实力相匹配，经济社会发展到哪一步，国防实力就要跟进到哪一步，不然就不能为经济社会发展提供有力安全保障。”[②]因此，“十四五”规划中特别强调：“加快国防和军队现代化，实现富国和强军相统一。”在当今世界百年未有之大变局的时代背景下，要有效维护国家安全和发展，必须大力提高国家军事实力，具体应把握以下几点。

一是不断提升我军的战略威慑与实战能力。习近平总书记指出：“我们要统筹经济建设和国防建设，全面加强军队革命化、现代化、正规化建设。要坚持党对军队的绝对领导，牢牢把握党在新形势下的强军目标，全面实施政治建军、改革强军、依法治军，拓展和深化军事斗争准备，着力培养有灵魂、有本事、有血性、有品德的新一代革命军人，努力建设一支听党指挥、能打胜仗、作风优良的人民军队。”[③]要紧紧抓住能打仗、打胜仗这一军事安全的本质要求和根本指向，用打仗

---

① 习近平：《在庆祝中国共产党成立九十五周年大会上的讲话》（2016年7月1日），人民出版社2016年版，第25页。

② 习近平：《把握“五个更加注重”，努力实现更高质量、更高效益、更可持续的发展》（2016年2月24日），《人民日报》2016年2月25日。

③ 习近平：《在庆祝中国共产党成立九十五周年大会上的讲话》（2016年7月1日），人民出版社2016年版，第25—26页。

的标准搞建设抓准备，努力缩小与世界先进国家军队的差距，提高打赢现代化局部战争的能力，确保部队招之即来、来之能战、战之必胜。贯彻新形势下军事战略方针，必须紧紧围绕实现中国共产党在新形势下的强军目标，以国家核心安全需求为导向，着眼建设信息化军队、打赢信息化战争，全面深化国防和军队改革，努力构建中国特色现代军事力量体系，不断提高军队应对多种安全威胁、完成多样化军事任务的能力。

在陆军建设上，按照机动作战、立体攻防的战略要求，加快侦察情报、陆航、特种作战、防空反导、电子对抗等新型作战力量建设，着力构建数字化、小型化、模块化、多能化的战备力量体系，实现由区域防卫型向全域作战型转变。在海军建设上，按照近海防御、远海防卫的战略要求，构建合成、多能、高效的海上作战力量体系，重点加强战略威慑和反击能力、近海综合作战能力、远海兵力投送能力、远洋机动作战能力，在重要海域保持军事存在，实现常态化战备巡逻，为应对海上危机和突发事件、维护海外利益提供可靠保证。在空军建设上，按照空天一体、攻防兼备的战略要求，加快推进制空作战、远程远海进攻、战略侦察预警、区域防空反导、战略运输与投送、信息攻防、无人作战、空间对抗、强电磁环境下作战以及空基核常威慑等能力建设，保持灵敏高效的战备状态。在火箭军建设上，按照核常兼备、全域慑战的战略要求，着力提升核威慑和核反击能力，加强中远程精确打击力量建设，增强战略制衡能力，构建平战结合、功能完备、高效反应、随时能战的战备体系。在战略支援部队建设上，坚持体系融合、军民融合，努力在关键领域实现跨越发展，高标准推进新型作战力量加速发展、一体发展，成为新质作战能力的重要增长点。要高度关注太空、网络等新型安全领域，研究战场空间新变化和军事竞争新方式，抓好相关力量、手段和配套设施建设，大幅提升新型领域军事斗争能力水平，努力掌握战略竞争主动权，争得战略博弈的制高点。

二是进一步丰富和发展积极防御战略思想。国家安全局势的发展变化，对军队的使命任务提出了新的更高要求，为此必须进一步丰富和发展积极防御战略思想的内涵，更新战略思维。习近平总书记指出：“中国奉行积极防御的军事战略方针，不会动辄以武力相威胁，也不会动不动到别人家门口炫耀武力。”[①]丰富和发展积极防御的战略思想，既符合总体国家安全观的本质要求，适应当今世界发展的时代潮流，也与我国传统战略文化一脉相承，既是我国的政治优势，也是国家软实力的重要标志。要深入探索现代战争制胜机理，从新的作战领域、新型作战力量和新式装备运用入手，研究探索未来战争基本形态、主导因素、制胜关键、必备能力及其引发的作战、指挥、保障方式变革等，努力形成规律性认识，创新发展人民战争战略战术思想，丰富完善我军作战理论体系。要研究未来作战构想，依据新时期军事战略方针，探索各战略方向军事斗争准备、战区战略筹划设计、各军兵种战略发展及运用等问题。超前分析未来联合作战需求，开发针对性操作性实用性强的作战概念，明确战役战术和指挥标准及原则，紧密结合典型和特殊作战任务，设计具体的作战力量、作战空间、作战形式、作战流程等。要推动战法创新设计，针对不同作战对手、不同类型部队、不同作战环境、不同作战样式，运用系统模拟、数据分析、作战实验等方法，持续开展战法攻关论证，拿出信息主导的手段、精打要害的招数、联合制胜的方法，结合部队实战化训练实践反复检验，推出管用实用的战法创新成果。

三是把握军事斗争底线，做好应对最严重事态准备。总体国家安全观强调，要切实增强忧患意识，应着眼最严峻最复杂局面，超前谋划做好应对准备，争取最好结果。要对军事安全可能遇到的严峻挑战预有警觉与防范，防患于未然。尤其要强化安全战略筹划的预见性，采取有力措施避免安全态势恶化，赢得战略主动。努力把握国家安全实现的过程，对风险和效果严格评估，尽量减少可能付出的代价，积极应对重大威胁，维护国家安全。控制安全过程，不能简单以降低目标来规避风险，寻求目标与手段的动态平衡；注重分散风险，充分考虑到可能产生的变数，避免因过度投入而力不从心，顾此失彼；突出重点，抓住主要矛盾，重点突破，改善

① 习近平：《在庆祝中国共产党成立九十五周年大会上的讲话》（2016年7月1日），人民出版社2016年版，第26页。

安全态势。我国周边面临一些现实和潜在热点，在特定条件下可能被激化，加上域外一些力量操控、境内分裂势力寻机妄动，甚至会发生复杂的“连锁反应”。要充分预想各个战略方向可能发生的突发情况，充分考虑国际国内各种联动因素，在做好战略预置、情报搜集、侦察预警的同时，做好战略机动、远程投送、联动打击、直达保障的准备，特别是要统筹好主要和次要作战方向的关系，分清轻重缓急，力避盲动掌握全局，谋求动态的积极安全。

四是加强国防后备力量的质量建设。加强国防后备力量建设是稳固国防和建设军队的重要方面，是稳固国防和军队的基础性战略性工程，关系到国家安危和民族兴衰，因此，国防后备力量建设必须强化。习近平总书记指出：“要深入贯彻军民融合发展战略，加快建设现代化武装警察力量，加强国防动员和后备力量建设，巩固和发展军政军民团结。”[①]目前，国家以及军队建设已站在一个新的历史起点上，为实现中华民族伟大复兴的中国梦，给国防后备力量建设赋予了新的使命，带来了新的挑战。我们一定要努力拓展国防后备力量建设的新思路，从而建立起一支强大的国防后备力量。

要加强国防后备力量建设，进一步提高寓军于民的水平，提高平战转换能力和快速动员能力、科技支前能力和维护战时社会稳定的能力；要调整优化后备力量建设的战略布局和编组结构，增大国防后备力量的科技含量；要加强民兵预备役部队军事训练，认真研究解决在市场经济环境中民兵预备役训练人员集中难、经费筹措难、训练组织难等问题，把部队训练、院校教育和民兵预备役训练统起来抓，使训练改革协调发展、整体推进；要加强军地之间的配合，积极探索军政军民联合训练的有效机制和方法。

五是深入推进军民融合深度发展。把军民融合发展上升为国家战略，是我们党长期探索经济建设和国防建设协调发展规律的重大成果，是从国家发展和安全全

① 习近平：《在庆祝中国共产党成立九十五周年大会上的讲话》（2016 年 7 月 1 日），人民出版社 2016 年版，第 26 页。

局出发作出的重大决策，是应对复杂安全威胁、赢得国家战略优势的重大举措。军民融合发展战略注意统筹经济建设和国防建设，实现富国与强军的统一，构建一体化的国家战略体系和能力。要坚持富国和强军相统一，加快形成全要素、多领域、高效益的军民融合深度发展格局，逐步构建军民一体化的国家战略体系和能力，为实现中国梦强军梦提供强大动力和战略支撑。

推动国防建设与经济建设协调发展。国家安全连你我，军民携手筑长城。继承和发扬重视党管武装、重视国防建设、重视拥军优属的光荣传统，继续统筹经济建设和国防建设。积极探索军民结合、寓军于民的新机制，为推动科技城开放性、创新性、突破性发展作出应有贡献。确保国家安全和长治久安，不可能毕其功于一役，需要久久为功、驰而不息的不懈努力。深入开展国家安全教育，让国家安全意识在广大官兵心中生根发芽，让“兵民是胜利之本”闪耀出时代光芒，必将推动中华号巨轮在时代风云中破浪前行，为实现“两个一百年”奋斗目标、实现中华民族伟大复兴中国梦筑牢安全保障。

（二）积极研发信息化武器装备

“工欲善其事，必先利其器。”伴随百舸争流的军事变革大潮，大量武器装备新概念、新设计思想不断提出，大批信息化武器装备不断发展和成熟，必将对未来战争产生不可估量的作用和影响。进入21世纪以来，各种高新技术的快速发展、交叉渗透和综合运用，使得武器装备一体化发展成为可能，同时也使战争机器的整体结构和作战效能产生了质的飞跃。针对打赢未来信息化战争的需要，应该重点发展信息化武器装备，具体应重点把握以下几个问题。

一是进一步加强武器装备“一体化”建设。以往评价一支军队是否“现代化”，往往是以这支军队拥有多少飞机、坦克、火炮和军舰等武器装备来衡量的。如今，评价标准则是这支军队武器装备体系的整体能力，单件武器装备和单个战斗单元是否能够实现一体化，是否具有系统的通用性和联动性。20世纪90年代以来，美国国防部制定了一系列国防科学发展战略和科学技术计划，把武器装备“一体化”摆到战略层次，给予最优先的发展。目前，美军第一代装备已全部淘汰，第三代装备的比例，海军达90%以上，陆军达52%，第四代、第五代装备也在积极发展之中，2020年前后主战武器装备基本上全部实现“一体化”。此外，俄罗斯已把研究自己的“一体化”武器装备作为武装力量建设特别优先的任务；英、法、德、意等国也以发展武器装备“一体化”为契机，全面提高北约成员国的信息作战能力；印度则准备走机械化与信息化相结合的“复合式”发展道路。

二是加强武器装备“集成化”建设。利用横向一体化技术，将分立的武器装备或系统连接成一个新的更高层次的系统，可以大大提高现有武器装备群的信息化能力，这已成为当代武器装备“一体化”发展的新趋势。阿富汗战争中，美军整个作战体系经由C4ISR的联结实现了高度一体化。作战中美军采用LINK-16等数据链技术，将RQ-1“捕食者”无人机、RC-135V/W电子侦察机、U-2高空侦察机、E-8“联合星”飞机和RQ-4“全球鹰”无人机联系起来，实现了战场信息的互通与共享，从而提高了打击的灵活性和准确性。伊拉克战争中，美军参战飞机都加装了“快速情报接收系统”，约三分之二的飞机起飞是在空中接收实时的目标情报并发起攻击，从而实现了真正意义上的“发现即摧毁”。发展我军武器装备，必须着眼打赢未来信息化战争需求，必须改变传统发展模式，加强武器装备“集成化”建设，积极推进武器装备“一体化”建设，实现各军兵种武器装备的互联互通和互操作。

三是通过“嵌入式”改造激活主战武器。在以往的作战中，传统主战武器主要是通过改进自身的机动速度、火力强度和装甲能力等机械性能来提高作战能力。而当代信息技术等高技术的发展及其在武器装备制造和改进中的应用，使得传统主战武器的作战性能产生了质的飞跃，其作战能力的提高已不仅仅依赖于机械性能的提高，而是转为目标搜索与识别、反应速度、对目标精确定位和打击等方面能力的全面提高。在伊拉克战场，美军原有坦克、装甲战车、大口径火炮、作战飞机、直升机和舰船等主战武器装备，由于加装了数字化通信设备、先进雷达、敌我识别装置和全球定位系统等，使作战效能倍增。B-52、F-15、F/A-18等轰炸机和战斗机，由于安装了目标数据实时接收和修正系统，使实施远距离精确打击“游刃有余”。由波音-707客机改装而成的E-8C联合监视和目标攻击雷达系统，使战场探测面积倍增，能够在白天、夜间甚至能见度不良的情况下提供敌军移动目标的信息。

四是以“信息化”建设牵动“多元化”发展。近年来，西方一些军事大国在武器装备的研究和开发上，提出了“以理论为依据的需求体制”的概念，改变过去“有什么武器打什么仗”为现在“打什么仗发展什么武器”。从海湾战争到伊拉克战争的短短10余年内，以红外、激光、卫星定位等为代表的先进制导技术迅猛发展，促进了精确制导武器的异军突起，其战场使用率由8%迅速上升至90%以上。美军试验了一种具有信息制导功能、重达13610千克的“炸弹之母”，其精确制导和爆炸力“惊人”。目前，多平台综合、多功能综合和多频段综合的电子战平台系统空前崛起。红外光电对抗、反辐射武器等电子对抗系统的更新和发展，使战场电子对抗与反对抗趋于白热化，其“软杀伤”能力已朝着宽频带、多目标、高能量、大功率和多平台方向发展。

五是重点研发智能化武器装备。智能化武器装备使武器装备发生了从“自动化”到“自主化”的质变，具备了“自主”的特征和“智能”的能力。世界上已列装的无人装备型号多达上百种，各主要军事强国也在加紧研制各类智能化的无人作战平台，一个机器战争新纪元正在到来。如今，军事智能已经成为决定未来战争胜负的关键要素，智能化武器装备层出不穷、类型日益丰富。随着未来强人工智能技术的突破，智能武器的“有限主观能动性”肯定会进一步提高，武器装备智能化的建设将全面提速，整体作战能力将大幅跃升，将对未来战争产生颠覆性影响。为使有限的国防开支最大限度地提高我军的战斗力，重点应加强我军武器的智能化更新换代和安全可靠性，力争在短期内使其精确性、灵活性等性能有质的突破。其主要包括独立遂行较复杂任务的无人化武器平台，以及辅助操作系统，包括智能化的指挥控制系统、无人机、无人车、地面机器人、无人水面艇、无人潜航器等。

（三）积极应对美国“印太战略”挑战

当今世界正面临百年未有之大变局，我国发展仍处于重要战略机遇期，同时各种可以预料和难以预料的风险挑战增多。面对美国“印太战略”，我国应保持战略定力，积极应对美国“印太战略”挑战和威胁。

一是在安全层面，进一步强化国防建设。面对美国等借“印太战略”对我国战略围堵不断升级的现实，我国的首要任务仍是加强国防力量特别是远洋海军的建设。目前，印太地区局势日趋复杂。一方面，传统岛链、“印太战略”交织，美、日、澳等全球与区域大国纷纷介入，安全机制犬牙交错，西方以“印太战略”为抓手，实施东海、台海、南海、印度洋“三海一洋”安全联动，恶化我国外部安全环境的意图已愈发明显；另一方面，我国对印太诸国投资力度逐年加大、双边贸易额快速递增，且印太地区为我国“一带一路”倡议的重点区域，我国在印太地区的海外利益日益扩大。远洋海军不仅对维护我国海上安全来说不可或缺，也是保卫我国在印太日益增长的海外利益的必备要素。因此，强化国防建设是当前我国应对日、美等国“印太战略”、维护国家海外利益的首要任务。

二是在经济层面，进一步提高竞争实力。面对美国“印太战略”带来的冲击，我国应推动全方位对外开放，培育国际经济合作和竞争新优势。面对美国等凭借基础设施项目投资进行的围堵，对我国制造“债务陷阱”的中伤，我国应毫不动摇、继续推进“一带一路”倡议深化发展，坚持共商共建共享，遵循市场原则和国际通行规则，以实际行动为沿线国家提供更多公共产品、提高各国民众福祉，争取更多国家的支持，反击美国的无端指责与对冲举措，进一步提高经济竞争实力。

三是在战略层面，尽可能分化美、日、印、澳四国关系。在美国“印太战略”日益实心化背景下，美、日、印、澳四国合作机制将成为美国颇为倚重的载体。然而，四国关于“印太战略”的设想及利益关切绝非铁板一块，我国可利用各国分歧，因“国”制宜，多做文章。首先，在中日均面临美国贸易霸凌主义背景下，我国可凭借第三方合作，力争在可能范围内分化日美，争取日本。其次，对于印度，我国应在完善分歧管控机制的同时，强化更广范围的合作。此外，对于澳大利亚，我国从根本上仍将是坚持两分法应对。最后，在对美国等采取诸多反制措施的同时，我国应重点思考现有地区秩序如何实现更有效的改良，以造福印太地区各国民众。

（四）努力维护国家发展重要战略机遇期

当今时代，军事和政治的联系更加紧密，政治因素对军事的影响和制约日益突出，在战略层面上的关联性明显增强。筹划军事安全必须服从政治的需要，服从国家安全大局的需要。

当前，维护军事安全更需要具有宏观的视野，必须站在国家安全和发展全局的高度，加强军事安全筹划，搞好前瞻设计，增强战略能力。要以国家核心安全需求为导向，深入探讨军事领域战略性全局性问题，保持战略清醒，增强战略定力，把战争问题放在国家安全大局中来认识来筹划，避免出现严重的战略性失误。要始终把国家主权和安全放在第一位，坚持军事斗争准备的龙头地位不动摇，坚决维护国家主权、安全、发展利益；同时，要有效应对传统安全威胁与非传统安全威胁，不断提高核心军事能力，全面提高应对多元安全威胁、完成多样化军事任务的能力。要加强军事行动与政治外交等多领域行动的协调配合，综合施策，综合运用，把握好斗争的时机、途径和方式，更有效更充分地发挥军事力量在营造态势、预防危机、遏制和打赢战争方面的战略保障作用。要推进军民融合发展战略，坚持需求牵引、国家主导，引导国家经济社会资源更好地为国防和军队建设服务，自觉将国防和军队建设融入经济社会发展体系，切实解决体制机制、技术标准、人才培养等方面存在的矛盾问题，推动富国与强军的统一。

努力维护周边安全环境稳定。一段时间以来，在中国与周边国家的关系中出现一些影响国家安全的新变数，一些争议和摩擦连续出现，如中日钓鱼岛之争、中印边界领土争端、中菲黄岩岛对峙事件等，不稳定与不确定性有所上升，直接影响中国的周边安全稳定。考虑到中国周边安全的地缘环境的复杂性，努力维护中国周边安全环境稳定，主要从两方面入手。一方面，继续努力保持中美关系的基本稳定。美国是当今世界唯一的超级大国，对全球事务和亚洲地区的事务有着巨大的影响力。美国的态度在相当大的程度上可以影响日本、韩国、澳大利亚以及东南亚很多国家的政策。在我国周边许多热点问题的背后，都有美国的影子。如今，我国已经被美国认为是最有潜力在未来挑战其主导地位的国家，美国对华政策中防范的一面在一个相当长的时间内不可能消失。但美国在保持中美关系的稳定方面也有着重要的利益，在很多国际事务上，美国需要我国的合作。因此，只要双方作出足够的努力，中美关系可以维持一个相对稳定的局面。另一方面，努力发展睦邻外交，拓展我国在周边国家中的影响力。加强与周边国家的沟通与合作交流是维护和稳定中国周边安全的重要举措，建立多边合作安全机制，是加强与周边国家的交流和沟通的有效机制。坚持和平共处五项原则，继续推行“睦邻、安邻、富邻”的周边外交政策。坚持在和平共处五项原则的基础上保持和发展同周边国家的睦邻友好关系，创造一个和平安全的周边环境，是我国独立自主和平外交政策的重要组成部分。只要中国坚持“与邻为善”“以邻为伴”政策，积极稳妥地处理与周边国家的关系，中国的发展就会建立在和平的周边环境之中。

（五）加强国际军事安全合作

在全球化背景下，加强国际军事合作是维护地区乃至国际社会安全的有效方式。因此，为了维护地区安全，维护世界和平稳定，我们必须加强国际军事合作，努力维护地区乃至世界的和平稳定。

一是全方位发展对外军事关系。总体国家安全观要求牢固树立开放条件下的安全思维。为此要更积极参与国际和周边区域安全机制建设，力所能及地提供更多的安全公共产品，推动构建开放、透明、平等的国际和区域安全架构。担当与大国地位相应的国际责任，军队要为维护世界和平作出更大的贡献。为此，必须与时俱进加强对外军事合作的整体设计，全方位发展对外军事关系，多层次推进务实性军事交流。应深化中俄两军在两国全面战略协作伙伴关系框架下的交流合作，构建与中美新型大国关系相适应的新型军事关系，提升与欧洲国家军事关系水平，按照亲诚惠容的周边外交理念，巩固和发展与周边国家军事关系，发展与非洲、拉美、南太平洋国家的传统友好军事关系。

二是推进务实性军事合作。拓展务实性军事合作，以应对共同安全威胁为牵引，探索与有关国家合作的新领域新方式，特别是要加强关键岗位军官培训、重要领域技术交流等方面的合作，在相互借鉴中密切关系、提升能力。与外军在防务政策、军兵种建设、院校教育、后勤装备建设等领域广泛开展对话交流，增进了解互信，相互学习借鉴。加强与有关国家军队在人员培训、军事物资援助、装备技术等领域的合作，相互支持，提高各自的防卫作战能力。开展多层次、多领域、多军兵种的双边多边联演联训，推动演训课目从非传统安全领域向传统安全领域拓展，提高联合行动能力。

三是加快军事力量走出去。有计划有步骤地推动军事力量走出去，在维护和拓展自身利益的同时，为国际社会提供更多的公共安全产品。要深化与更多国家军队的交流合作，逐步构建持续有效的协商机制，创造机会更多地参与双边或多边防务领域对话、定期开展各种想定条件下的联合军演，不断学习、取长补短，提高海外军事交往与国际事务干预能力。加快军事力量走出去，围绕“一带一路”倡议需要，精心运筹国际关系，积极构建海外力量布局，加强利益攸关地区战略预置，积极参与海外护航、远海搜救、反恐维稳、国际维和、非战斗人员撤离等活动或演练，不断积累经验吸取教训，切实提高遂行海外军事行动的能力。积极参与国际海上安全对话与合作，坚持合作应对海上传统安全威胁和非传统安全威胁。

四是履行国际责任和义务。参与联合国维和行动，履行安理会授权，致力于和平解决冲突，促进发展和重建，维护地区和平与安全。积极参加国际灾难救援和人道主义援助，派遣专业救援力量赴受灾国救援减灾，提供救援物资与医疗救助，加强救援减灾国际交流，提高遂行任务能力和专业化水平。广泛参与地区和国际安全事务，推动建立突发情况通报、军事危险预防、危机冲突管控等机制。

思考题

1. 什么是军事安全？
2. 维护军事安全都有哪些内容？
3. 如何应对美国“印太战略”的挑战？

第四章 经济安全

当前我国经济形势总体是好的，但经济发展面临的国际环境和国内条件都在发生深刻而复杂的变化，推进供给侧结构性改革过程中不可避免会遇到一些困难和挑战，经济运行稳中有变、变中有忧，我们既要保持战略定力，推动我国经济发展沿着正确方向前进；又要增强忧患意识，未雨绸缪，精准研判、妥善应对经济领域可能出现的重大风险。

——2019年1月21日，习近平总书记在省部级主要领导干部坚持底线思维着力防范化解重大风险专题研讨班开班式上发表的重要讲话

【案例透视】

大豆之殇成为国人心头之痛

粮食安全不确定性风险隐患最突出的事件就是我国的大豆之殇。为尽快加入世界贸易组织，中国在农业领域作出巨大让步，向美国承诺实现大豆油贸易自由化，取消关税配额制和准国家专营制；大幅降低大豆进口关税，取消进口配额制。由于美国种植的是转基因大豆，生产成本低，单位出油高，而且还得到政府的巨额补贴，美国农民每生产1吨大豆得到的政府补贴从20世纪90年代初的15美元增加到2004年的59美元。因此，相对于中国小农生产的有机大豆，美国转基因大豆具有明显的竞争优势。1994年中国进口大豆只有5万吨，2005年则为2600万吨，占世界大豆贸易的三分之一。

中国大量进口转基因大豆使本土有机大豆生产迅速

萎缩，成千上万的豆农不得不转种其他作物，或干脆撂荒土地外出打工。更为严重的是，跨国粮商利用中国对国际大豆市场的依赖，通过一组精心布局，一举击溃了中国大豆压榨与流通企业。2003年下半年，美国借口贸易赤字而不断升级对华贸易战。为缓解紧张状态，2003年12月，中国宣布将派代表团采购美国大豆。在该声明发布（2003年12月）前，芝加哥期货交易所大豆月均价是每蒲式耳7.7美元（1蒲式耳大豆＝60磅＝17.1千克）；当中国企业大批采购时（2004年3—4月），价格冲到每蒲式耳9.8美元；中国采购（2004年8月）后，价格快速跌至每蒲式耳5.9美元。大豆价格潮涨潮落使中国采购300万吨多花了15亿美元，期货交易令诸多中国油脂企业陷入困境乃至绝境，最后有半数企业破产，跨国粮商趁机控制了近60%的国内油脂企业、80%大豆压榨能力，在中国市场掌握了从大豆采购到仓储运输、油脂加工等各个环节的主动权。对此，习近平总书记提醒国人，“中国人要牢牢将饭碗子掌握在自己手里”“中国人的饭碗子要装中国自己产的粮食”。国际粮食市场是一个高度垄断的市场，世界商品粮的生产、流通、定价主要控制在西方手里，全球80%以上可交易粮食掌握在前四大粮商手里，除了路易达夫为法资、美国参股，其他三大粮商都是美国独资，美国的芝加哥期货交易确定粮食价格。

自我国加入世贸组织并取消对大豆进口关税及配额限制之后，我国大豆种植全面溃败。我国在不到十年的时间之内从世界最大的大豆生产国和大豆出口国转为世界最大的大豆进口国，大豆消费的进口依存度已高达70%。在我国对大豆等油脂作物进口依存度不断提升的背景下，跨国资本又进一步控制了我国60%以上的油脂企业。跨国四大粮商已基本控制了我国食用油的销售渠道，并占有了食用油市场的多数著名品牌。至此，跨国资本已基本完成了对我国食用油市场从产地到终端销售的产业链控制和整合，我国食用油产业已基本落入跨国资本之手。目前，对我国食用油产业链上下游渗透与控制相类似的跨国资本入侵行动正在棉花、玉米、种子、肉禽等农业领域重演，并已开始在小麦、水稻等最基本农产品领域逐步加大入侵的力度。

近年来，中国粮食自给率不断降低，98%、97%、95%、90%，现在是80%左右。人是铁，饭是钢，吃饭问题是第一大事，和平时期不觉得怎样，关键的时候就会凸显出来。新冠肺炎疫情就对粮食安全产生重大影响，世界粮食计划署总结了此次新冠肺炎疫情对粮食安全产生的五大影响，即：疫情对收入水平较低和医疗基础设施落后的国家构成了巨大威胁；对缺乏健全社会安全网的国家构成了巨大威胁；对于罹患慢性或急性饥饿或营养不良的人，新冠病毒可能特别致命；可能会导致食品供应链中断、食品短缺和食品价格飙升；导致全球经济放缓或陷入衰退，加剧极端贫困。《世界粮食安全和营养状况报告》指出，经济下滑对贫困和粮食安全产生了重大影响。在许多经济放缓或萎缩的国家中，饥饿现象有所增加，主要是在中等收入国家。

【法条链接】

《中华人民共和国国家安全法》第十九条　国家维护国家基本经济制度和社会主义市场经济秩序，健全预防和化解经济安全风险的制度机制，保障关系国民经济命脉的重要行业和关键领域、重点产业、重大基础设施和重大建设项目以及其他重大经济利益安全。

《中华人民共和国国家安全法》第二十条　国家健全金融宏观审慎管理和金融风险防范、处置机制，加强金融基础设施和基础能力建设，防范和化解系统性、区域性金融风险，防范和抵御外部金融风险的冲击。

随着中国国内生产总值于2010年首次超过日本，成为仅次于美国的世界第二大经济体，经济安全已经成为国家安全的核心指向，保证经济安全是一切安全的出发点和落脚点。

一、经济安全是国家安全的物质基础

经济安全是实现和确保国家政治安全、军事安全、科技安全、文化安全、生态安全和社会安全的物质前提。“冷战”结束后，随着经济全球化的发展和国际经济竞争的加剧，经济安全已经成为国家安全中极为重要的因素。

（一）经济安全概念阐释

经济安全作为非传统安全的重要领域，随着“冷战”结束越来越受到世界各国的重视。目前，关于经济安全的概念，大致可以有两种观点。一种是将经济安全视为抵御经济冲击的一种能力或在外部冲击下稳定状态的维持；另一种是将经济安全与某个国民经济基本概念相联系，将经济安全定义为一国的基本经济制度与经济主权不受损害、经济危机可控的状态。

国家经济安全，是指一国的国民经济发展和经济实力处于不受根本威胁的状态。经济安全是在把握经济发展阶段性特征、适应经济发展新常态的过程中，通过主动作为、积极调控来实现的。国家经济安全不仅体现在微观方面的国民、企业与中观行业的竞争力，更反映在政府的宏观调控与治理能力，集中体现在货币与财政政策独立有效运用。在经济全球化时代，一国要保持其经济安全，就需要保持其经济存在和发展所需资源有效供给、经济体系独立稳定运行、整体经济福利不受恶意侵害和非可抗力损害。

（二）维护经济安全意义特别重大

在全球化背景下，国家经济安全不仅关系到国家的战略利益，而且直接影响每个大众的切身利益。因此，无论发达国家还是发展中国家，都将国家经济安全提升到国家安全的战略层面进行思考与维护。

第一，经济安全是国家安全的核心内容。国家的政治、军事乃至环境政策在很大程度上都是以经济建设为中心的，保证经济安全是一切安全工作的出发点和落脚点，维护国家安全必须以经济安全为基础。“冷战”结束后，随着世界范围的竞争从军事实力转向以经济实力和高科技为基础的综合国力的较量，经济因素在国际关系中的地位不断上升。“热战”和“冷战”逐渐转化为经济战和贸易战，经济安全在国家安全中的地位凸显，成为国家安全的核心内容。经济全球化加速全球贸易、投资和金融自由化，各国之间经济依存度加深，一个国家和地区的经济问题可能很快演变为世界范围的经济风险。肇始于美国的金融危机对国际经济的巨大冲击，就是明显一例。在经济全球化中如何维护国家经济安全显得尤为重要，因为在各国经济的相互依存和竞争中，一国经济的生存和发展更易受到别国的威胁和伤害。经济安全的内涵和侧重点对具有不同发展水平和价值观的国家而言是有差别的，但也有共同之处。在当今时代，国家维护安全，从根本上来说，是为了发展经济，提高人民的生活水平。从党的执政基础看，经济安全是赢得民心、巩固政权、稳定社会的物质条件。没有经济安全，文化、教育、社会等领域的安全也就无从谈起。

第二，经济安全是实现和确保国家安全的基本前提。经济安全是实现和确保国家政治安全、军事安全、科技安全、文化安全、生态安全和社会安全的物质前提。随着经济全球化的发展和国际经济竞争的加剧，经济安全已经成为国家安全中极为重要的因素。正如习近平总书记所指出的那样："当前我国国家安全内涵和外延比历史上任何时候都要丰富，时空领域比历史上任何时候都要宽广，内外因素比历史上任何时候都要复杂，必须坚持总体国家安全观，以人民安全为宗旨，以政治安全为根本，以经济安全为基础，以军事、文化、社会安全为保障，以促进国际安全为依托，走出一条中国特色国家安全道路。"①可见，走中国特色国家安全道路就是以经济安全为基础，夯实国家安全根基。经济发展是国家发展之基，经济安全同样也是国家安全之基。

第三，经济安全是国家安全的物质保障。随着和平与发展成为时代主题，特别是"冷战"结束后，经济全球化迅速扩展，经济互动日益增多，经济竞争成为大国竞争的主战场，频频出现的经济领域危机、摩擦和制裁成为世界各国面对的突出问题。这就使得经济安全在国家安全体系中的基础地位越来越突出。一般而言，一国的经济安全取决于该国政府是否有驾驭全局的宏观决策和调控能力，该国商品和服务在国际市场上是否具有公平竞争的机会和有力的竞争能力，在世界性资源短缺

① 《牢固树立认真贯彻总体国家安全观 开创新形势下国家安全工作新局面》（2017年2月17日），《人民日报》2017年2月18日第1版。

的情况下是否能有效地获得所需的资源，是否有抵御全球性金融危机冲击的能力，是否有和平稳定的国际、国内环境等。以经济安全为基础，不仅要保障我国自身的经济制度安全、国民经济安全、金融体系安全、国家能源资源安全等，而且要对可能的外部经济冲击有应对之策，确保国家经济发展不受侵害，促进经济持续稳定健康发展，提高国家经济实力，为国家安全提供坚实的物质保障。

（三）维护经济安全的主要内容

在经济全球化对国家经济安全的具体影响方面，经济全球化提高了国家经济安全的地位，扩展了其内涵与外延，并使得经济安全环境、经济安全态势更加复杂多变。在国家经济安全的内涵方面，一般认为，它主要包括金融安全、资源安全、产业安全、财政安全等。

随着经济全球化和信息化的加剧，以及可持续发展压力的加大，国家经济安全越来越像传统的军事安全一样受到各主权国家和社会的广泛重视。国家经济安全中既有积极参与国际经济竞争带来的问题，如信息安全、金融风险、贸易问题、引进外资与保护民族工业问题等；也有可持续发展中存在的问题，如石油供应、重要矿产资源保障、粮食供应、淡水资源保障等；又有体制层面上存在的问题，如经济体制转轨时期的就业保障、中央财政调控能力等。从总体上来看，国家经济安全内容主要包括两个方面。

一方面是指国内经济安全，即一国经济处于稳定、均衡和持续发展的正常状态。从目前我国发展状况来看，贸易安全、产业安全、金融安全、粮食安全是国家经济安全关注的重点。

另一方面是指国际经济安全，即一国经济发展所依赖的国外资源和市场的稳定与持续，免于供给中断或价格剧烈波动而产生的突然打击，散布于世界各地的市场和投资等商业利益不受威胁。为了达到这种状态，国家既要保护、调节和控制国内市场，又要维护全球化了的民族利益，参与国际经济谈判，实现国际经济合作。

二、经济安全面临的威胁与挑战

在全球化背景情况下，经济安全居于总体国家安全的核心地位。全球经济一体化导致全球性经济发展严重失衡，使各国经济发展出现“强者恒强，弱者恒弱”的马太效应现象。经济持续失衡，国际金融持续动荡，强势经济态势持续紧张，经济风险不断上升，经济安全形势不容乐观。由于多方面因素影响和国内外条件变化，我国国内经济安全危机四伏，国际竞争威胁国家经济安全。

（一）国内经济安全危机四伏

在新时代，我国经济运行仍面临不少困难和挑战，经济下行压力较大，结构调整阵痛显现，企业生产经营困难增多，部分经济风险显现。随着我国经济发展进入新常态，产能过剩化解、产业结构优化升级、创新驱动发展实现都需要一定的时间和空间，经济下行压力明显，保持较高增长速度难度不小。面对这些新情况，中国经济正在发生全面转型，许多不确定因素会影响国家经济安全。

一是产业安全面临内外部多重压力和多种风险威胁。我国自改革开放以来，尤其在加入世贸组织之后，跨国资本纷至沓来，在华掀起了一波又一波的并购浪潮。外资方在并购本土企业过程中，纷纷采取“斩首”战略，把并购目光瞄准我国各行业内的龙头企业和拥有知名品牌的企业。国务院发展研究中心发表的一份研究报告显示，在中国已开放的产业中，排名前5位的企业几乎都由外资控制；中国28个主要产业中，外资已在21个产业拥有多数资产控制权。国家工商总局（今“国家市场监督管理总局”）的调查结果也显示，外资企业的产品在轻工、化工、医药、机械、电子等行业占据三分之一以上的市场份额，在电脑操作系统、软包装产品、感光材料、子午线轮胎、手机等行业甚至占据绝对垄断地位。更严峻的后果是，外资进一步借助市场垄断地位以及掌握的言语权、控制权对本土企业乃至国家的自主创新基础及持续创新能力形成打压态势。

二是庞大“本土热钱”无序流动威胁我国经济安全。在美国对我国的经济战中，“国际热钱”是发动攻击的突击部队之一。这一突击力量的强大破坏力在亚洲金融危机时有突出表现，引起国际社会的高度关注。但是在我国，另一支破坏力同样惊人的力量是“本土热钱”，而“本土热钱”的存在及其破坏力迄今并未引起国人的关注。近年来，这支“本土热钱”在国内屡屡兴风作浪，在我国股市、楼市、农产品市场、粮食流通领域、大宗商品市场、矿产市场、黄金白银市场、医药流通领域等等，到处可见其身影。这支“本土热钱”的规模，最保守估计也在数万亿元人民币之巨，甚至可能更高。舆论所说的“游资”，例如江浙一带的“游资”，即为其主要力量之一。这支“本土热钱”主要有以下几个主要组成部分：民营企业部分经营资金脱离实业转为投机资金；国企闲置资金转为投机资金；居民储蓄中无固定投资目标的投机性资金；商业流通资本中游离出商业流通领域转为投机资金；等等。我国目前这支规模庞大的“本土热钱”，如果与国外流入的“国际热钱”形成共同的攻击目标，将对我国经济造成极大破坏。

三是金融风险积聚给我国金融领域埋下新隐患。我国金融业的发展从整体上看起步晚、底子薄，金融技术水平和风险防范能力同发达国家的差距很大。近年来，我国社会宏观债务水平持续上升，产能过剩、行业信贷风险逐步显现，金融机构信用和流动性风险上升，部分影子银行业务扩张过快，跨境资本异常流动风险增大，金融隐患日趋加大。目前，我国金融领域已经积聚了九大安全问题：资本的非法流出入对我国金融安全的负面影响；经济全球化对我国金融安全造成的风险；加入世界贸易组织对我国金融安全的挑战；资本账户开放对我国金融安全的冲击；国际游资对我国金融安全的影响；网络金融对我国金融安全提出新的课题；金融装备落后、国产化程度低是我国金融安全的重大隐患；金融监管还不能完全适应我国金融安全的需要；金融法制建设与保障我国金融安全的要求不完全相适应。随着我国金融市场对外开放程度不断提高，风险跨境传染的可能性增大。另外，财政特别是地方政府财政安全和社会保险面临风险日益凸显。如今，我国部分城市建设规模和速度超出财力，城市政府债务负担过重，有些政府甚至是负债运行，财政和金融风险不断积累。社会保险存在隐患，养老保险基金制度还需完善，长期收支平衡存在压力。多层次医疗保险体系尚未完全建立，城镇居民基本医疗保险制度和新型农村合作医疗制度有待进一步整合。

四是我国农业及粮食安全面临严重挑战。民以食为天，食以粮为主，粮以安为先。粮食安全始终是我国农业发展的重中之重。2019年年底，我国发表了《中国的粮食安全白皮书》，表明中国的主粮基本自给，在粮食主产国中库存占消费比例全球最高，可见我国总体上粮食是安全的。但受耕地、水资源、自然灾害、环境等多种因素制约，目前我国口粮可持续发展形势严峻，抵御国际粮价大幅波动的能力不强，特别是新冠肺炎疫情全球大流行引发人们对粮食安全的担忧。首先，外资正加紧对我国农业领域的大举渗透。以美国资本为主的外资正加紧从以下几个方面渗透并控制我国农业及粮食领域：以低价农产品直接抢占市场份额，以打击我国本土种植业；与金融资本相配合，全面渗透农产品流通领域；以转基因种子为武器，逐步控制我国农产品市场。其次，我国农地数量与质量持续下降威胁我国粮食安全。我国为保障粮食安全，虽然规定要确保“十八亿亩耕地”的红线，但目前显而易见的挑战是：这“十八亿亩耕地”的红线正在大规模城市化、房地产开发、工业项目开发中被不断侵蚀；这“十八亿亩耕地”的质量正不断下降，正遭到严重质量下降的挑战。再次，我国农业粗放生产方式将威胁我国粮食安全。我国大田农业的科技含量低，农业科技投入严重不足，导致农业生产依赖不断追加施用化肥。我国农业滥用化肥的后果不单是造成土地退化，更严重的是，化肥农药的滥用正使我国农业生产“石油化”，使我国粮食生产直接与世界石油市场紧密挂钩。此外，水资源危机将威胁我国粮食安全。我国是一个人均水资源严重缺乏的国家，我国人均水资源量仅为2300立方米，仅为世界平均水平的四分之一。但就是在这样一个严重缺水的自然环境下，我国农业用水要占到水用量的70%以上。其中，农业用水的粗放式灌溉方式，又浪费了宝贵的农业用水的40%以上。我国农业用水的有效使用率非常之低。

五是全球新冠肺炎疫情大流行严重冲击中国经济。一场疫情让全球经济陷入低迷，绝大部分国家的经济陷入负增长，欧美等发达国家也不例外。这场疫情也成为全球国家的试金石，能够在疫情下保持经济增长并且稳定控制疫情的国家只有中国。目前，西方国家的复工复产还没有完全开启，它们的经济也会因此继续低迷。由于全球经济处于低迷状态，对中国经济发展必然会造成不利影响，使中国经济发展速度难以恢复正常水平。

（二）国际竞争威胁国家经济安全

经济全球化是当代世界经济的重要特征之一，也是世界经济发展的重要趋势。经济全球化对每个国家来说都是一把双刃剑，既是机遇，也是挑战。特别是对经济实力薄弱和科学技术比较落后的发展中国家，面对全球性的激烈竞争，所遇到的风险、挑战将更加严峻。

一是国际贸易保护主义对我国经济发展造成不利影响。如今，国际经济竞争日趋激烈，中国经济面临来自发达和发展中国家的贸易保护主义的压力。我国的主导出口商品进入发达国家市场时遭遇的壁垒多，比如纺织品配额、反倾销等。发达国家的一些贸易限制措施，其实主要是针对中国出口商品的。2018年3月22日，特朗普签署了针对中国进口的1300种、价值约500亿美元的商品增加高额关税的“总统备忘录”，正式拉开了中美贸易争端的序幕，企图通过制造贸易争端、金融争端打压和搞垮中国。本轮中美贸易争端，美国对中国敲打讹诈的力度前所未有，这是美国知识与政治精英形成的战略共识，必须遏制中国，阻止中国超越美国。

二是国际经济秩序变革带来深层次挑战。不公正、不合理的国际经济秩序使发展中国家面临十分严峻的挑战。随着国际力量对比发生新变化，国际经济规则制定主动权之争日趋激烈，西方国家积极谋求为全球经济设立新的规制标准。国际经济秩序变革，事关各国在国际经济体系长远制度性安排中的地位和作用，其深层次影响在相当长时期依然存在。中国作为世界第二大经济体，在由西方国家主导的国际经济秩序中处于十分不利的态势，必须努力打造一个国际经济新秩序。“一带一路”倡议的实施、亚投行等金融机构的设立，将对国际经济秩序产生重大影响。

三是国际金融动荡对我国经济稳定运行带来风险隐患。2008年9月，美次贷金融危机引发了世界性的经济紧缩，其消极影响到今天仍然存在。当前，发达国家实施超常规量化宽松货币政策的负面效应不断积累，世界经济复苏和金融市场稳定都面临着不确定性。国际金融危机深层次影响在相当长时期依然存在，全球经济贸易增长乏力，保护主义抬头，各种高风险的非经济因素严重地冲击我国经济。特别是在金融领域，我国的金融市场本身发育不成熟，监控体系不甚健全，防范能力较弱，大量外资金融机构进入，对我国整体较脆弱的金融行业无疑将形成巨大压力。国际金融市场动荡的潜在危机和投机资本的流窜也将始终是我国金融安全面临的最大威胁。

四是美国对华经济安全化对我国经济安全构成严峻威胁。特朗普政府执政以来，不仅仅从经济本身看中美经贸关系，还从美国的国家安全角度看中美经贸关系，对华经济安全化的倾向凸显。因此，特朗普政府调整其对华经贸关系的总体立场：由聚焦于解决中美贸易失衡问题的经济视角，转向中美战略竞争角度的安全视角。能否确保美国对中国的经济竞争优势，是美国新时期国家安全的关键因素。如果美国放任中国经济继续崛起，在最具战略意义的产业赶超美国，美国的霸权地位将可能不保。在全球化以及中美经济相互依存加深的情况下，美国难以全面发动对华贸易争端，因此，保持美国在关键产业的竞争力以及尽量防止高科技中企进入美国市场，成为最现实的政策选择。这种安全化的倾向表明，美国现在已经没有了单极时代的战略自信，也严重缺乏和中国竞合的安全感，因此只能采取过于保护本国市场的方式来维护美国所谓的国家安全。

五是新冠肺炎疫情在一定程度上冲击中国的国际经济安全。2020年以来，新冠肺炎疫情在全球蔓延，疫情对全球经济运行产生明显影响，出现了20世纪30年代"大萧条"以来最严重经济衰退。由于各国采取了封城、停工、隔离等措施，基本停止了必需品生产以外的经济活动，因而造成国际贸易严重萎缩，降低全球经济潜在增速，2020年全球贸易缩水5.3%。疫情导致全球经济增长放缓进一步带动外需下降，使对外经贸往来严重缩水。近几十年来，全球一体化大生产成为全球经济增长的重要来源，各国经济活动停滞容易引发全球供应链受阻甚至中断，直接影响我国对外经济往来。另外，疫情还影响了全球投资者预期，国际金融市场"黑天鹅"事件频发，金融风险与实体经济低迷叠加共振。外部的变化对中国经济会有相当大的影响，外部冲击一定会并且实际正在给中国经济增长造成干扰，甚至阻断了某些行业（比如旅游业、娱乐业）的发展，但长期来看，其不会阻断中国经济的增长态势，不会使中国经济严重失衡。

三、维护经济安全应把握的主要问题

国家经济安全涉及的领域很多，因此经济安全面临的挑战也较多，如何维护国家经济安全是总体国家安全面临的紧迫课题。习近平总书记强调指出："在经济全球化深入发展的条件下，我们不可能关起门来搞建设，而是要善于统筹国内国际两个大局，利用好国际国内两个市场、两种资源。要顺应我国经济深度融入世界经济的趋势，发展更高层次的开放型经济，积极参与全球经济治理，促进国际经济秩序朝着平等公正、合作共赢的方向发展。同时，我们要坚决维护我国发展利益，积极防范各种风险，确保国家经济安全。"①因此，在"十四五"规划中提出，"确保国家经济安全。加强经济安全风险预警、防控机制和能力建设，实现重要产业、基础设施、战略资源、重大科技等关键领域安全可控"。经济安全事关一国的经济是否顺利发展，因此必须全方位维护国家经济安全。

（一）综合施策，维护产业安全

制定产业安全的政策措施和健全相关制度。维护产业安全是目的，政策措施和制度是保护国内产业安全和长远发展的必要条件和手段。从维护产业利益和国家长远利益来看，制定相关政策措施和健全相关制度应主要考虑以下内容。

一是加强调查研究和借鉴国外经验的工作。维护产业安全工作是一项全新的工作，应当积极学习和借鉴国际经验。要加强对世贸组织规则和国际惯例的研究，掌握新的贸易和技术标准。加强与境外同行的学习交流，总结经验，扩大思路，创新方法，制定一整套我国产业安全工作和应对贸易保护主义的政策和措施。

二是积极开展产业损害预警工作。加强产业损害、进出口秩序预警应对工作，设立预警协调机制。贸易救济措施主管部门要指导产业、中介组织和地方主管部门对未立案的产业受损情况定期进行调查研究，积极开展预警工作，大力开发和

① 习近平：《不断开拓当代中国马克思主义政治经济学新境界》（2015年11月23日），《求是》2020年第16期。

积极运用预警资源，把产业安全工作前置化，指导行业和地方及早开展贸易救济措施工作，尽量降低或缩短产业的受损程度和时间。

三是做好受损产业的跟踪工作。加强受损产业的指导和协调，要把促进这些受损产业恢复发展工作作为保护国内产业安全工作的重中之重来抓。我们还要注意抓住国内重点产业和重点产品等产业安全工作。建立跟踪机制和统计制度，把指导行业开展产业安全的工作逐步提高和深化。积极引导产业建立贸易救济联盟形式。联盟对企业的支持主要通过信息咨询、培训、科研支持以及贸易争端中形成合力等形式维护会员和产业利益来实现。

四是创新市场准入制度。按照国家产业政策，积极指导调整和优化产业结构工作，提高产业综合竞争能力。要在保护国内产业安全工作中建立市场准入制度和落后技术产业、企业退出、转优机制，防止过度重复建设。要建立一套评估指标和技术指标，促进优势产业，高新技术产业，有前途、有需求产品的发展。限制和不支持落后产业的进入和发展。有鉴别、有目的、有区分地保护和支持受损产业的恢复和发展。

五是建立中国的贸易保护体系。要制定适当的配套措施，与进口限制相协调，适当保护国内特定产业。对高技术产业、汽车产业、重点农产品产业等，要协调运用配额和许可证管理，加强合法保护。要制定适当的配套措施，与保留的补贴项目相协调，适当保护国内产业。我国政府保留了世界贸易组织规则允许的多项补贴项目，包括地方预算可以提供给严重亏损的国有企业补贴，一定范围的税收减免，为失业者提供就业机会的企业所得税减免，高科技企业以及贫困地区企业等所得税减免。要运用好这些规则，适当保护国内产业。

（二）全力维护金融安全稳定

金融安全稳定是国家经济安全的重要组成部分，是经济平稳健康发展的重要保障。习近平总书记指出，金融安全是国家安全的重要组成部分，是经济平稳健康发展的重要基础。维护金融安全，是关系我国经济社会发展全局的一件带有战略性、根本性的大事。金融活，经济活；金融稳，经济稳。必须充分认识金融在经济发展和社会生活中的重要地位和作用，切实把维护金融安全作为治国理政的一件大事，扎扎实实把金融工作做好。[①]维护金融安全，是关系国家经济社会发展全局的带有战略性、根本性的大事，不仅关乎金融自身发展，更是践行总体国家安全观的题中应有之义，是国家安全的重要基础。为此，必须切实把维护金融安全作为治国理政的大事来抓。

一是加强国家金融安全战略筹划。以总体国家安全观为指导，深入研究论证金融安全问题，积极推动国家金融安全规划战略出台落地，强化对金融安全工作的战略引领。健全定期研究金融发展战略、分析金融形势、制定金融方针政策的工作机制，提高金融安全决策水平。把金融安全保障能力建设纳入国家发展规划，统筹推进金融安全科学技术、金融安全人才培养、金融安全基础设施等大项任务。

二是提高金融风险预警监管能力。准确判断风险隐患是保障金融安全的前提。应注重运用区块链、大数据、云计算、人工智能等新技术来实现对金融风险的识别、量化、监测、预警和防范，建立金融业态风险预警评估模型和指标体系，实现信息采集、量化评估、风险预警的一体化处理，实时监测金融运行压力状况，提高金融风险预警的灵敏度和准确度。加强跨部门、跨行业监管协调与合作，形成金融发展和监管的强大合力，建设全方位、高效率的现代金融监管体系，实现金融安全的多种屏障、不同层级的隔离和防范，为维护金融安全保驾护航。

三是守住系统性金融风险底线。坚决守住不发生系统性金融风险底线，是金融体系功能正常发挥的基础，也是维护国家金融安全的本质要求。正如习近平总书记所指出的："维护金融安全，要坚持底线思维，坚持问题导向，在全面做好金融工作基础上，着力深化金融改革，加强金融监管，科学防范风险，强化安全能力建设，不断提高金融业竞争能力、抗风险能力、可持续发展能力，坚决守住不发生系统性金融风险底线。"[②]要做好应对国际国内金融市场各种不利局面和极端情况的

---

① 《金融安全是国家安全的重要组成部分》，《南方日报》2017 年 4 月 28 日第 2 版。

② 《金融活经济活金融稳经济稳　做好金融工作维护金融安全》，《人民日报》2017 年 4 月 27 日第 1 版。

思想准备、政策准备和工作准备，处理好金融发展、金融改革与金融监管的关系，不忽视一个风险、不放过一个隐患，对潜在风险隐患应密切监测、早做预案，对已经发现的问题要及时出手、有效应对，确保金融系统稳定和可持续发展。应高度关注外部国际金融风险冲击影响，密切跟踪世界各国金融政策走向，进一步深化国际金融安全合作，在推动维护全球金融安全方面发挥更加积极的作用。

四是健全国家金融安全法律体系。应加快建立和完善市场经济条件下的金融监管制度，加强金融法治建设，健全金融法律体系，逐步形成有法可依、执法从严、违法必究的金融法治环境，完善防控系统性金融风险过程中的领导决策、联防联控、动态监管、责任追究等相关制度。针对金融安全新情况新问题，修改完善银行业监督管理、金融违法行为处罚等方面的法律法规，使之符合金融安全新形势新要求。在国防教育法等法律法规中补充金融安全宣传教育条款，提高全体国民金融安全法律意识，构筑维护金融安全的人民防线。

（三）确保我国粮食安全

保障粮食安全是中国的永恒课题，任何时候这根弦都不能松。粮食不是一般的商品，而是战略物资，甚至还是政治手段。习近平总书记指出："保障国家粮食安全的根本在耕地，耕地是粮食生产的命根子。农民可以非农化，但耕地不能非农化。如果耕地都非农化了，我们赖以吃饭的家底就没有了。"[①]保护好"耕地红线"，守住"谷物基本自给、口粮绝对安全"底线，任何时候都应该是我们"三农"工作的重中之重。

一是建立严格的耕地保护制度，保证耕地数量和质量。习近平总书记曾经严肃地指出："十八亿亩耕地红线仍然必须坚守，同时还要提出现有耕地面积必须保持基本稳定。极而言之，保护耕地要像保护文物那样来做，甚至要像保护大熊猫那样来做。坚守十八亿亩耕地红线，大家立了军令状，必须做到，没有一点点讨价还价的余

① 习近平：《在中央农村工作会议上的讲话》（2013年12月23日），《十八大以来重要文献选编》（上），中央文献出版社2014年版，第662页。

地！”[①]因此，作为一个人地关系极度紧张的人口大国，中国要保证国家粮食安全必须做到以下几点：首先，为确保粮食安全，必须执行最严格的耕地保护政策。其次，立足国内，实现基本自给自足的目标，守住“十八亿亩耕地”的红线。此外，建立和完善严格的土地管理制度，坚持节约用地，坚持和完善最严格的强化耕地保护制度。

二是加大农田改造和科技支撑力度，提高农业综合生产能力。首先，加强农田改造，提高农田田力。据统计，我国现有耕地中有三分之二是中低产田，并且随着经济社会的发展，耕地出现积累性、滞后性、不可逆转性的土壤污染，肥力下降，作物产能下降。其次，加大农田基础设施建设力度，增强农田水利建设抵御自然灾害和抗风险的能力。此外，加大科技创新投入，提高农业科技贡献率，推进建立以政府为主导的多元化、多渠道农业科研投入机制。

三是做好粮食保障体系建设，完善粮食市场体系的培育和管理。《国家安全法》第二十二条指出：“国家健全粮食安全保障体系，保护和提高粮食综合生产能力，完善粮食储备制度、流通体系和市场调控机制，健全粮食安全预警制度，保障粮食供给和质量安全。”粮食储备是国家进行宏观调控的重要手段，要根据粮食的供应情况确定各级粮食储备的合理规模，按照有关要求和规定，做好储备粮的管理工作，确保国家在需要时，能够调得动、用得上。

四是实施政策支持战略，保护农民种粮的积极性。农民问题是“三农”问题之本，粮食安全归根到底取决于农民的生产积极性。因此，要保证粮食安全，就要保护农民的种粮积极性，就要保持粮食惠农补贴政策的连续性和稳定性，同时随着国力的增强，要进一步加大补贴金额，提高粮农收入，这是实现我国粮食安全问题的关键所在，可使得粮食生产和贸易都能够获得较多的财政收益。

（四）遏制疫情扩散对经济安全的冲击

从经济安全角度看，尽快控制住疫情、恢复正常运转是较为有效的举措，这

---

① 习近平：《在中央农村工作会议上的讲话》（2013 年 12 月 23 日），《十八大以来重要文献选编》（上），中央文献出版社 2014 年版，第 662—663 页。

与隔断传播路径的医学防控举措是一致的。

一是抗击疫情，发展经济。随着新冠肺炎疫情常态化，人类社会面临双重挑战，一方面要控制住疫情，另一方面要恢复经济社会发展。因此，我们两手都要抓，既要打好疫情防控战，又要保持经济正常发展，避免疫情防控的社会经济代价超过疫情本身的影响。

二是综合运用财政税收和金融保险等手段，多管齐下提供政策扶持。综合施策，多管齐下，避免企业破产倒闭。政府适当提高赤字率，对受疫情冲击较大的行业和相关企业予以税收减免，发行政府公债，成立疫情纾困基金，对陷入经营困境而又有发展潜力的企业给予财政补贴；适当调整银行贷款利率，政府扶持基金为企业获取贷款提供信用担保；同时保险公司加强业务创新，提高理赔效率，帮助特定困难企业和行业渡过难关，尽力削减疫情对中国经济发展的消极影响。

三是改善企业的营商环境，增强企业的自救能力和创新活力。近年来，随着原材料和用工成本大幅度攀升，使得广大企业压力剧增，营商环境恶化，而疫情的出现则成为可能压垮这些企业的最后一根稻草。现阶段应从根本上重视民营企业在稳定就业中的巨大贡献，进一步推进体制机制改革，建立健全有助于民企发展的营商环境，消除各种歧视和偏见，增强中小民营企业的自救能力，抵消疫情影响，促进中国经济能够在大疫之后保持足够的活力。

四是调整经济结构，转变增长方式，推动经济高质量发展。此次疫情虽然对传统服务业带来巨大的负面影响，但对医疗、制药、网络服务等行业却有积极的促进作用。疫情对不同产业和企业的影响程度也是有差异的，比如线下交易活动大为减少，但网上交易、线上娱乐、网络游戏日益活跃，并促进在线工作、视频会议以及“智能+”产业的发展。政府可因势利导鼓励企业在市场萧条、出口受限期间苦练内功，促进技术更新；同时及时出台相关产业政策，支持“互联网+”和“智能+”产业的发展，加快推进国家产业转型升级，将疫情危机转化为产业转型的契机，将经济损失和其负面作用控制在最小范围，最大限度地“化危为机”。

（五）加强国际经济安全合作

国际经济合作与交流促使不同国家间进行广泛的合作与协调，有力地推动了世界经济的发展，并加强了各国的经济联系。国际经济合作打破了以往以商品贸易为主要内容的国际经济交往格局，不仅为国际经济联系增加了新的内容和方式，还使国际贸易的发展出现了新的动向，具有了新的特征，为本国的资本输出与全球资源的分配提供更优化的选择。

一是从战略角度加强国际经济合作，以长期获取经济、政治、外交、军事等利益。建立广泛的区域一体化协作网络，在平等、开放、相互尊重、考虑彼此利益的基础上协调发展。通过推进“一带一路”建设，加强国际经济合作，坚持共商共建共享，遵循市场原则和国际通行规则，发挥企业主体作用，推动基础设施互联互通，加强国际产能合作，拓展第三方市场合作，推动对外投资合作健康有序发展。

二是促进贸易和投资自由化便利化。坚定维护经济全球化和自由贸易，积极参与世贸组织改革。加快构建高标准自贸区网络，推进区域全面经济伙伴关系协定、中日韩自贸区、中欧投资协定谈判，继续推动中美经贸磋商。坚持秉持互利合作、共赢发展的原则，坚持并主张通过平等协商解决贸易争端。

三是坚定不移扩大改革开放。中国作为全球产业链不可或缺的重要一极，要积极倡导多边主义，发展全球自由贸易和投资，反对单边主义，反对贸易保护主义，要展现出更高的效率、更好的服务、更优的营商环境，继续促进国际经贸合作。同时，要坚定不移扩大改革开放，放宽市场准入，持续优化营商环境，积极扩大进口，扩大对外投资，为世界经济稳定作出贡献。

思考题

1. 什么是经济安全？
2. 经济安全包括哪些内容？
3. 如何维护国家的经济安全？

历史和现实都表明，一个抛弃了或者背叛了自己历史文化的民族，不仅不可能发展起来，而且很可能上演一幕幕历史悲剧。

——2016年11月30日，习近平总书记在中国文联十大、中国作协九大开幕式上的讲话

【案例透视】

传统文化安全的历史困境

鸦片战争以后，中国沦为半殖民地半封建社会，导致了前所未有的民族存亡危机。造成这一危机的原因并不仅仅是疆土的沦陷，还有中华文明、中国文化遭遇到前所未有的生死挑战。此前，尽管中原大地屡遭外族入侵，但入侵者却无一例外地被中华民族所融合，成为中华民族中的一员。其根本原因，是基于农耕经济之上的中原文化比入侵者的文化更为先进。在民族文化的融合过程中，中华文明也得到不断的发展与充实。这是一个处于先进地位的中国文化“主动”融合其他文化的发展过程。

鸦片战争以及西方列强的入侵，逆转了中华文明的“主动”融合进程。它所反映的实际上仍是以农耕经济为基础的中国文明与以工业化为基础的、更先进的西方文化的强烈碰撞。这一次，侵入中国的“外族”不但不会融入中华民族，反而以其工业化的强势，要在文化上摧毁中华文明，由此导致真正意义上的民族危亡。为了救亡，中国人不得不从基于工业化之上的西方先进文化

中寻求指导，从而开始了近现代中国文明的“被动”融合过程，最终在中国共产党的领导下，将“马列主义同中国的具体革命实践相结合”，赶走列强，建立了人民共和国，走上了民族复兴之路。但是，激烈的救亡运动以及由此引发的革命运动，阻滞了中国文化的正常发展进程。一方面，中国人民在中国共产党的领导下，发奋图强，努力使自己的国家和民族重新屹立于世界民族之林；另一方面，在文化上继续“被动”融合，不断地学习和汲取西方文化中的思想理论、发展模式以至国家社会的组织方式，以此推动中国的现代化建设。毕竟，以农耕经济为基础的中国传统文化，不可能引领中国以革命的形式启动的由农业社会向工业化和现代化的跨越式转变。

今天的中国已经再次崛起为世界性大国，因而在与外部世界的交流中，开始拥有了主动性，出现了从“被动”融合再次转向“主动”融合的趋势。然而，在中国社会激烈、快速的转变过程中，中国文化发展严重滞后，没有时间，也没有空间像西方文化那样去经历从文艺复兴到启蒙运动的现代化蜕变过程。因此，就整体而言，中国传统文化仍然基于农耕文明之上，与今天的现代化进程相匹配的思想观念、价值取向以至话语体系都十分薄弱。这不仅使“中国故事”的讲解面临巨大的语言困境，在客观上阻碍了外部世界对中国的理解和认同；更为严重的是，无论是概念还是语言，中国传统文化都很难诠释和界定中国现代化过程中产生的新事物、新观念、新的社会经济关系以及由此产生的新行为方式，对民主法治、公平竞争、政治参与等现代国家体制中的必要元素的解释也显得苍白无力。由于文化发展长期滞后，中国在今天的世界上不但“话语权”明显不足，更为严重的是，建立与中国现代化相适应的伦理道德、价值理念和意识形态也缺乏原生的文化底蕴。这是当今社会中思想观念和价值信仰混乱的根本原因，是中国总体国家安全中最薄弱的环节。

【法条链接】

《中华人民共和国国家安全法》第二十三条　国家坚持社会主义先进文化前进方向，继承和弘扬中华民族优秀传统文化，培育和践行社会主义核心价值观，防范和抵制不良文化的影响，掌握意识形态领域主导权，增强文化整体实力和竞争力。

文化是民族的血脉、人民的精神家园。文化安全关乎国家稳定、民族团结、精神传承，是国家总体安全的重要组成部分，是国家安全的重要保障，是确保一个民族、一个国家独立和尊严的重要精神支撑。维护国家文化安全，必须坚持社会主义先进文化前进方向，坚持以人民为中心的工作导向，坚定文化自信，增强文化自觉，加快文化改革发展，加强社会主义精神文明建设，建设社会主义文化强国。

一、文化安全是国家安全的重要保障

随着文化在综合国力竞争中的地位和作用不断凸显，尤其是信息社会多元文化相互激荡、相互交融，维护文化安全任务更加艰巨，增强国家文化软实力、中华文化国际影响力要求更加紧迫。

（一）文化安全概念阐释

文化是一个国家和民族的精神和灵魂。所谓文化，包含的不仅仅是语言、文字、文学、艺术等领域，它表述并支撑着一个国家与民族的文明体系。在特定的经济基础之上，文化诠释和界定人们的行为规范、道德准则、价值理念、政治信仰，为建立一个国家所必需的民族认同和政治认同提供了思想和精神基础。国家文化安全离不开国民的民族认同和政治认同。任何一个现代国家，只要其国民具备了强烈的民族认同和政治认同，国家安全就有了最根本的保证。

文化安全，是指一个主权国家文化相对处于没有危险和不受内外威胁的状态，以及保障持续安全状态的能力。在经济全球化不断推进的当今世界，文化与政治、经济互为表征、相互交融，在综合国力发展、国际合作与竞争中的地位和作用越发突出。文化安全关乎国家稳固、民族团结、精神传承，是国家安全的重要保障。文化安全日益凸显其国家安全的战略意义，它与政治安全、经济安全、社会安全、信息安全连接得也越发紧密。

国家文化安全问题以不同国家之间文化差异的存在为前提。国家文化安全根源于不同国家之间的差异文化，是随着不同国家之间的文化冲突而出现的，不同国家之间的文化差异与冲突是国家文化安全形成的前提条件。近现代以来，伴随殖民化扩张运动，文化侵略等现象屡见不鲜，文化安全问题逐渐显现。“冷战”结束以后，一些发达的资本主义国家凭借其先进的生产力和强大的经济基础、政治军事优势，不仅对相对落后的国家进行军事侵略和政治压迫，而且同时也进行文化侵略、文化渗透，搞文化霸权，因而文化安全问题变得更为突出和明显。

国家文化安全的状态随着条件的变化而不断辩证运动。当威胁文化的不良因素增多，威胁到国家观念性的文化存在，影响到文化健康发展趋势之时，文化就会处于危险的状态；反之亦然。因此要用动态、战略的眼光看待国家文化安全，既要立足于当前危险，维护文化的生存安全，又要着眼于威胁文化健康发展的隐性因素，确保文化的长治久安。

（二）维护文化安全的重要战略意义

在国家安全总体布局中，文化安全具有不可替代的重要地位。当今世界，文化与政治、经济相互交融，在综合国力发展、国际合作与竞争中的地位和作用越来越突出；文化安全与政治安全、经济安全、社会安全也越来越紧密相连，直接关系国家、民族的前途命运。随着文化在综合国力竞争中的地位和作用不断凸显，尤其信息社会多元文化相互激荡、相互交融，文化安全在国家安全的战略地位日益提高。

第一，文化安全是确保一个民族、一个国家独立和尊严的重要精神支撑。文化是民族生存和发展的重要力量，是一个民族的精神家园，是一个国家生存和发展的重要内生力量，文化安全作为国家安全的深层内容，是一个国家社会制度、政权组织、意识形态得以建立和维护的重要基础。文化安全是国家安全的深层次内容，是社会制度、国家政权得以建立和维护的重要保障。没有文化的安全，就没有国家制度的安全，就没有政治、经济、社会秩序的正常存在与运转。“冷战”结束后，人们意识到一国的安危不仅要依靠经济、科技、军事等“硬实力”，还离不开文化这一“软实力”。当今世界各国的激烈竞争，不仅包括经济实力、科技实力、国防实力等方面“硬实力”的竞争，也包括文化方面“软实力”的竞争，而且文化还广泛渗透于上述各种力量之中，成为与政治、经济相互交融、相互影响、相互促进的重要因素。

第二，维护文化安全是发展巩固民族认同和政治认同的保障。任何一个国家的长治久安，都离不开其国民的民族认同和政治认同。民族认同，是国民对其民族及其文明体系的认同。民族认同为一个国家的发展和安全提供了必不可少的国民凝聚力。政治认同，是国民对国家政治体制的认同，亦即公民认同，是国家政治体制合法性和政府治理有效性的根基所在。显而易见，任何一个现代国家，只要其国民具备了强烈并相互重合的民族认同和政治认同，国家安全就有了最根本的保证。不论是面临外敌或内患，都能举国上下同仇敌忾，克服挑战，保持国家的安全与稳定。反之，如果民族认同和政治认同脆弱，或两者之间出现裂痕，国家安全便危机四伏甚至倾塌。在今天的世界上，通过文化理念上的潜移默化而改变人们的意识形态和价值观，进而分化瓦解一个国家的民族认同和政治认同，挑战国家体制和政府治理的合法性，最终导致国家垮台的事例屡见不鲜。从苏联的解体到今天世界各地延绵不绝的“颜色革命”，文化理念和意识形态上的混乱以至崩溃是根本的原因。从这个意义上看，如何确保文化安全，为中国的国家政治稳定和经济持续发展奠定牢靠的文化和价值认同基础，是确保国家总体安全的当务之急。

第三，维护文化安全是协调推进“四个全面”战略布局的重要支撑。全面建设社会主义现代化国家、全面深化改革、全面依法治国、全面从严治党的“四个全面”战略布局是新时代党中央治国理政的战略方针，为中国的发展提供了战略指引。文化安全直接关系到全党全国人民共同奋斗的思想基础，关系到广大人民群众的文化权益，不仅是全面建设社会主义现代化国家“文化软实力显著增强”的重要标志，而且是全面依法治国“加快国家安全法治建设”的题中应有之义。维护文化安全，既能为改革发展稳定大局提供文化条件，又能为国家调整经济结构转变发展方式贡献力量，对增强全社会的凝聚力和向心力具有重要意义，是协调推进“四个全面”战略布局、实现国家长治久安的重要保障和支撑。

第四，维护文化安全是建设社会主义文化强国的重要基础。当今世界，各种思想文化交流交融交锋更加频繁，文化在综合国力竞争中的地位和作用更加凸显。推动社会主义文化大发展大繁荣，建设社会主义文化强国，是一项极为重要的任务。文化强国的“强”，既强在文化产品文化服务丰富多样、文化事业文化产业繁荣壮大，又强在民族共有精神家园不被破坏、广大人民群众的文化权益不受侵害。没有文化安全，文化强国就难以建成；建不成文化强国，文化安全基础也不牢固。只有坚守文化安全底线，减少和消除威胁文化安全的内外因素，才能促进社会主义先进文化健康发展，不断推进社会主义文化强国建设。

总之，文化安全是国家安全的重要组成部分，它与政治、经济、军事安全等构成了国家安全的基本结构，必须高度重视。而且，我们要将文化价值观、文化体系、文化资源、文化技艺、文化人才、文化市场、文化基因、文化品牌等安全统筹考虑、整体布局，确保中华文化安全，确保社会主义文化性质，以促进社会主义文化的大发展、大繁荣，实现中华民族的伟大复兴。

（三）维护文化安全的主要内容

文化安全与政治安全、领土安全、军事安全等传统意义上的国家安全以立法的形式共同进入总体国家安全体系。《国家安全法》第二十三条规定，国家坚持社会主义先进文化前进方向，继承和弘扬中华民族优秀传统文化，培育和践行社会主义核心价值观，防范和抑制不良文化的影响，掌握意识形态领域主导权，增强文化整体实力和竞争力。因此，维护国家文化安全的主要内容，包括核心价值观安全、优秀传统文化安全和语言文字安全（文化传播和文化交流的自主权）等方面。

核心价值观安全。价值观是指对价值的本质、价值的结构、价值的类型、价值的表现以及社会应有的价值取向等有关价值问题的认识和观点的总和。核心价值观念是广大国民对各种各样的社会现象甚至自然现象的是非判断和基本态度，以及他们对自己将欲采用的行为目标、方式、手段等方面该与不该的价值定向。核心价值观念安全问题，正是广大国民对一个国家传统的和现在的价值观念采取什么态度的问题。核心价值观安全是相对的，它并不是说一个国家传统的和现存的价值观念完全不变就是安全，更没有要求任何国家都必须保持传统的价值观念不变，而是强调保持一个国家基本价值观念的连续性，同时又不否认价值观念与时俱进地发展变化的必然性和必要性。

优秀传统文化安全。中国优秀传统文化是指中华传统文化中历经沧桑而积淀传承下来的精华部分，是中华民族上下五千年文明智慧的基本元素和珍贵结晶。在文化全球化冲击下，中国优秀传统文化安全遭遇到风险。这种风险表现在两个方面：一是中国优秀传统文化的现代化转换中原创力薄弱，二是中国优秀传统文化资源的“世界共享”不强。中国共产党人正在以高度的理论自觉和文化自信，重视培育中国人的民族精神和中华民族的“身份认同”感，重视文化生态的维护，以应对和解决中国优秀传统文化面临的挑战。

语言文字安全。语言文字是在一个民族、一个国家历史演进过程中逐渐形成的符号系统，它既是一切文化和文明的载体，也是全部文化和文明中最基本、最稳定、最持久的构成部分。自从人类有了语言，创造了文字之后，语言安全和文字安全对于一个民族和国家来说就有了十分重要的意义。

二、文化安全面临的威胁与挑战

在全球化背景下，世界各种思想、文化都在全方位地和我们的思想、文化发生交流，有的融合，有的则产生冲突。由于内外等综合因素，当前中国处于严重的文化不安全状态，面临严峻而复杂的威胁与挑战。

（一）核心价值观面临缺失的严峻问题

我国经济社会处在转型时期，维护核心价值观安全工作难度加大。随着经济体制深刻变革、社会结构深刻变动、利益格局深刻调整，转型过程中社会阶层出现分化，社会矛盾开始凸显，思想领域杂音噪声有所增加，各种错误观点时有出现，一些腐朽落后文化沉渣泛起，社会主义主流核心价值观念受到冲击，对维护文化安全造成一定困难。

核心价值观在一定社会的文化中起“中轴作用”，是一个国家的“重要稳定器”。每一个时代、每一个国家都有自己的价值观念，在这个时代、这个国家所有的价值观念中起支配作用的就是核心价值观。中国古人对核心价值观的地位有着深刻认识，他们把礼义廉耻看作“国之四维”，即维系国家安全的四种至关重要的力量。进入21世纪，面对世界范围内各种思想文化的相互激荡，面对市场经济发展给人们思想观念和生活方式带来的严重冲击，旧的主宰人们精神定向和行为取向的价值标准已经逐渐被打破，而新的价值标准还没有建立起来。社会价值取向和评价标准趋向于功利化、世俗化和多元化，对社会主义核心价值体系造成了极大挑战。爱国主义、集体主义和艰苦奋斗等主流价值观受到质疑和冲击，当前文化中流行的讥讽主流价值、颠覆传统道德、戏谑民族英雄的论调，严重混淆了青少年的价值观。

一个时期以来，我国在经济快速发展和人民生活不断改善的同时，在文化发展和文化生活领域出现了核心价值观缺失的严峻问题。同时，西方国家却有针对性地挑战我们的核心价值观和基本价值观：利用民运分子宣扬西方的价值观；利用宗教势力分化我国的政治、文化；利用传媒输出低俗、色情、凶杀等文化产品以改变年轻人的价值观；通过让中国加入它们设计的各种秩序、规则来迫使我们就范；等等。而我国民族传统文化的因子却遭受严重的集体“失忆”，民族传统文化正面临消亡的危险。主流价值观念弱化所导致的价值认同危机，已经成为损害中华民族凝聚力、危害国家文化安全的深层次隐患。

当今社会上出现的种种问题与核心价值观的缺失有着密切关联，这方面的问题如果得不到有效解决，改革开放和社会主义现代化建设就难以顺利推进。为此，就要“加快构建充分反映中国特色、民族特性、时代特征的价值体系，努力抢占价值体系的制高点”，大力培育、弘扬、践行社会主义核心价值观。

（二）传统文化安全面临的威胁与挑战

在信息时代快速发展的今天，中国的传统文化安全面临着空前的挑战。中国近现代发展中存在着巨大的“文化断层”，中国的和平发展战略及其实施，也在客观上造成了中国传统文化安全的“结构困境”。传统文化发展面临的这种困境，为发展和稳定国家安全的根本基础（即民族认同和政治认同）造成了巨大障碍。

中国传统文化安全的“结构困境”。作为新兴大国，中国坚持的和平发展道路，与世界上其他大国的崛起模式完全不同。这一发展战略的制定和实施，是改革开放以来中国几代领导人为了克服中国在发展过程中所面临的巨大矛盾而逐步形成的。这些矛盾主要体现在三个方面：有限的“硬实力”和在全球范围内迅速发展的国家利益的矛盾；作为新兴大国，中国的迅速发展必然会和以美国为首的发达国家发生利益碰撞；苏联解体后，所有危及政治稳定和持续发展的关键问题，基本都属于中国内部事务，如“三股势力”、贫富分化、深化改革、政治参与、民主发展；等等。为了解决这些矛盾和问题，中国坚持和平发展，采取了同以前新兴大国的崛起模式完全不同的发展道路。

中国传统文化面临西方国际秩序的“围城”。世界历史上的新兴大国，如英国、德国、日本、美国以至苏联的崛起，其必要条件之一，是在世界范围内发动大规模战争，实施“全球作战”以显示其军事力量。因此，它们的崛起过程，是以武力为基础的向外扩张的过程，也是挑战当时世界秩序的过程。中国历来反对军事扩张，主张和平共处。改革开放以来，快速发展的中国并不挑战现有的、由以美国为首的西方国家建立并领导的国际秩序，而是积极参与其中，与世界接轨，维护和平，确保发展。事实证明，通过融入而不是挑战现行世界体系而获得和平发展的道路是成功的。但是，这也在客观上造成了中国在文化安全上的结构困境：一方面，中国在话语权、价值观、意识形态和政治体制的合法性等重大问题上，都必须在别人构建的世界体系中受到评判；另一方面，由于中国融入了别人的体系，因而在客观上为西方文化理念、价值观和意识形态在中国的传播打开了大门。其结果是中国优秀传统文化在国际社会中始终面临着来自文化理念和价值观的巨大挑战。

针对中国共产党和新中国的历史，西方掀起一股历史虚无主义思潮。这股思潮策动于西方，在我国思想文化界反复出现、持续多年、流毒至今。在资产阶级自由化思潮泛滥成灾之时，它曾赤膊上阵。此后，它又变换策略，以学术面孔“重写”历史，以创作为名“恶搞”历史，以披露“秘闻”抹黑历史。只要是中国共产党或沾上中国共产党，任你领袖人物、英雄模范，任你文化巨匠、进步人士，任你重大历史事件、重要文化成果，都一概贬损得一无是处，一概污蔑为黑幕重重。它全盘否定社会主义和新民主主义，进而以清算“激进主义”为名根本否定五四运动、辛亥革命等一切革命。这些欺世之谈，目的就是攻击中国共产党、诋毁社会主义。

（三）来自外部的严峻的文化安全的挑战

在当前全球化浪潮的背景下，中国面对的文化安全问题必然更加突出。事物的发展是内因与外因综合作用的结果。其中，主流文化价值体系面临来自外部的侵蚀、破坏或颠覆的严重威胁。

在全球化背景下，世界各国不同文化类型之间的相互交流、冲突、渗透及融合，构成了生机勃勃的国际文化发展图景，为中国发展面向现代化、面向世界、面向未来的民族的科学的大众的社会主义文化提供了良好的条件。但是，在不同文化的交互作用过程中，也有个别奉行霸权主义和强权政治的西方国家为了达到经济和政治上的目的，不断推行“文化殖民”政策，形成了日益严重的“文化帝国主义”倾向，严重地威胁我国文化安全。它们在世界其他国家和地区传播本国的文化价值观念和生活方式，以损害本土文化为手段，图谋在新的历史条件下以新的方式延续和强化帝国主义和霸权主义对全世界的控制。作为发展中国家的中国，由于在文化、意识形态、社会制度、国家利益等诸多方面与西方发达国家存在着较为明显的分歧，自然而然地成为某些霸权主义国家进行文化渗透和文化颠覆的主要目标之一。这就决定了中国在21世纪必然面临来自外部的严峻的文化安全的挑战。

在信息技术迅猛发展的条件下，网络霸权与双重标准滥用，民粹主义与“颜色革命”结盟，威胁我国文化安全。信息技术正在迅猛发展，互联网已融入社会生产、生活，为国家发展和安全提供了新的广阔前景及科技手段，也提出了新的时代挑战。我国已成为网络大国，网民数量世界第一，但还不是网络强国，亟须加强自主创新，扩大人均带宽。同时，互联网传播信息快捷海量，各种虚假有害信息也借以诈骗牟利、破坏社会稳定、危害国家安全，各种腐朽思想也借以败坏社会风气、腐蚀人们灵魂，成为文化安全的重要隐患，迫切需要加强网络监管，维护网络安全，建设健康向上的网络文化，保护和发展人民群众的根本利益。网络信息跨国界流动，控制着核心技术的美国利用网络霸权监听全球，侵害各国人民权益，践踏各国网络主权，却指责别国特别是指责我国加强网络管理的法规建设。这种“双重标准”正暴露其利用互联网煽动民粹主义、制造“颜色革命”，对我国“西化”“分化”的真实意图。

此外，我国文化建设领域中的内部问题也不容忽视。我国文化建设的薄弱与不足，是造成思想文化领域缺乏对抗外来威胁“内应力”的根本原因。当前，我国文化建设中存在的突出问题是马克思主义指导下的文化创新不够，与满足人民群众日益增长的精神文化需要的要求还有一定距离。针对社会主义文化的外来威胁，正是通过以上这些内部因素而起作用的。

（四）语言文字安全面临外来文化的挑战

古人说，欲亡其国，必亡其文。历史上由文化灭失而引起灭国、灭族的例子数不胜数。改变一个民族的语言文字，对一个民族和国家的人民来说是一个比掠夺他们一些土地和粮食更为痛苦的事情，必然触及其心灵深处。

在整个文化中，相对于经济文化、政治文化、价值观念、意识形态等来说，语言文字是一个国家更为持久和稳定的标志和符号。在历史发展过程中，文化的许多方面都可能被不断更新和改变，甚至被完全抛弃和重新选择，但是语言文字却是难以完全更新和改变的，是难以完全抛弃和重新选择的。如果一个国家的语言文字被改变了，那么这个国家的文化也就被彻底改变了，这个国家也就名存实亡了。中华文明之所以能够延续五千年而没有中断和消亡，其中一个重要的原因和标志就是汉语从来没有中断和消亡。从历史上看，一个国家兴衰存亡，常常伴随着其语言文字的兴衰存亡。由于中国在唐代的兴盛，中国的语言特别是文字便对许多国家和地区产生了广泛深刻的影响，也使得汉语言、汉文字、汉文学兴旺发达起来。由于英国在近代的兴盛，由于美国在当代的强大，英语这一本来只在西方部分民族中使用的语言文字，现在几乎成了世界语言和文字，无情地迫使许多国家的知识分子甚至普通民众不得不花费很多时间和精力来学习这一第二语言，否则就可能被时代所淘汰。相反，一个国家的衰落和灭亡，也常常伴随着其语言文字的衰落和灭亡。

其实，不仅战争期间存在着他国语言文字对本国语言文字安全的威胁和侵害问题，而且在和平时期和国际交往与交流中，也存在着语言文字的安全问题。当代世界，西方发达国家不仅在经济、军事、政治等方面凭借着其明显优势占据着世界霸主地位，有意无意间对发展中国家采取霸权立场和态度，而且在文化领域甚至在语言文化领域也对发展中国家采取霸权立场和态度，从而形成了人们常说的文化霸权和文化帝国主义现象，以及包括生活话语霸权、学术话语霸权在内的话语霸权现象，直接或间接地侵蚀着欠发达国家的语言文字，影响甚至威胁和危害着发展中国家的语言文字安全。对此，我们必须高度重视。

三、维护文化安全应把握的主要问题

文化兴则国家兴，文化亡则国家亡。没有文化的安全，就没有国家制度的安全，就没有政治、经济、社会秩序的正常运转。维护文化安全，就是使本国的政治制度和意识形态不受干涉，文化精神生活方面不受外来文化的干扰、控制或同化，保持本国人民的价值观念、生活方式的独立自主性，保障本国文化相对处于没有危险的境地和不受内外威胁。为了我国文化安全，必须加强国家文化安全建设，具体要把握以下一些重要问题。

（一）坚持马克思主义的指导地位，自觉弘扬社会主义核心价值观

对于当代中国而言，维护国家文化安全和意识形态安全的首要任务，就是坚持和巩固马克思主义在思想文化领域的指导地位。马克思主义作为党和国家的指导思想，是中国近代以来的历史选择，也是中国人民在艰辛探索中的自觉选择。因此，习近平总书记指出，在坚持马克思主义指导地位这一根本问题上，我们必须坚

定不移，任何时候任何情况下都不能有丝毫动摇。

进入新时代，在中外思想文化交流不断扩大和市场经济深入发展的背景下，如何坚持和巩固马克思主义的指导地位还需要不断在实践中总结经验。习近平总书记高度重视巩固马克思主义在思想文化领域的指导地位，将其作为新时代国家文化安全工作的关键所在。在2018年纪念马克思诞辰200周年大会上，习近平总书记强调指出："马克思主义始终是我们党和国家的指导思想，是我们认识世界、把握规律、追求真理、改造世界的强大思想武器。"[①]马克思主义作为我们立党立国的指导思想，关系中国特色社会主义的道路自信、理论自信、制度自信、文化自信，关系社会主义事业和国家文化事业的整体安危。

抓住根本，夯实根基，自觉树立社会主义核心价值观。中国文化及文化安全的根本，在于党的领导和社会主义道路。要抓住这个根本，加强历史学习，树立正确的历史观，深入理解中华民族五千年一脉相承的优秀文化传统，深入理解中国共产党是民族优秀传统的继承者和发扬光大者，深入理解社会主义是中国人民正确的历史选择，深入理解中华民族伟大复兴的中国梦与世界各国人民的理想紧密相连。坚持从严治党，共产党员要模范践行社会主义核心价值观，认真清理历史虚无主义的遗毒，旗帜鲜明地加以有说服力的科学批判，帮助干部群众认清大是大非、澄清模糊认识。

（二）增强先进文化创新力，传承弘扬中华优秀传统文化

创新是一个民族的灵魂，是一个国家兴旺发达的不竭动力。维护国家文化安全并不是维护传统文化和现存文化的纯洁性，也不是拒绝外来文化的影响和渗透，而是保障和促进传统和现存的民族文化沿着先进性的方向发展。

在文化竞争中，创新意识和创新能力日益成为决定文化是否具有竞争力的关键性因素。文化从来就是动态的，是随着社会经济的发展不断充实变化的。所以，

---

① 习近平：《在纪念马克思诞辰 200 周年大会上的讲话》，《人民日报》2018 年 5 月 5 日第 2 版。

立足于中国特色社会主义建设的伟大实践，顺应世界文化发展的潮流，坚持“百花齐放、百家争鸣”的方针，在强调文化多元和合作交流的信息时代，中国文化要提升自身的美誉度和影响力，必须寻求中国文化与其他文化在价值、情感、审美和伦理层面的共振，大力弘扬中华优秀传统文化，积极发展社会主义先进文化，不断扩大中华文化国际影响力，切实维护国家文化安全。只有推动中华优秀传统文化的创造性转化、创新性发展，使中华传统文化焕发新的光彩，“中国模式”才有自己的价值支撑，中国梦才有原生的文化底蕴，民族复兴才有稳固的、与中华文明一脉相承的文明基础，从而获得民族认同与政治认同的高度一致。

几千年来，中华文明历尽沧桑，但却是唯一以完整的国家实体延续下来的古代文明。其根本原因，就是基于中国传统文化，尤其是儒家文化之上的中华民族有着强烈的民族认同，这是中国国家总体安全的固有优势；巩固和加强这一优势，是建立国家文化安全的基础。发展和巩固中国文化安全的唯一有效途径，是促进在现代化基础上的中国文化复兴，完成中国文化现代化的蜕变。中国社会毕竟已经从农耕文明发展到现代化工业文明，表达其文明的文化也必须与时俱进。只有通过文化现代化，中国文化安全才能突破其历史困境和结构困境，才能发展建立起在思想文化上一脉相承的现代话语体系，从而用自己的话语讲解自己的故事，诠释自己的价值和理念，为自己的国家体制提供原生的思想理论根基。

我国是一个有着14亿多人口、56个民族的发展中国家。文化的繁荣昌盛能够推动社会主义事业向前发展，有了物质文明与精神文明，我们就能够在前进道路上不断克服艰难险阻，早日实现中华民族伟大复兴的中国梦。我国历史悠久，文化博大精深，塑造了中华民族特有的人文品格和道德风范，是民族精神的重要载体和根本依托。我国优秀传统文化不容破坏，为更好地保护和传承优秀传统文化，并使其在新的历史条件下发扬光大，需要不断深化文化体制改革，推动社会主义文化大发展大繁荣。

（三）防范和抵御不良文化影响，构筑维护文化安全防线

牢牢把握正确舆论导向，健全社会舆情引导机制，传播正能量。有针对性地

开展思想舆论斗争，掌握意识形态领域主导权。旗帜鲜明地批驳各种错误思潮以及质疑改革开放、质疑中国特色社会主义的错误言论，帮助广大干部群众明辨是非、澄清认识，巩固马克思主义在意识形态领域的指导地位，巩固全党全国人民团结奋斗的共同思想基础。特别是要加强网上思想文化阵地建设，实施网络内容建设工程，发展积极向上的网络文化，净化网络环境。加大依法管网治网力度，持续开展专项整治行动，规范网络信息传播秩序。推动传统媒体和新兴媒体融合发展，加快媒体数字化建设，打造一批新型主流媒体。

依法加强文化阵地规范管理，提升维护文化安全工作法治化水平。为了确保文化现代化健康有序地全面发展，必须在认真研究的基础上制定全面细致的相关法律和措施，积极引导和管理在现代信息社会中的文化发展与交流。同时，对各类文化产品进行客观严格的分类和分级，确保不同社会阶层和不同行业的人群有适合自己消费的文化产品。通过对文化产品的管理来促进文化发展的和谐与顺畅，抵制各种不利于中国文化安全和文化发展的因素，保证中国文化在现代化进程中的快速复兴。坚持主管主办制度，落实谁主管谁负责和属地管理原则，严格执行文化资本、文化企业、文化产品市场准入和退出政策。深入开展“扫黄打黑”专项行动，完善文化市场管理，切实营造确保国家文化安全的市场秩序。依法规范、引导境外非政府组织在文化领域开展有利于公益事业发展的活动，加强监督管理，保障其合法权益。

（四）筑牢文化教育根本，加强我国文化安全教育

要想国家文化安全得到更深层次的、长远的保障，必须注重文化教育，在整个教育体制中突出中国文化的教育与传承。中国文化源远流长，博大精深。要通过教育充分挖掘中国文化中的治国理念、人伦价值、道德规范以及与其他民族和国家交往的原则、内容与形式。更重要的是，强调文化教育的目的是发展，绝不是复古。要在教育过程中发展并形成继承、批判、创造的良性机制。因此，必须在法律的规范和政策的引导下，积极鼓励并促进学术自由，尊重包容不同意见，形成良好的文化学术交流风气。

我国是中国共产党领导的社会主义国家，这就决定了我们的教育必须把培养

社会主义建设者和接班人作为根本任务，培养一代又一代拥护中国共产党领导和社会主义制度、立志为中国特色社会主义奋斗终生的有用人才。这是教育工作的根本任务，也是教育现代化的方向目标。在2018年的全国教育大会上，习近平指出，要教育引导学生树立共产主义远大理想和中国特色社会主义共同理想，增强学生的中国特色社会主义道路自信、理论自信、制度自信、文化自信，立志肩负起民族复兴的时代重任。教育是传播主流文化的主渠道，引导学生正视中国的文化传统、热爱传统文化，培养对传统文化的自豪感，是教育者不可推卸的责任和使命。为此，在具体实施文化安全教育过程中，在教育教学中要注意自觉地弘扬优秀的民族文化。在教育教学中要注意培养学生对本土文化的认同感和对多元文化“和而不同”的态度。在教育教学中要努力提高学生的国家文化保护意识及保护能力。

总之，文化安全是深层次的国家安全，是民族得以传承、国家得以维系的精神支柱，是国家政权、社会制度得以建立和维护的重要基础。面对越来越复杂、隐蔽的国际国内文化安全挑战，只有用理性开放的文化安全观，才能完成中国文化的现代化，“中国模式”才有自己的价值支撑，中国梦才有原生的文化底蕴。新时代，维护国家文化安全依然任重道远，丝毫不能松懈。

思考题

1. 什么是文化安全？
2. 文化安全包括哪些内容？
3. 如何维护国家的文化安全？

维护国家安全，必须做好维护社会和谐稳定工作，做好预防化解社会矛盾工作，从制度、机制、政策、工作上积极推动社会矛盾预防化解工作。要增强发展的全面性、协调性、可持续性，加强保障和改善民生工作，从源头上预防和减少社会矛盾的产生。要以促进社会公平正义、增进人民福祉为出发点和落脚点，加大协调各方面利益关系的力度，推动发展成果更多更公平惠及全体人民。要完善和落实维护群众合法权益的体制机制，完善和落实社会稳定风险评估机制，预防和减少利益冲突。要全面推进依法治国，更好维护人民群众合法权益。对各类社会矛盾，要引导群众通过法律程序、运用法律手段解决，推动形成办事依法、遇事找法、解决问题用法、化解矛盾靠法的良好环境。①

——习近平总书记在十八届中央政治局第十四次集体学习时的讲话（2014年4月25日）

【案例透视】

“8·12”天津滨海新区爆炸事故

2015年8月12日23时30分许，大多数人已经进入睡梦当中，一声巨响划破了宁静的天空，天津滨海新区塘沽开发区天津港的瑞海公司危险品仓库发生爆炸火灾事故，爆炸总能量约为450吨TNT当量。事故共造成165人遇

① 《切实维护国家安全和社会安定　为实现奋斗目标营造良好社会环境》，《人民日报》2014年4月27日第1版。

难（其中参与救援处置的公安现役消防人员24人，天津港消防人员75人，公安民警11人，事故企业、周边企业员工和居民55人），8人失踪（其中天津消防人员5人，周边企业员工、天津港消防人员家属3人），798人受伤（伤情重及较重的伤员58人、轻伤员740人），304幢建筑物、12428辆商品汽车、7533个集装箱受损。事故造成的直接经济损失达68.66亿元。国务院调查组认定，“8・12”天津滨海新区爆炸事故是一起特别重大生产安全责任事故。

2016年11月7日至9日，“8・12”天津滨海新区爆炸事故所涉27件刑事案件一审分别由天津市第二中级人民法院和9家基层法院公开开庭进行了审理，并于9日对上述案件涉及的被告单位及24名直接责任人员和25名相关职务犯罪被告人进行了公开宣判。对于这次安全事故，虽然相关责任人员都受到了公正的审判，但是消逝的生命却一去不复返，活着的人再忏悔也抹不平逝者家人的悲痛。我们能做的只有专心安全，专注安全，落实安全责任，学习安全制度，按章操作，按章检查维护，减少类似的事件发生，不让我们的家人受到伤害。

“8・12”天津滨海新区爆炸事故的教训是深刻的，应该引起国人特别是相关企事业单位的注意和警惕。事故暴露出八个方面的教训与问题：事故企业严重违法违规经营；有关地方政府安全发展意识不强；有关地方和部门违反法定城市规划；有关职能部门有法不依、执法不严，有的人员甚至贪赃枉法；港口管理体制不顺、安全管理不到位；化学品安全监管体制不顺、机制不完善；危险化学品安全管理法律法规标准不健全；危险化学品事故应急处置能力不足。

【法条链接】

《中华人民共和国国家安全法》第二十八条 国家反对一切形式的恐怖主义和极端主义，加强防范和处置恐怖主义的能力建设，依法开展情报、调查、防范、处置以及资金监管等工作，依法取缔恐怖活动组织和严厉惩治暴力恐怖活动。

《中华人民共和国国家安全法》第二十九条 国家健全有效预防和化解社会矛盾的体制机制，健全公共安全体系，积极预防、减少和化解社会矛盾，妥善处置公共卫生、社会安全等影响国家安全和社会稳定的突发事件，促进社会和谐，维护公共安全和社会安定。

社会安全是国家稳定和发展的前提，是国家安全的重要组成部分。对国家安全的威胁不仅来自外部，还来自国家的社会内部，社会安全是国家安全的重要组成部分。社会安全直接影响着人们的生活质量和生活水平，与国家安全互为因果，是国家安全和社会稳定的基础保障。

一、社会安全是国家安全的社会基础

一直以来，党和国家始终高度重视社会安全，始终把维护社会安定作为一项基础性工作。党的十八大提出全面建成小康社会的奋斗目标，大大拓展和丰富了社会安全的领域，赋予社会和谐稳定新内涵。

（一）社会安全概念阐释

社会安全即社会公共安全，是指针对社会事件的安全措施、对策、知识等的总和。从广义上讲，社会安全是指社会有序的运行状态，它强调协调的社会群体结构和有序的社会状态的统一。从狭义上讲，它包括对违法犯罪、突发事件和灾害（人为灾害和自然灾害）的有效控制。

社会安全主要取决于政府执行的国内政策。政府决策失误、政府腐败、贫富悬殊、社会不公、高失业率和高犯罪率，以及各种自然灾害等都会危害社会安全。中国社会安全问题的讨论随着国际社会新安全问题、大规模社会传染病、生产安全、食品卫生安全等社会风险问题的凸显渐渐引起了国家、社会和一般民众的普遍关注。社会整体安全程度取决于国家的社会发展程度。经济发展速度、社会公平程度、政治体制、历史文化等都有可能对社会安全程度产生影响。

维护社会安全，就是维持整个社会系统能够保持良性运行和协调发展，把妨碍社会良性运行与协调发展的因素及其作用控制在最小范围内。从系统论的角度分析，社会安全受到密切相关的环境因素和社会内部结构因素的稳定制约。因此，社会安全还受到许多更为具体的社会与环境风险因素的影响，如自然灾害、失业、贫富差距、犯罪、宗教信仰、生产事故、传染病、劳资冲突、恐怖主义、人口结构、社会信任等。社会不安全在很大程度上体现为社会矛盾的积累、社会关系的失调以及社会冲突、社会失序。从社会安全的主体看，可以区分出个体、群体、国家和国际社会等层次。

（二）社会安全是国家安全的“晴雨表”

维护国家安全，离不开社会的和谐稳定和长治久安。社会安全既事关每个社会成员的切身利益，也事关国家经济发展和社会稳定，对于保障人民安居乐业、社会安定有序、国家长治久安意义重大。

第一，社会安全是国家安全的社会基础。社会安全直接影响着人们的生活质量和生活水平，涉及国家安全稳定。相对于经济安全、政治安全而言，社会安全对整个社会系统及统治集团的威胁具有非直接性和模糊性的特点，所以，往往没有受到足够的重视。事实上，社会安全状况的持续恶化，最终也会导致经济、政治的不安全。特别是在现代社会，社会子系统发展较快，社会安全与经济安全、政治安全的关系已经越来越密切。在社会生活中，影响公众安全感的因素有很多，包括社会治安、交通安全、生活安全、生产安全和群体事件等各种人为的灾害，台风、海啸、雪灾、地震等自然灾害。这些要素有的看起来微不足道，但如果出了问题，经过一些因素对它的放大，往往就会扩大或发展为国家安全的大问题。很多社会性风险会加剧经济、政治系统的压力，导致经济危机和政治不稳定。可见，社会安全是最基本的安全问题，是国家安全的基础保障。

第二，社会安全是改革发展的前提条件。改革开放以来，我国经济发展进入加速转型的关键阶段，社会安全稳定面临严峻威胁。党中央始终高度重视正确处理改革发展稳定的关系，始终把维护国家安全和社会安定作为党和国家的一项基础性工作。目前，我国公共服务体系基本建立、覆盖面持续扩大，常住人口城镇化率达到63.89%，新增就业持续增加，贫困人口大幅减少，人民生活水平和质量加快提高。同时，必须清醒地看到，新形势下我国社会安定面临的威胁和挑战增多，特别是各种威胁和挑战联动效应明显。如今，影响社会安全的事件主要包括恐怖袭击事件、民族宗教事件、安全生产事件、公共安全事件、涉外突发事件和群体性事件等。随着我国改革进入攻坚期和深水区，统筹协调各方面利益关系的难度加大，社会矛盾不仅多样多发，而且关联性、复杂性、敏感性增强，极易引发影响社会稳定的重大群体性事件。随着社会开放性日益增强，人员、物资、资金、信息的流动加快，刑事犯罪高位运行，重大安全事故时有发生，加之受社会心态、网络炒作等因素影响，一地问题有可能演变成多地问题，治安问题有可能演变成社会问题，内政问题有可能演变成外事问题。

第三，社会安全是人民群众的幸福感和满意度的重要标志。社会安全与人民群众生命财产安全等切身利益关系最密切，是人民群众安全感的晴雨表，是社会安定的风向标。随着经济发展、社会进步，人民群众对过上美好生活有更高的期待，对社会安全有更高的标准。人民群众不仅关注人身安全，而且关注吃得放不放心、住得安不安心、出行是否平安；不仅关注打击犯罪、维护稳定成效如何，而且关注社会治理、公共服务的水平高不高；不仅关注自身合法权益能不能得到有效保障，而且关注执法司法是否严格公正，社会公平正义能否以看得见的方式得到充分体现。只有自觉把群众对社会安全的需求作为努力方向，始终把重点放在化解社会矛盾、打击违法犯罪，维护人民群众的人身安全、财产安全、食品安全、网络安全、环境安全，预防和减少社会安全事故的发生，努力让群众过上更平安的生活，才能不断提升群众的安全感和满意度。

（三）维护社会安全主要内容

社会安全是国家安全的重要内容，包括防范、消除、控制直接威胁社会公共秩序和人民群众生命财产安全的治安、刑事、暴力恐怖事件，以及规模较大的群体性事件等。可见，社会安全工作涉及打击犯罪、维护稳定、社会治理、公共服务等各个方面，涉及生产、工作、生活各个环节，与人民群众切身利益息息相关。

社会公共安全。社会公共安全主要包含信息安全、社会治安、食品安全、公共卫生安全、公众出行安全、避难者行为安全、人员疏散的场地安全、建筑安全、城市生命线安全等。这些人为灾害的杀伤力给生存者造成难以磨灭的痛苦记忆和心理压迫。社会公共安全从来没有像今天这样遭受到残酷的考验和严峻的挑战，人们对公共安全的现在和未来充满沉沉的顾虑和重重的担忧。在老百姓既要秩序井然和安全保障，又要方便快捷的公共社会生活活动，公共场所的安全力和防范力受到老百姓的高度重视和普遍质疑，对系统措施的完善和先进设备的采用呼声日高。

突发社会安全事件。突发社会安全事件是指突然发生，造成或者可能造成重大人员伤亡、重大财产损失和对地区经济社会稳定、政治安定构成重大威胁或损害，有重大社会影响的涉及社会安全的紧急事件。其主要包括：重大刑事案件、重特大火灾事件、民族宗教事件、经济安全事件、恐怖袭击事件、涉外突发事件、规模较大的群体性事件以及其他社会影响严重的突发性社会安全事件。社会安全具体事件多种多样，如遇到抢劫、小偷、骗子、他人遇险等，意外走失，人员密集的公共场所发生踩踏事件，等等。

二、社会安全面临的机遇与挑战

改革开放40多年来，我国经济发展取得了长足的进步，但社会问题却非常突出，是中国国家安全重大隐患，给中国社会顺利发展带来巨大挑战。

（一）民生安全问题直接关系到社会安全

自古以来，民生问题就是关系社会和谐稳定、国家长治久安的长远性问题。“民为邦本，本固邦宁”，民生安全对老百姓是“刚性需求”。民生问题解决不好，直接影响公民的人身安全，百姓就会有怨言、不满。民不聊生，社会就动荡不安，甚至还会有人“揭竿而起”。若民怨积累深厚，国家就会危如累卵。如今，民生安全问题异常凸显，这是中国社会不稳定因素的重大隐患，对中国社会顺利发展形成巨大挑战。

一是“五大压力”让老百姓难堪重负。“学有所教、劳有所得、病有所医、住有所居、老有所养”是中国社会主义优越性之所在。然而改革开放以来，在民生领域盲目“与国际接轨”，导致当今中国社会出现上学难、就业难、看病难、养老难、住房难的“五难”问题。特别是看病难已经成为中国老百姓的心头之痛。老百姓怕得病，得不起病，一得病就返贫。因此，民间有一种说法，就是“救护车一响，一头猪白养；得个阑尾炎，又穷回从前”。这些集中表现在人民群众反映强烈的教育、医疗、住房以及社会保障上的问题，使国民幸福指数一直在低位徘徊，形成了一种比较普遍的不满情绪。

二是贫富不均严重地影响着社会民生。2012年9月14日，中国发布的首部《社会管理蓝皮书——中国社会管理创新报告》指出，中国贫富差距正在进一步扩大，逼近社会容忍线。分析指出，近年来，资本市场的“火热”表现，强化了资本财富的累积效应，造成了“有钱的越来越有钱，没钱的越来越没钱”。而且，资本与土地、资源之间的互相拉升，加剧了贫富差距。中国国家统计局公布的2013年基尼系数为0.473，高于0.44的全球平均水平。国务院总理李克强2020年5月27日在第十三届全国人民代表大会第三次会议结束答记者会上一句“6亿人每月的收入也就是1000元”的数字让国人知道中国社会真实的现状。当前中国社会不仅贫富悬殊，而且由于不少富起来的人不是依靠勤劳，而是依靠权力或攀附权力，因而时常借助权力欺压他人，这就在社会中引发一种普遍的仇富现象。富人欺穷，穷人仇富，从而增加、强化了社会矛盾和冲突。收入分配拉大差距，行业、企业各自为政，加剧收入不公的蔓延，使对立情绪进一步增长。

三是社会公平缺失成为民生安全的重大隐患。就社会制度正义而言，平等和自由是不可缺少的两大支柱，不论缺少了哪一根支柱，社会制度正义大厦都会轰然坍塌。社会公平正义的缺失会导致平等和自由丧失，社会制度正义大厦坍塌，直接影响民生安全。如今，公平正义的缺失成为中国社会最大的缺失。其中，司法不公和政法腐败是导致社会公平正义缺失的根源，已到了必须全面治理的地步。例如，2013年的上海法官集体嫖娼曝光，是因为一场官司蒙冤，蒙冤人在反复申诉无果后才上演的一场“非典型式复仇”。

四是强征强拆事件严重影响社会安全。目前全国各地存在的上访问题，其涉及的领域是多方面的，但征地拆迁在10多年来都一直是其中的一个重要方面。多年来，大规模基础设施建设和房地产开发，使征地和拆迁成为各种社会矛盾和冲突多发的一个领域。以开发商和政府为一方面的征地拆迁主体和以房屋所有人、土地承包人等为一方面的被拆迁者之间，各自为了获得更大利益产生分歧，出现矛盾，发生冲突，毁坏财产，伤及生命，直接影响到不同范围内的社会稳定与安全。

五是社会公共领域安全问题日益凸显。当今，在公共安全领域的违法犯罪居高不下，盗窃、抢劫等侵财犯罪多发，假冒伪劣商品泛滥、食品药品安全犯罪、农资建材领域犯罪、环境污染犯罪等新型犯罪不断出现，直接影响民生安全。安全生产事故频发，社会公共场所重大爆炸事件时有发生。

（二）暴力恐怖活动严重影响社会安全

暴力恐怖活动是国际社会共同面对的影响社会安全的重大问题。近年来，西方敌对势力进一步强化了对我国采取“分化”战略，特别是我国新疆、西藏等边境民族地区的少数分裂分子和极端主义者，通过分裂活动、宗教渗透和恐怖主义威胁我国的社会和政治安全，从而使我国面临的暴力恐怖风险更加尖锐复杂，反恐怖斗争任务艰巨繁重。

受境外渗透加剧、境内宗教极端活动升温等影响，暴力恐怖活动时有发生。暴恐分子作案方式多样，暴力程度增强，手段极其残忍，如2013年新疆喀什发生的“4·23”暴恐事件，造成民警和社区工作人员15人（维吾尔族10人，汉族3人，蒙古族2人）死亡、3人受伤及财产重大损失。暴恐团伙向内地转移、潜藏蛰伏，伺机偷渡出境、参战受训，一旦出境受阻，就地开展所谓“圣战”，如2014年云南昆明发生的“3·01”暴恐事件，一伙暴徒在昆明火车站持刀肆意砍杀无辜群众，造成31人死亡、141人受伤，其中40人系重伤，残忍暴行令人发指。此外，“东突”恐怖主义国际联系加强，“东伊运”盘踞阿富汗和巴基斯坦边境地区，呈现活跃态势。叙利亚内战以来，“东突”恐怖势力不仅有所染指，还试图渗透回国。问卷调查表明，从安全感的主体分析，如今公众具有较高的社会安全感；从安全感的客体分析，在一定程度上社会存在着某些不安全因素，对公众的社会安全感造成了潜在的威胁。

恐怖主义是当前危害国家安全的三股势力之一，它在危害国家政治安全的同时，也以不同形式和不同方式危害社会安全。近年来国内发生的多起恐怖主义事件，都直接危害了人民生命财产安全与社会和谐稳定。此外，以杀人、伤人、爆炸、放火、投毒等为主要形式的暴力刑事犯罪和社会治安事件，也在以不同形式直接或间接危害到社会安全和整个国家安全。

（三）社会治安问题影响国民安全感

我国仍处于刑事犯罪的高发期，违法犯罪活动日趋暴力化、组织化、职业化，严重暴力犯罪案件突出，高新技术犯罪、网络犯罪增多，对传统公共安全工作提出挑战。传统的治安“顽症”依然多发，一些地方黄赌毒问题严重，不仅直接带来各种治安问题，而且毒化社会风气，影响恶劣。个人极端暴力案件增多，作案手段残忍，犯罪后果严重，极易引发公众恐慌。

一是报复社会案件频繁发生。近年来，因个人原因报复社会的案件屡有发生并频频见诸报端。例如：2013年6月，福建厦门发生的公交车纵火案，致47人死亡，34人受伤。这是一起犯罪嫌疑人自感生活不如意、悲观厌世，因而泄愤纵火而对社会造成的伤害。2018年11月22日，辽宁省葫芦岛市建昌县发生的一起犯罪嫌疑人驾车故意撞击未成年学生的恶性案件，造成了5死19伤的严重后果。据警方透露，作案司机的作案动机就是因为夫妻矛盾升级，导致犯罪嫌疑人产生了厌世报复社会的极端思想，并且随机选择作案对象。进入2020年以来，这类恶性事件更是频繁发生。4月15日，河北省承德市滦平县一司机服用白酒、头孢消炎药后驾车连续冲撞多名行人，造成2人死亡、7人受伤。7月3日，西安市中级人民法院对因无端怀疑自己乘坐公交车时被人扎针染上重病而蓄意报复社会故意杀人犯辛海平依法执行死刑，辛海平于2018年6月22日携带剔骨刀在中巴车上连续捅刺车上无辜乘客及过路群众，致4人死亡、7人轻伤。7月7日，贵州安顺市发生了“安顺公交车坠湖事故”，造成包括司机在内的21人死亡、15人受伤。安顺公安通报了事故调查结果：

经调查走访发现，公交车司机张某钢常感家庭不幸福，生活不如意，且对拆迁不满，有厌世情绪，酒后蓄意驾车冲进湖中。

这一恶性报复社会的事件，让我们再一次提出了这样的问题：为什么现在经常发生报复社会的案件呢？随着社会的发展，我们的经济越来越好，生活水平也在不断提高，但是现在有些人的心性却是越来越浮躁，遇到事情不能正确地去面对，而是采取极端的报复社会的做法，可以说这部分人因为心理疾病，他们的性格都变得非常扭曲，把一切的不公都归结为社会和别人的原因，却不从自身找找原因。

我国目前正处于改革的攻坚期和社会转型的关键期，也是各种社会矛盾的突发期。贫富差距不断拉大、利益诉求不畅、教育资源不均衡、社会保障不到位等各种矛盾层出不穷，大部分处于社会底层的人根本没有足够的能力去承受这些外在矛盾所带来的压力和苦难，更不可能有能力去解决这些矛盾。这在一定程度上导致某些人感觉自己的成功之路被阻断、幸福生活离自己越来越远，如果走不出这种认识上的迷雾，就会一步步陷入“失范人群”之中。长此以往，这些外在的压力、苦难就逐渐内化为其内心的不甘、怨恨、仇视等不良情绪，日积月累后就可能彻底失去理智，认为其所遭遇的各种不顺完全是由他人、社会或国家所造成的，从而采取各种极端行为报复他人、社会乃至国家。

二是黄赌毒现象泛滥。黄赌毒问题在新中国成立后曾一度绝迹，但在改革开放过程中，随着市场经济的发展、政府对社会的“松绑”、政治权力从社会领域的退出，一些在旧社会曾经存在的丑恶现象又死灰复燃，其中最突出的就是黄赌毒问题。当前，这些丑恶现象不仅存在于底层民间社会，而且还广泛存在于社会各阶层，从而进一步加重了这些丑恶现象对民间社会的毒化。

三是黑恶势力横行城乡。只要深入分析近年发生的一些大规模社会安全事件，人们几乎都可以发现其中黑恶势力存在与活动的痕迹。横行城乡的黑恶势力，在市场上欺行霸市，扰乱了正常的经济发展；在社会生活中欺男霸女，毒化了整个社会风气，已经成为社会不稳定、不安定、不安全的重要现象和因素。由于与权力结盟，多数黑恶势力有恃无恐，气焰非常嚣张，在一定范围内造成不同程度的社会恐慌甚至社会恐怖。

四是贪官污吏欺压百姓。如果说黑恶势力是民间社会内部最严重的不稳定因素，那么多年来积重难返的贪污腐败则是对民间社会造成严重压力的外部不稳定因素。各地各层的贪官污吏，一方面充当黑恶势力的保护伞，助长黑恶势力的嚣张气焰，加重了百姓的苦难，甚至与黑恶势力暗中勾结，沆瀣一气，借黑恶势力之手打压百姓；另一方面还直接在征地拆迁、行政审批、市场管理等行政行为中收受贿赂、强取豪夺、刁难群众，强化了民间社会的不安全感，引起人民群众对执政党和政府不满，埋下了社会不安全的祸根。

（四）社会矛盾积聚加大社会安全风险

改革开放以来，我国社会加速转型，积聚了诸如生产责任事故高发、劳资冲突不断、社会道德失范、信任危机加深之类的社会风险因素，呈现出不同社会发展阶段风险因素交织叠加的特征。一般社会问题和深层次社会问题、改革发展中的新问题与历史遗留的老问题交织叠加，境外因素引发境内问题，经济问题引发社会问题，一地矛盾引发其他地方矛盾，一些单纯利益冲突事件引发非直接利益群体参与等特点日趋明显。由此容易引发规模大、难处理的重大群体性事件，直接影响社会和谐安定。

经济社会风险传导蔓延趋势明显。当前我国社会正处于转型发展阶段，随着我国社会结构发生深刻变化、利益格局深度调整，以及广大人民群众对美好生活需要的进一步多元化发展，经济社会领域各类风险诱因更加多样，各种利益诉求日益增多，利益冲突和社会矛盾也随之凸显。群体事件一直屡见不鲜、层出不穷，其范围广，影响面大，扩展速度惊人。其涉及交通事故、房屋拆迁、食品安全、医患纠纷、医疗改革、养老退休、子女入学等各种领域，每一起事件都跟老百姓的生活和生命息息相关。现阶段人民内部矛盾突出反映在十三个方面，即土地权利矛盾、涉企矛盾、城镇房屋拆迁问题、涉法涉诉问题、环境污染问题、食品安全问题、矿难事故、医患纠纷、非法集资融资、教育领域矛盾问题、就业矛盾、干群矛盾（如贵州“瓮安事件”、云南“孟连事件”、重庆“万州事件”等群体事件都是如此）、民族宗教领域矛盾等。一些地方由于环境保护、征地拆迁、职工权益维护、涉众型经济犯罪等引发的群体事件时有发生，医疗、教育、司法、交通运输、银行业、卫生、房地产等领域各种特定利益诉求群体的“维权”活动多发。群体上访事件中的跨地域响应、跨群体聚合、跨行业联动的组织化倾向日益凸显，成为当前直接影响社会稳定的突出问题。这些问题如果处理不好，就容易被利用，将矛头转向党中央和国家政府。

群体性事件是由各种社会矛盾引发的、特定群体或不特定多数人聚合起来表达情绪、提出诉求、要求解决特定问题，但同时影响社会秩序、社会稳定和社会安全的事件。群体性事件多由各种人民内部矛盾引发，其中包括官民矛盾、商民矛盾、资劳矛盾等。群体性事件有时还会因为语言冲突、肢体冲突、打砸行为等造成人身伤害、财产损失。随着中国改革开放的不断深入，市场经济的转型，社会利益格局的调整，新问题、新矛盾不断增多，群体性事件呈上升趋势，成为影响构建社会主义和谐社会的突出问题，也是国家安全理论和实践需要面对的一个重大问题。

（五）新型流行疾病严重影响社会安全

当今，新型流行疾病的传播和蔓延，严重威胁到社会和谐与稳定，已经由一般的社会安全问题上升成为社会安全中的重大安全问题。

近年来，在全球化环境下，某些新型流行疾病的传播和蔓延会造成严重的社会恐慌以及巨大的经济损失和人员伤亡，对国家社会安全和国际社会安全构成严重的现实威胁和极大危害。我国自1985年首次报告艾滋病病例以来，艾滋病的流行呈快速上升趋势。2003年春季，在全球特别是亚太地区肆虐的非典型肺炎曾引起全球各国的高度关注，引起了国内民众和国际社会的严重恐慌，也导致了社会、经济、政治、外交等诸多方面不易处理的危机。

2020年，新冠肺炎疫情全球大流行。新冠肺炎疫情传播速度之快、感染范围之广、防控难度之大是上千年来人类与病毒抗争史上十分少见的。世界卫生组织2021年7月30日公布的最新数据显示，全球新冠肺炎累计确诊1亿9589万多例，累计死亡419万多例。[①]而且，世界新冠肺炎确诊病例和死亡病例每天都在新增。病毒没有国界、种族、文化、宗教、信仰之分，是人类面临的共同敌人，需要通力合作才能应对。随着新冠肺炎疫情全球呈指数蔓延态势，部分国家和地区疫情形势严峻，我国境外企业和项目人员面临风险不断上升。

三、维护社会安全需要把握的主要问题

社会安全与人民群众切身利益关系最密切。维护社会安全，要始终以人民群众安全需求为导向，全面推进平安中国建设，积极构建坚实可靠的社会安全体系，健全完善高效的社会安全机制，有效控制严重的社会安全问题，稳步提升人民群众的安全感和满意度。

（一）坚持维护社会安全“四个治理”指导思想

维护社会安全，应坚持“四个治理”指导思想。一是坚持系统治理，完善党委领导、政府主导、社会协同、公众参与、法治保障的社会治理体制，推进社会治理精细化，构建全民共建共享的社会治理格局。二是坚持依法治理，自觉把法治思维和法治方式作为社会安全的基本思维和方式，善于运用法治方式研究、解决社会安全面临的问题，真正在法治轨道上维护稳定、化解矛盾、治理社会。三是坚持综合治理，统筹各方面资源和力量，实现从注重事后处置向预防、处置和恢复全过程治理的转变，把影响社会安全的隐患风险消除在萌芽状态。四是坚持源头治理，始终把人民群众的利益放在首位，健全信息获取、利益凝聚、利益表达、利益协调、利益保护机制，引导群众依法行使权利、表达诉求、解决纠纷。

---

① 《世卫组织：全球新冠累计确诊病例超过 1.958 亿例》，2021 年 7 月 30 日 03:40，央视，http://news.sina.com.cn/w/2021-07-30/doc-ikqcfnca9811439.shtml。

（二）综合施策全方位防范恐怖袭击

反恐怖斗争是一场维护祖国统一、政治安全、社会安定、人民幸福的斗争，必须采取坚决果断措施，保持严打高压态势，坚决把暴力恐怖分子的嚣张气焰打下去。正如习近平总书记所强调的："反恐怖斗争事关国家安全，事关人民群众切身利益，事关改革发展稳定全局，是一场维护祖国统一、社会安定、人民幸福的斗争，必须采取坚决果断措施，保持严打高压态势，坚决把暴力恐怖分子嚣张气焰打下去。要建立健全反恐工作格局，完善反恐工作体系，加强反恐力量建设。要坚持专群结合、依靠群众，深入开展各种形式的群防群治活动，筑起铜墙铁壁，使暴力恐怖分子成为'过街老鼠、人人喊打'。"①

一是切实增强反恐怖斗争意识。建立健全反恐怖工作格局，完善反恐怖工作体系，加强反恐怖力量建设，加强反恐军事斗争准备。针对恐怖分子惯常使用和可能使用的袭击手法，及时开展专项研究，制定对策预案，加强实战演练。以大中城市的公交、地铁、机场等人员密集场所为重点，突出做好重要节日、重大活动、重点场所反恐怖防范工作。

二是进一步提升反恐怖情报能力。建立统一、权威、高效的反恐怖情报机制，大力提高反恐怖职能部门情报侦察能力。立足国内，放眼国际，密切跟踪敌情动态，及时获得第一手情报，分析研判并提出对策。针对安全防范薄弱环节，按照可能发生的最坏结果，做好防范处置准备。加强快速反应能力建设，切实强化责任担当、使命担当，提高机动打击能力，确保恐怖事件发生后高效处置，最大限度减少人员伤亡。正确把握党的民族、宗教政策，及时妥善解决影响民族团结的矛盾纠纷，加强新形势下的反分裂斗争和反恐怖斗争，坚决遏制和打击暴恐势力和分裂势力。

三是切实加大防控巡逻力度。增强街面巡逻力量，加大对重要场所的日常武装巡逻力度、频度，加强对管制刀具等危险品的监管，强化铁路、民航、公交、地

---

① 《切实维护国家安全和社会安定　为实现奋斗目标营造良好社会环境》，《人民日报》2014 年 4 月 27 日第 1 版。

铁系统的安全检查，有效震慑恐怖分子，始终让民众有安全感。

四是建立反恐怖社会参与机制。坚持专群结合、依靠群众，深入开展各种形式的群防群治活动。发挥爱国宗教人士的作用，加强对信教群众的正面引导。紧紧依靠基层组织和广大干部群众，完善群众参与机制，努力形成反恐怖工作人人参与、人人有责的局面。加大宣传教育，增强民众防恐意识和自我保护能力。建立举报奖励制度，鼓励群众举报涉恐线索。

五是全面深化反恐怖国际合作。在推进同各国特别是周边国家经济、文化等务实合作中，不断推动反恐怖合作深入开展。充分利用多边反恐怖合作机制，积极推动与有关国家在反恐怖合作上取得更多实际成果。完善境外中国公民、机构和项目安全保卫措施，加强我国海外利益保护。

（三）完善社会治安综合治理体制机制

在社会安全上，要加快形成科学有效的社会治理体制机制，改进社会治理方式，健全公共安全体系，加强网络空间治理和网络秩序维护，激发社会组织活力，提高社会治理水平，确保社会安定有序。

一是依法严厉打击各类严重刑事犯罪。坚决打击境内外各种势力的破坏活动，坚决打击黑恶势力和严重暴力犯罪，坚决依法惩处多发性侵财犯罪和网络、电信诈骗等新型犯罪，坚决整治黑拐抢、黄赌毒等各类突出治安问题，全力维护公共安全。加强对犯罪规律的研究，建立健全打击犯罪新机制，切实提高破案水平。全面推进依法治国，更好维护人民群众合法权益，创新有效预防和化解社会矛盾体制，引导群众通过法律程序、运用法律手段解决。

二是完善社会保障制度促进社会安全体系建设。无论从发展阶段、历史任务出发，还是从社会现实、社会矛盾考虑，我国都到了必须重视加强社会保障制度建设的关键时期。自20世纪90年代以来，我国进行了建立与社会主义市场经济体制相适应的现代社会保障制度的改革与建设，取得了很大成效。但与现实需要和未来健康持续发展的要求相比，社会保障体系还不完善，制度设计还有很多缺陷，覆盖面比较窄，资金运行的可持续性差。为此，要进一步加大财政社会保障投入，扩大社会保险覆盖面，完善最低生活保障制度和社会救助制度，加大扶贫工作力度。

三是完善社会治安防控运行机制和社会面动态防控机制。完善和落实社会稳定风险评估机制，预防和减少利益冲突。构建情报收集网络，建立社会治安情报信息互通会商机制，通过准确研判引领实战。完善社会治安形势分析研判制度、社会治安重点地区排查整治工作制度，强化工作联动，形成工作合力。积极搭建治安防控区域协作平台，健全协作机制，增强防控整体实效。此外，还要健全社会面动态防控机制。加快实现基本公共服务均等化，完善社会保障体系，完善和落实维护群众合法权益的体制机制。科学划分巡逻区域，优化防控力量布局，提升社会面动态控制能力。强化人防、物防、技防建设和日常管理，全面落实各项安全保卫措施，完善人员密集场所和重点要害部位的安全防范机制，强化安全隐患排查，严防发生重大暴力案件和治安灾害事故。

四是加强重点行业和重点群体治安防控网建设。加强治安管理信息系统建设，完善重点行业信息采集和从业人员实名制登记等管理措施。加强邮件、快件寄递渠道安全管理。严格落实重点物品监管责任和相关制度。建立城乡统一的户口登记制度，健全人口信息管理制度。加强特殊人群服务管理工作，健全政府、社会、家庭三位一体关怀帮扶体系。进一步加强机关、企事业单位内部治安防控网建设，严格落实各项治安保卫制度。

五是大力加强安全生产管理工作。完善和落实安全生产责任和管理制度，实行党政同责、一岗双责、失职追责，强化预防治本，改革安全评审制度，健全预警应急机制，加大监管执法力度，及时排查化解安全隐患，坚决遏制重特大安全事故频发势头。实施危险化学品和化工企业生产、仓储安全环保搬迁工程，加强安全生产基础能力和防灾减灾能力建设，切实维护人民生命财产安全。加强危害食品药品安全、损害生态环境问题治理，严防发生群死群伤重大事故。

（四）构建网络社会安全防控体系

维护网络社会安全，必须积极构建网上网下相结合的网络安全防控体系，严防各类违法犯罪活动在网上滋生蔓延。一是建立健全网络社会事件应对机制。建立网络社会事件管控组织体系，制定有针对性的应对预案，及时回应或处置好相关事件。二是严厉打击网络违法犯罪活动。严格落实网络安全管理责任，严格落实网上巡查管理措施，开展网络造谣、网络诈骗、网络传销、网络色情、网络赌博和侵害公民个人信息等专项打击整治行动。三是推进网络社会法治化治理。完善我国网络安全法律制度，把握网络空间特点，增强针对性、有效性和操作性。

面对群体性事件，要建立健全应急管理体制和工作预案，形成统一指挥、功能齐全、反应灵敏、运转高效的应急机制，及时应对，有效处置，确保社会稳定。一是加强矛盾纠纷源头防范。加快建立畅通有序的诉求表达、心理干预、矛盾调处、权益保障机制，完善人民调解、行政调解、司法调解联动工作体系，建立影响社会稳定的重点问题、重点领域、重点群体矛盾化解机制。二是坚持依法处置。依法定性事件性质，依法分清责任，依法采取各种处置措施，不允许任何人践踏法律这条红线。三是加强舆论引导。做到早发现、早研判、早引导，使事件处置与舆论引导密切配合、同步实施。充分用好新媒体，为处置工作创造良好社会氛围。

（五）建立健全流行病预防与控制机制

近年来，突然暴发的传染病给人类造成了极大的危害。特别是2020年年初突然在全球流行的新型冠状病毒疫情，给世界造成极大的影响。因此，建立健全流行疾病预防与控制机制具有重要的现实意义。

一是依法将各种新型病毒纳入传染病管理，按照多部门联防联控机制和突发公共卫生事件应急预案，进一步做好防控工作。

二是采取接种新冠疫苗常态化防疫措施。虽然国内疫情得到有效控制，但因境外输入而引发国内疫情发生甚至扩散的风险依然存在，必须采取接种新冠疫苗常态化疫情防控措施。要坚持应接尽接和自愿的原则相结合，在充分告知的基础上，引导并鼓励群众积极接种，主动接种，切实提高群众的获得感、幸福感、安全感。新冠疫苗接种应围绕“两个重点”开展：优先确保全国疫情发生风险高的口岸城市、边境地区、大中型城市，以及既往发生过聚集性疫情的地区重点推进接种工作；冷链从业人员、医疗卫生人员、机关企事业单位人员、高等院校学生及教职工、大型商超服务人员和保障社会运行的交通、物流、福利机构相关人员等重点人员。

三是落实早发现、早报告、早隔离、早治疗和集中救治措施，调配精干力量和医疗资源，加强患者医疗救治费用保障，全力做好患者特别是重症患者救治。加强各类医院的防控措施，严格控制医院感染，强化医务人员防护。

四是坚持公开透明，及时客观向社会通报疫情态势和防控工作进展，统一发布权威信息。科学宣传疫情防护知识，提高公众自我保护意识。加强与世界卫生组织、有关国家和地区沟通合作。

五是加强科研攻关。在已查明病原基础上，尽快查明传染源、传播途径，密切跟踪病毒毒力、传播力变化，做好应对疫情变化技术准备。各有关方面特别是医疗系统要加强病毒流行期间在岗值守，做好应急处置，切实保障人民生命健康安全。

思考题

1. 什么是社会安全？
2. 社会安全包括哪些内容？
3. 如何维护国家的社会安全？

第七章　科技安全

面对科技创新发展新趋势，世界主要国家都在寻找科技创新的突破口，抢占未来经济科技发展的先机。我们不能在这场科技创新的大赛场上落伍，必须迎头赶上、奋起直追、力争超越。

——2016年5月30日，习近平总书记在全国科技创新大会、两院院士大会、中国科协第九次全国代表大会上的讲话

【案例透视】

“中兴事件”表明中国科技安全深藏隐患

2016年3月，美国商务部官方网站的一次披露，拉开了中兴事件的帷幕。在历时两年后，2018年4月16日晚，美国商务部发布对中兴通讯的出口禁令，直到2025年3月13日，美国公司将被禁止向中兴通讯销售零部件、商品、软件和技术，时限长达7年之久。中兴的生产经营一度陷入休克状态，直接被美国扼住了生命的喉咙！

一个不容忽视的事实是，中兴的核心产品，从手机到基站，从交换机到路由器，对美国芯片依赖很强。被美全面封杀，对于严重依赖从美国进口芯片等元器件的中兴通讯来说无疑是灾难性的。中兴事件的发生也表明，自主可控才是我国网信产业发展之路，核心科技才是国之重器。从中兴事件我们可以清楚地看到，在引进高新技术上不能抱任何幻想，应当清醒地认识到：关键核心技术是要不来、买不来、讨不来的，无论是对美国还是中国或者其他的国家，大国重器一定要掌握在自己

手里。我们处在全球化当中，全球化提供解决问题更廉价的方案，这是一种方便，但也滋生了惰性。当购买芯片比自产芯片更加容易也更便宜时，就会形成一种市场取向，并使得对外部技术的依赖不断固化，也许从短期看，采用市场上可买到的芯片等，在经济上似乎有利，但一旦受到限制、被人禁运，就会陷入困境。

在芯片半导体领域，国产芯片所占市场份额较低，尤其是中高端芯片份额更低，包括中兴在内的许多中国企业都应用了大量美国企业研发的计算机芯片。这次的中兴事件，也确实为中国科技敲了一个警钟，这样总是用妥协来维护自己企业的发展，永远是治标不治本，需要一个治本的方案。美国禁售芯片给中兴，虽然给了中兴通讯以致命的打击，但软件的禁令引发了关于中国如此依赖外国技术和制造商的争论，中国国内普遍认为这实际上可能是中国发展自己的一个很好的机会。中国科技想要治本，还是要从技术人才入手，加大对芯片领域技术人才的培养，在芯片研发生产领域，工程师是决定芯片设计创新能否落地的关键因素。

“塞翁失马，焉知非福”，美国制裁中兴，将“贸易争端”之矛刺向了中国缺“芯”的软肋，在敲响中国半导体产业警钟的同时，让更多的中国企业清醒地认识到，依赖美国的供应是靠不住的。中兴事件唤醒了全国人民，可能成为全国科技工作者卧薪尝胆、发愤图强，一心一意发展高科技的转折点。美国政府以“冷战”的方式遏制中国高科技的崛起，鞭策中国更加重视发展核心技术，更加重视产业供应链的安全，更加重视依靠本土企业发展高端产业。

【法条链接】

《中华人民共和国国家安全法》第二十四条　国家加强自主创新能力建设，加快发展自主可控的战略高新技术和重要领域核心关键技术，加强知识产权的运用、保护和科技保密能力建设，保障重大技术和工程的安全。

在人类文明史上，科学技术一直是推动历史前进的巨大动力和杠杆。当今世界，科技发展突飞猛进，科技竞争已经成为国际竞争的焦点。科技安全在国家安全中的地位日益凸显，对经济发展、社会进步产生着越来越深刻的影响。科技安全在国家安全体系中的地位越来越重要，科技安全水平已经成为衡量一个国家综合安全水平的重要标志，成为国家安全的技术保障。

一、科技安全是国家安全的技术保障

科技安全是国家安全体系的重要组成部分，属于非传统安全领域，并在非传统安全中占据重要位置。在知识经济时代，科技安全作为维护国家安全的技术保障，受到越来越多国家的关注。

（一）科技安全概念阐释

科技安全是一个比较新的概念，国内外还没有一个较为权威的阐释。根据现有的文献来看，科技安全得到普遍认可的定义有狭义说和广义说。至于使用哪种定义，完全取决于问题研究的具体需要。

狭义的科技安全，是指在一定的社会环境下，一个国家的科学技术体系完整有效，系统运行良好并不断完善，国家重点领域核心技术安全可控并健康发展，科学技术能够有力地支撑和保障国家综合安全，能够有效地应对来自内部和外部的威胁，以及保障持续安全状态的能力。狭义的科技安全立足于科学技术系统的安全性，表示国家科学技术发展的一种态势，这种态势体现了在国际大环境下，国家通过政治、军事、外交、经济、科技等手段，使国家科学技术系统既通过与国际环境的开放式作用和系统内部的协调运行达到功能优化，又保证该系统不招致来自内部和外部的威胁，并以此维护国家利益。

广义的科技安全，是指在一定的社会环境条件下，特别是国际大环境中，以国家价值准则为依据的对科技系统与相关系统相互作用所决定的国家安全态势的一种动态描述。广义的科技安全是从国家利益的高度给出的一种定义，表示由科学技术因素以及科学技术与国家安全因素的相关性所构成的国家安全的一种状态，这种状态描述了国家利益免受国外科技优势（因素）威胁的能力、国家发展科学技术和依靠科学技术提高整体竞争力的能力、国家以科学技术手段维护国家综合安全的能力，以及健全高效的科技安全预警与防范系统。

综合考察狭义和广义的科技安全概念不难看出，科技安全既是科技的问题，也是国家的问题，而且还是个动态的问题。国家科技安全涉及两个范围，一个是科技，另一个是国家。科技是一个领域，国家是一个层级。一个国家科技是否安全，要看这个国家的科学技术基础是否稳固、是否健康发展，科技水平是否居于世界前列，在国际科技活动中是否具有较强的自主性、自卫力和竞争力，是否能够促进国家经济发展，保障国家安全，使国家利益免受来自内部和外部的威胁。

科技安全是一个动态的概念，不同时代赋予其不同的内涵。首先，所谓安全在主观上是指不存在对外在威胁的恐惧感，在客观上是指不存在外来威胁或能够有效抵御外来威胁的状态。上述科技安全的定义主要是从安全的客观含义出发来定义的。其次，科技安全主要体现在科学技术系统安全、科技健康发展和科技对国家综合安全的有效支撑三个方面。科学技术系统是由科学技术活动的主体、科技基础设施，以及相关的制度、体制等构成的，这个系统运行的稳定性和效率是衡量科技安全的首要指标。科技能否健康发展包括国家能否提供或创造条件促进科技发展，以及科技进步所致结果反过来对科技发展的积极或消极影响；科技能否对国家综合安全提供有效的支撑和保障，是在一个更大的范围内衡量科技安全的指标。

良好的国家科技安全状态，体现在国家科学技术事业不受外部科技优势的干扰、侵害、破坏、威胁、控制和制约，科学技术健康发展，具有较强的自主性和竞争力，科技水平居于世界前列，国家科技利益得到保护；科学技术能够有效支撑国家经济建设，提高综合国力，维护国家安全，防范科技滥用和科技的负面影响。

（二）科技安全是国家安全的关键要素

进入21世纪，科学技术发展的水平及其竞争能力，在相当程度上决定了国家在世界竞争格局中的地位，成为影响国家安全的重要因素。现代科学技术知识已成为国家经济发展和社会进步的最重要的智力资源，也是国家安全最重要的智力因素。随着科学技术日新月异地迅猛发展，科技安全对经济发展、社会进步产生着极其重要的推动作用，已成为社会各领域的技术支撑。科技安全是国家其他领域安全的技术基础，在国家安全中的地位日益重要。

第一，科技安全直接影响国家其他领域安全。科技和科技安全广泛渗透于国家安全的各种领域、各个要素和各个因素之中。国家安全体系及其任何部分都有科技安全问题存在。由于科技安全直接渗透到国家安全的各个领域，所以直接影响着军事安全、经济安全、生态安全、文化安全乃至政治安全、社会安全等国家安全的各个方面。毫无疑问，没有科技安全的保障，就不可能有真正的经济安全、军事安全乃至政治安全。谁掌握了高新科技的主控权，谁就拥有综合国力竞争的优势和主动权。丧失了在科学技术方面的优势和竞争力，也就意味着丧失了国家安全的基本保障。

第二，科技安全是国家安全体系的重要组成部分。科技安全是影响国家安全的重要因素，与其他领域的安全共同构成国家安全体系。随着科学技术作用的日益增强，其影响范围早已超越科学技术体系自身，对经济、政治、军事、文化等各领域都产生着前所未有的渗透、促进作用。可见，科技实力在一定程度上决定着国家的政治、军事、经济等力量对比的变化，也决定着各国各民族的前途命运。科技和科技安全不仅对当代国家安全在整体上起决定作用，而且对当代国家安全其他领域和内容都起决定性作用。因此，西方发达国家都非常注意维护本国的科技安全，对包括我国在内的广大发展中国家实行技术封锁与遏制，对我国科技安全构成现实威胁。

第三，科技安全是支撑国家安全的技术基础。科技安全既是支撑国家安全的重要力量和技术基础，也是实现其他相关领域安全的关键要素，更是实施创新驱动发展战略的基本保障。科技不安全，国家安全各领域都将受到重大威胁。科技与科技安全的丧失，对国家安全的打击将是毁灭性的。保障国家重点领域的安全，必须维护各领域的科技安全，改变重点领域核心技术受制于人的局面。科技安全已成为国家安全系统中的独立要素，是国家安全的重要组成部分，同时也成为维护国家利益的重要手段。2020年新冠肺炎疫情在全球暴发，各国围绕药物研发、疫苗研制等生物科技领域的竞争日趋激烈，谁能够率先在这一领域取得突破性进展，谁就有望取得这次抗疫的主动权，在人民生命安全、经济社会发展、国防实力支撑、国际地位提升等安全体系的塑造上产生关键性影响。

第四，科技安全攸关国防和军队建设发展。国防科技代表着科技发展最前沿、最敏感的方向，引领军队武器装备发展，决定军事力量建设与运用方略，牵引战争形态演变和作战样式变化。近年来，世界各主要军事强国加快人工智能等技术的军事应用，力图取得智能化科技超越和军事竞争优势，对我国维护科技安全、推进国防和军队建设提出新的更高要求。实践证明，谁掌握了国防科技关键技术创新发展的先机和优势，谁就更容易取得军事竞争和军事安全的主动权。我们应树牢国防科技安全事关军事安全和国家安全的理念，加强对国防科技的战略管理，提高国防科技发展水平。

（三）科技安全主要内容

随着科学技术自身发展的日益完善以及应用范围的不断扩展，科技已成为社会各领域的技术支撑，科技安全在国家安全中的地位作用日益重要。从国家安全角度思考，维护科技安全就要重点把握以下几方面的问题。

一是科技基础安全。科技基础是国家科学技术发展的基本依靠，体现为由国家的科技实力、科技潜力和科技发展方向构成的科技情势，如国家的总体科研水平、技术创新能力以及科研基础设施状况等。显然，科技核心力量安全的国家，其科技安全状态就好；反之，如果一个国家的科技核心力量薄弱，则无法依靠科技手段应对外来威胁，其科技安全状态就不容乐观。根据瑞士洛桑国际管理发展学院2002年度的《国际竞争力报告》，中国的技术基础设施和科学基础设施分别排在世界第42位和第24位，而国际竞争力（包括经济表现、政府效率、企业效率、基础设施四大指标）总体排名则为第31位。

二是科技体制安全。科技体制是科技活动的组织体系和管理制度的总称，包括组织结构、运行机制、管理原则等内容。科技体制是科技安全的制度保障，是影响科技安全的最重要因素，在一定程度上决定了国家科技安全的状态。先进和合理的科技体制能促进国家科学技术的发展，促进科技成果及时转化为生产力，而不合理的科技体制则会阻碍国家科学技术和国民经济的发展。国家的科技系统结构、科技制度、科技政策法规的完善与先进性等因素，在体制层面上决定了国家科技安全的状态。因此，必须根据科学技术和国民经济发展的需要不断地改革和完善国家的科技体制。

三是科技活动安全。科技活动是所有与各科学技术领域中科技知识的产生、发展、传播和应用密切相关的系统的活动，按其性质可分为研究与发展、科技教育与培训、科技服务三类。在科技全球化的今天，科技活动是当今世界各国科技安全面临的最大挑战，无论是国际科技合作、技术引进、高技术手段犯罪的防范，还是知识产权保护、专利保护、科技信息保密、提高国家安全工作中的科技含量等，都有科技安全的具体表现。如发达国家在国际科技交流与合作中制定有利于自身的游戏规则，对敏感科技输出建立管理机制，限制对发展中国家的高技术出口，加紧针对他国的科技情报活动等。

四是科技环境安全。科技发展的内部环境是指科学研究和技术发展工作的环境，包括学术交流的良好条件和环境、丰富的图书资料、先进的仪器设备，以及科技工作者安逸舒适的生活条件。科技发展的外部环境是指国家和社会为科技发展创造的环境，包括诸如政府对科学技术事业的支持程度、民众对科技工作的认同，以及诸如国际关系的变化、国际局势的动荡、国家的国际地位的升降等国际环境。美国之所以能在世界科技领域具有举足轻重的地位，其中非常重要的一点就是创造了良好的科技环境，吸引了大批的人才。

五是国防科技安全。谁掌握了国防科技关键技术创新发展的先机和优势，谁就更容易取得军事竞争和军事安全的主动权。国防科技体现着一个国家军队战斗力和国防现代化水平，是武器装备发展的重要基础，是武器装备的灵魂、核心和最重要的军事要素。国防科技是国家科学技术水平的集中体现和突出标志，代表着国家科学技术最前沿、最敏感、最重要的领域和方向。因此，国防科技作为国家科技安全的重要内容，其中对国防科技安全全局具有重大影响的突击方向、领域、目标或行动等国防科技安全的战略重点，成为国家科技安全的重中之重。

六是科技智力资源安全。科技人才尤其是专门的科技安全人才是科技活动的主体，也是最重要的科技智力资源，是维护科技安全最重要的保障。在全球化下的大环境下，科技人才储备、科技人员积极性的发挥、知识分子政策等内容，是智力资源安全的具体体现。保护个别对国家安全和国家利益有重大影响的尖端人才是智力资源安全的特殊问题，对于维护国家科技安全具有特别重要的现实意义。

二、科技安全面临的威胁与挑战

进入21世纪以来，我国科技实力不断提升，一批重大科技成果达到世界先进水平。同时我们也必须清醒地看到，我国科技创新基础还不很牢，自主创新特别是原始创新能力还不够强，关键领域核心技术受制于人的局面没有得到根本改变。我国科技安全还不能有效满足维护国家安全的要求，仍面临多方面挑战。

（一）科技综合实力水平并不高，与发达国家仍有较大差距

科学技术发展对于一个民族、一个国家的安全，有着十分深刻的影响，古今中外概莫能外。经过几十年的努力，特别是改革开放以来的加速发展，我国科学技术已有了较大的发展，科技竞争力有了一定的提高，中国科技水平与过去相比已经有了较大的进步，但与西方发达国家相比，总体综合水平仍然处于落后态势。

一是科技发展水平明显落后于西方发达国家。当今我国与发达国家之间的科技实力差距仍然是我国科技安全面临的首要威胁。2015年1月10日，科技部部长万钢在2015年全国科技工作会议上作《主动适应新常态加快实施创新驱动，推动科技改革再上新台阶》的工作报告时指出："我国在一些科技领域已跻身世界前列，某些领域正由'跟跑者'变为'并跑者'，甚至是'领跑者'。"报告指出，2014年我国全社会研究与试验发展（R&D）支出达到13400亿元，其中企业支出占76%以上；R&D占国内生产总值比重预计达2.1%；国际科技论文被引次数上升至第4位；技术合同成交额达8577亿元，比上年增长14.8%；国家高新区总收入达到23万亿元，比上年增长15%。上述数据表明，中国的科技发展水平确实取得了极大的进展，但在科学技术发展的总体水平上，中国与世界先进国家的差距平均为10—15年，最小的5年。

目前，中国科技竞争力基本稳定在25—28名之间，总体科技水平落后于世界先进国家15—20年。按照一种世界各国科学水平层次的划分方法，美国是“科学核心国家”，德国、英国、日本为“科学强国”，法国、意大利、加拿大、俄罗斯为“科学大国”，中国和印度、巴西为“科学边缘国”，最后一个层次是“科学不发达国家”。可见中国科技安全将受到发达国家先进科学技术的长期挑战。

二是科技自主原始创新能力不强。目前，我国自主创新能力薄弱，面临的科技国情不容乐观。主要是原始创新能力不强、创新体系整体效能不高、科技创新资源不够、科技创新力量布局有待优化等问题。改革开放40多年来，回首再看我们的科技，不禁暗自伤痛。我们除了一些很少的仍然延续了以“自力更生为主，争夺外援为辅”的科技还能够闪亮，只剩下被“欢呼”的“万国工厂”和沦落为外国人的“打工者”了。难怪一家上海合资汽车厂的日本老板傲慢地对媒体说：“虽然中方占有51%股份，但是他们科技贡献率几乎为零。”而我们的中方老总面对媒体的追问，也只有无奈地说：“我们没有办法，人家掌握着核心技术。”面对自主创新能力如此严峻的态势，欲使科技发展“支撑经济社会全面发展”已很勉强，引领未来就更难了。

三是缺乏像美国那样世界顶尖级的领军人才和机构。美国是当今世界科技实力最强的国家，按照最新的科技实力排名办法是第一级。处于这一级的国家只有美国一家，而中国则是处于第四级的国家，与印度、墨西哥、南非等发展中国家同一级。那么，我们看看处于第一级的美国是一个什么样的状态。迄今为止，美国共有300多名诺贝尔奖获得者，居世界各国之首，尤其是自20世纪80年代以来，在自然科学领域（物理、化学、生物、医学），美国获得诺贝尔奖的人数具有压倒性的优势，远超世界其他国家的总和。如今，美国的大学汇集了全球70%以上的诺贝尔奖获得者、50%以上的菲尔兹奖获得者（包括获奖之后移民美国的）。在计算机科学领域，图灵奖更是几乎被美国人垄断！在全球最顶尖的20所大学中，按科学贡献度计算，美国占了17所（自然科学领域）。从麻省理工学院到加州理工学院，美国大学培养了全世界最好的工程师和最顶尖的科学家。全球十大科技顶尖公司，美国占据了八家！英特尔向全世界提供芯片，微软公司和甲骨文公司占据了软件业的基础市场（从百度到腾讯，再到中国各个政府部门，都使用甲骨文提供的数据库软件和技术），世界三大统计分析软件都源自美国（广泛应用于政府统计和科学研究，尤其是在科研领域）。自20世纪90年代以来，全世界90%以上的应用科技创新都离不开硅谷的技术支持，背后都有硅谷的影子。美国拥有全球最顶尖的实验室，包括劳伦斯伯克利实验室、林肯实验室、加州理工学院喷气推进实验室、洛斯阿拉莫斯实验室、布鲁克海文实验室、橡树岭实验室、贝尔实验室、阿贡实验室、IBM研究实验室。

（二）科技安全面临多重风险，冲击重要科技领域安全

总体来看，我国科技安全领域面临的风险与冲击主要表现在如下几个方面。

一是关键核心技术“卡脖子”的风险。过去40年，我国发展主要靠引进上次工业革命的成果，基本是利用国外技术，早期是二手技术，后期是同步技术。经过长期努力，我们在一些领域已接近或达到世界先进水平，中国制造的科技含量有了很大提升。但也要清醒地看到，与发达国家相比，我国科技创新基础还不牢，自主创新特别是原创力还不强，关键领域核心技术受制于人的格局尚未从根本上改变。与此同时，现在我们从国外引进先进技术的难度比过去大大增加。一方面，发达国家“教会徒弟、饿死师傅”的心态愈发严重，对“看家本领”卡得越来越紧，技术引进的难度越来越大。另一方面，随着“逆全球化”潮流在一些国家的兴起，个别政客为了迎合特定利益群体，不惜采取割裂全球产业链和技术体系的极端措施，许多在过去被认为是相对开放、可及、市场化的技术产品甚至技术标准，都开始存在被限制甚至完全切断供应的危险。再加上随着我们在一些技术领域逐渐成为“并跑者”“领跑者”，众多在过去“跟跑”发展阶段距离尚远的技术关卡，现在也已来到面前，再也没有别人给我们“打头阵”，没有了可供追随模仿的“先行者”。这些情况表明，能否确保关键核心技术自主可控，已经成为制约我国发展的决定性因素之一。

二是颠覆性创新冲击既有产业的风险。当前，新一轮科技和产业革命蓄势待发，其主要特点是重大颠覆性技术不断涌现，科技成果转化速度加快，产业组织形式和产业链条更具垄断性。供给侧的颠覆性创新一旦出现，市场会迅速回应，原有

的优势产业可能瞬息之间就会变成落后产能，原先的行业领军者如果缺乏相关的技术储备，很可能陷入转型困境，为市场所淘汰。过去几十年间，国外一项创新击垮国内一个产业的事情发生过多次，受冲击小的项目经常是“引进—落后—再引进”，受冲击大的甚至是“规划即落后、建成即被淘汰”，教训十分惨痛。纵观世界，有行业主导力的高科技企业普遍高度重视战略预研，围绕可能的发展方向不惜投入巨资进行技术储备和专利布局。相较而言，我们的大多数企业还处于价值链中低端，研发投入普遍较低，创造新产业、引领未来发展的科技储备远远不够，应对新技术冲击的能力还很有限。在技术创新日新月异的当下，能否在人才、专利、标准等战略性创新资源上提前做好布局，已经成为事关我国产业安全的重大挑战。

三是技术进步加剧结构性失业的风险。我国是一个劳动力大国，就业始终是最大的民生。近年来，随着产业结构发生深刻调整，创新型人才和高技能人才供不应求，低技能劳动人口就业压力持续扩大，结构性就业矛盾已经十分突出。在这种情况下，如果对新的技术进步准备不足、应对不力，新产业、新业态没有及时跟上，极有可能使本已严峻的就业形势变得更加困难。特别是随着大数据、云计算、人工智能等技术的革命性进展，不但传统体力劳动岗位将会进一步减少，过去一些被认为具有一定技术含量的职业也很可能面临就业危机。有研究已经指出，翻译、新闻报道、助理、销售、客服、交易、会计、司机等职业，未来10年将有约90%被人工智能全部或部分取代。这将导致结构性就业矛盾从蓝领群体向白领群体的扩散，给稳就业带来新的更大的挑战。目前，相当一部分劳动人口的职业素质，特别是持续学习能力还远远无法应对这种冲击，职业技能培训体系同新技术的对接也不够及时，无法满足社会需求。

四是新科技应用引发社会问题的风险。随着科技的快速发展和资本的大力助推，近年来新技术的商业化应用日益加速，从实验室走向社会的周期大大缩短。这种态势固然给经济发展和社会进步插上了创新的翅膀，但其潜在的社会风险同样不容忽视。一些新技术的应用可能会在道德伦理、人际关系、个人隐私等方面给公众心理造成很大冲击，如果回应不及时、管理不到位，很有可能导致一系列社会性问题。一些在新技术应用上急功近利的行为，引起舆论争议后往往适得其反，有的甚至从技术争论演变为社会政治争议，负面影响长期难以消除，整个产业的发展前景都随之葬送，造成巨大损失，这在国内外都有许多深刻教训。南方某高校发生的科研人员违背科研伦理，违法违规将基因编辑技术应用于人类胚胎的事件，就在一定程度上给我们敲响了警钟。能否对新技术做好预判预警，及时跟进相应的法律法规，把握好技术应用和社会接受程度之间的平衡，已经成为科技安全和公共安全领域考验政府管理能力的重要课题。

（三）科技资源安全令人担忧，科技安全管理存在薄弱环节

科技资源之所以能够成为国家科技安全的一项基本内容，是因为科技资源代表了国家科技发展的潜力和未来，如果科技资源受到严重破坏（如科技人才大量外流、科技信息大量泄密），将直接影响到科技实力，影响到国民经济和社会发展，影响到国家安全的各个要素。

一是科技智力资源安全面临新挑战。科技人才是智力资源，是科技安全的最重要的保障。人才是智力的载体，也就是智力资源。科技人才储备、科技人员积极性的发挥、知识分子政策等内容，是智力资源安全的具体体现。科技人力资源是一国科技竞争力的最重要指标，事关国家综合竞争力的核心。因此，人才安全是科技安全的决定性因素，科技人才越来越成为各国争夺的重要资源。如今，跨国公司对我国实行的“本土化”人才争夺战，给我国科技人才安全造成新的威胁。近年来，西方发达国家采取了“本土化”人才争夺战，越来越多的跨国公司在把生产重心转移到我国的同时，其研发中心也开始向我国聚集。跨国公司在我国境内的研发机构以高薪为诱饵网罗高技术人才，给我国造成新形式的人才危机。我国科技人才的高素质和低成本是跨国公司聚集在我国的重要原因。以软件业为例，我国软件人才的使用成本仅仅是美国的九分之一。[①]中国科技人才流失严重，“楚才晋用”令人担忧，同时科技人才浪费十分严重，因此保护科技人才安全已经成为维护国家科技安

① 马维野：《21 世纪初我国科技安全面临的主要挑战与对策思考》，《科技导报》2003 年第 7 期。

全的重要内容。

二是科技人才结构不尽合理。人才资源结构包括人才资源中的学历结构、能级结构、年龄结构、行业分布和地域分布等。改革开放以来，国家出台了各项政策措施，促进了人才资源结构的优化。科技人才断层现象基本得到解决，但分布和结构不够平衡，尤其是企业缺乏高水平的科研人员，产业人才存在结构性失衡，区域人才分布不平衡问题严重。从素质结构上看，我国中低级人才比例较大，高级别、复合型人才短缺，特别是高新技术、高级经营管理人才缺乏，如每年至少还存在20万软件人才缺口，并且这个缺口还在以每年20%左右的速度增长。信息技术人才的总体结构存在着两头小、中间大的极不合理的“橄榄形”分布状态，即软件“高端人才”（系统分析师、项目经理等）和“低端人才”（软件编码人才）严重短缺，这种人才结构的配备比例的严重失调，极大地影响着我国信息化建设的发展。从行业分布看，我国人才主要聚集在国有部门、政府机关和事业单位，非国有部门、企业人才不足。从区域结构看，东、中部地区人才多，西部地区人才少。另外，从年龄层次上看，中高级技能人才老化现象严重，高级工程师、高级技师和高级技能人员的缺乏程度已经影响到国民经济的顺利发展。高级技工已经成为目前我国装备制造业奇缺的关键性人才之一。

三是科技情报保密不力。当前，科学技术情报越来越成为国与国之间竞争的焦点，科技情报的窃取和反窃取斗争变得越来越复杂。科技秘密的泄露给国家安全造成的损失不可挽回。世界各国都不同程度地发生过泄露科技秘密的事件，我国也曾多次有这样的案例发生。当前的问题主要有：对科技保密认识模糊，保密观念薄弱；科技保密有效管理机制尚待健全；科技保密体系不健全，保密机构职能有待发挥；国家科技保密工作的重点不突出；科技人员流动无序，保密法律约束力不强。如今，随着计算机普遍地应用到各个领域，窃取信息的手段越来越多，窃密与反窃密的斗争日益尖锐且愈发带有高科技抗衡的特点，信息安全防护的难度越来越大。随着我国对外开放的深入和社会主义市场经济体制的确立，我国科技保密管理工作中出现了一些新问题，突出表现在管理体制不完善、科技定密不准、公共网络中科技信息泄密严重、对外科技交流保密管理滞后、科技涉密人员管理不善等，阻碍了我国科技保密管理的发展，制约了我国科学技术的进步与生产力的发展，对国家安全与利益、市场经济安全与利益构成潜在的威胁和影响。为顺应改革开放和市场经济的发展趋势，必须进一步提高对新形势下科技保密管理问题的认识，进一步健全完善我国科技保密管理体制，切实加强定密管理、公共网络保密管理、对外科技交流保密管理以及涉密人员管理。同时，要逐步转变科技管理部门、保密行政管理部门等公共部门的保密管理职能，更加强化保密工作的社会管理和公共服务职能，更好地为经济社会发展提供服务保障。

（四）西方发达国家实施科技封锁与遏制，科技安全存在长期不利态势

国家科技发展所处的外部环境对科技安全的态势有着重要的影响。科技发展的外部环境是指国家和社会为科技发展创造的环境，包括基础设施优良、能够提供有力的保障、研究开发项目的成本较低；广泛与世界各国进行科技交流、知识产权保护措施完善有效；市场运行机制良好，能够为新产品的开发与使用提供有力的支持；政府对科技发展予以高度重视，在政策上给予支持和倾斜；等等。当今，我国科技外部环境安全的不利态势主要表现在如下几个方面。

第一，西方发达国家对我国实行技术封锁与遏制，是我国科技安全面临的现实威胁。西方发达国家的跨国公司为了尽可能地延长已开发技术的生命周期，防止技术及技术应用扩散，从中享有最大限度的利润额，在向我国实行技术转移时总是采取相应的技术保护措施，跨国公司在强占我国市场的同时，对我国的经济安全、科技安全形成威胁。

第二，西方发达国家利用其科技优势推行霸权，是我国科技安全面临的长期威胁。经过几十年的努力，特别是改革开放以来的加速发展，我国科学技术已有了较大的发展，科技竞争力有了一定的提高。但在总体上，我国的科技竞争力水平还比较低，中国一些产业的核心技术仍然受制于人，大量关键设备依赖进口，科研开发水平与发达国家相比还有很大差距，未能彻底摆脱产业技术水平和高技术实力落后的局面，这在根本上影响了我国科技安全。

在全球化的发展过程中，西方发达国家利用其主导地位不断加强其原本就具

有的科技优势，并以此推行政治、经济、文化霸权，危及我国的科技安全，决定了我国科技安全长期处于不利态势。

（五）新兴科技较量越发激烈，新科技军事化产生革命性影响

国防科技作为国家安全的重要基础和源泉之一，直接为军事安全服务。2019年形成了军事大国争相将人工智能、大数据、新材料等新兴科技军事化的高潮。这些新技术不仅打破了陆地、海洋、天空、太空等物理空间的壁垒，还将政治、经济、社会、军事等领域一体贯通，新型安全领域已然成形，并不以人的意志为转移地冲击着全球战略格局和世界安全环境。这些新型安全领域的出现颠覆了衡量战略主动与被动、军事优势与劣势、外交敌友多寡、法律与伦理区分的标准和逻辑。

3D打印的爆破装备、远程遥控无人机、生物基因药品等新兴技术产品在全球市场体系中可以非常方便地获取，数据信息和社会心理安全成为大国博弈的又一战略制高点。这些因素导致战争与和平的界限越来越模糊，道义标准越来越难界定，现有国际法在许多情况下难以适用，新的国际惯例又尚未形成。新兴技术发展并运用于军事领域，使大国军事竞争不再局限于对称性武器研发生产的军备竞赛，而更主要变成新型技术装备突袭型的威慑和反威慑对抗，使对方军事力量成为无效资产的非对称性优势竞赛，太空、网络、战争伦理、生物基因、脑控技术等领域的行为规则制定权争夺、技术优势争夺等。未来，大国博弈的历史惯性和应对公共安全威胁的需求，使安全行为主体不会仅局限于主权国家，还可能包括能制造公共安全威胁、受制于公共安全威胁的一切组织和个人。

当今，在西方发达国家占据世界科技发展前端的背景下，中国作为最大的发展中国家，西方发达国家必将在最大限度上削弱我国的“后发优势”，我国科技安全将长期受到发达国家先进科学技术的威胁和挑战。

三、维护科技安全应把握的主要问题

进入21世纪以来，科学技术特别是高科技竞争空前激烈，谁掌握了高新技术的主控权，谁就拥有了综合国力竞争的优势和主动权。针对当前的科技安全形势，应从我国国情出发，科学筹划国家科技安全战略，走出一条中国特色维护科技安全之路。

（一）强化科技安全的防范意识，掌握科技发展战略主动权

信息时代科技安全问题的现实性、广泛性和紧迫性，在政治、经济、军事、文化、科技等各项活动中越来越凸显，科技安全在国家安全体系中的地位和作用越来越重要。为此，我们必须确立国家科技安全意识，重视国家科技安全防患工作，特别要下力气抓好国防科技安全工作的落实。

如今，我国对科技安全问题虽然已经引起重视，但对科技安全问题的认识还严重滞后于对科技发展问题的认识，科技安全理论还不完善，科技安全战略还需要进一步明确和清晰，应该像对经济安全等那样进行专门的研究和制定明晰的战略。因此，需要进一步提升我国的科技安全意识，特别是要花大力气提升决策者和科技工作者的国家科技安全意识，养成看待和观察国家科技安全的战略视角。面向未来世界科技发展前沿，重视原始性专业基础理论突破，加强科学基础设施建设，保证基础性、系统性、前沿性技术研究和技术研发持续推进，强化自主创新成果的源头供给。重点加强体现新科技革命发展趋势和国家需求导向的基础研究，促进跨学科、跨领域的优势研究力量集成，力争在更多领域掌握世界科学技术发展的主动权。

牢牢把握科技进步大方向和产业革命大趋势。近年来，以互联网、大数据、云计算、人工智能、新能源、新材料、智能制造等为代表的新科技革命加速带动产业变革，对世界经济结构和竞争产生了重大影响。在资本助推下，许多新领域的先行者迅速成长为“独角兽”，奠定了在行业内的领先地位。与此同时，传统产业只有及时与新技术、新业态相结合，成功实现转型升级，才能继续存活下去。一旦错过新技术突破的机遇，产业上的落后将是长期的、结构性的，甚至花多大代价也追不回、补不

上。正是基于对这一态势的深刻洞察，习近平总书记反复强调，“谁在创新上先行一步，谁就能拥有引领发展的主动权”。我们要加强重大创新领域战略研判和前瞻部署，争取在重要科技领域成为领跑者，在新兴前沿交叉领域成为开拓者。要统筹做好同技术发展大趋势相匹配的产业规划和布局，努力开辟新的产业发展方向和重点领域、培育新的经济增长点。要增强既有产业特别是重点产业的技术储备，及时做好技术升级，使新技术的推广应用尽可能平稳，避免企业大范围陷入转型困境。

（二）提升科技自主创新力，铸就科技安全的防护屏障

在全球化背景下，我国不仅面临西方发达国家的科技优势威胁和技术封锁，还面临国际科技合作与交流的科技发展要求和挑战，因此确保我国科技安全必须实行自主创新战略。提高科技竞争力，这是加强我国科技安全的根本举措。自主创新的实质是掌握发展的主导权、主动权，扩大未来发展的选择空间。

一是实施自主创新战略。牢固树立以我为主的思想，以掌握核心技术、发展壮大知识产权储备为宗旨，正确处理引进先进技术和自主创新的关系，有效整合创新资源，全面提高自主创新能力，提升我国科技竞争力。重点加强国家安全关键技术攻关，要突破涉及国家经济、社会发展和武器装备现代化的关键技术，增强以科技手段维护国家政治安全、经济安全和军事安全的能力。大力发展信息安全技术，重视信息安全技术的创新，着力构筑我国信息安全的防御体系，确保我国的信息安全。进一步完善知识产权制度，保护我国的知识资产，建立健全我国技术标准体系。

二是加快发展自主可控的战略高新技术和重要领域核心关键技术。当前，在一些直接关系国家安全的技术领域、对重要产业具有重大影响的技术领域，我们还无法做到完全自主可控，还是在别人的基础上盖房子，看似富丽堂皇，实际上是不稳固、有风险的。习近平总书记指出：“在引进高新技术上不能抱任何幻想，核心技术尤其是国防科技技术是花钱买不来的。”[①]只有把核心技术掌握在自己手中，

① 习近平：《在参加全国政协十二届一次会议科协、科技界委员联组讨论时的讲话》（2013年3月4日），《习近平关于科技创新论述摘编》，中央文献出版社2015年版。

才能真正掌握竞争和发展的主动权，才能从根本上保障国家经济安全、国防安全和其他安全。我们要发挥社会主义集中力量办大事的优势，实施一批关系国家全局和长远的重大科技项目，扎实建好一批大科学工程。对于一些差距较大的领域，要坚持主动跟进、精心选择、有所为有所不为的方针，提高技术认知力，加强独创性设计，发展独有的“撒手锏”。对于单靠市场主体短期内难以取得突破的关键技术瓶颈，要加强国家层面统筹协调，充分发挥国家战略科技力量作用，特别是要加大在原始基础理论、基本算法、底层技术、通用工具、通用模块等方面的研究力量，增强对产业技术生态的整体影响力，打破核心技术、标准体系等受制于人的局面。

三是不断完善国家创新体系。同世界先进水平相比，我们在科技创新软环境上仍存在明显短板，还不能满足创新驱动发展的战略需求，必须下大气力解决资源配置重复、科研力量分散、创新主体功能定位不清晰、科研成果转化不畅等突出问题。习近平总书记强调，要“全面深化科技体制改革，提升创新体系效能，着力激发创新活力”[①]。必须充分发挥市场在创新资源配置中的决定性作用，推动企业成为技术创新决策、研发投入、科研组织和成果转化的主体，培育一批核心技术能力突出、集成创新能力强的创新型领军企业。要进一步深化科研经费管理、科研成果考核评价、科研收益分配等方面改革，充分激发科研人员围绕国家重大战略需求和市场需要开展工作的积极性和创造性。政府职能要从科研管理转向创新服务，减少对项目、经费、人员等方面的直接干预，加大在科研成果转化、知识产权保护、金融扶持等方面的工作力度，形成有利于创新的政策环境和制度环境。要适应军民融合发展要求，清除政策制度上的障碍，使科研成果“民参军”“军转民”的路径更加畅通。

四是加强科技安全基础设施和能力建设，加快重大创新基地和科技平台建设。我国同发达国家的科技经济实力差距主要体现在创新能力上。“提高创新能力，必须夯实自主创新的物质技术基础，加快建设以国家实验室为引领的创新基础

① 习近平：《习近平在中国科学院第十九次院士大会、中国工程院第十四次院士大会上的讲话》（2018 年 5 月 28 日），《人民日报》2018 年 5 月 29 日第 2 版。

平台。”[①]推进大型科学仪器、自然科技资源、科技文献、科学数据等重要科技平台建设和开放共享服务。推进国家重大科研基础设施建设，为增强科技安全能力提供有力支撑。积极提出并牵头组织国际大科学计划和大科学工程。

（三）完善国家科技安全体制机制，健全科技安全的管理机制

一是完善国家科技安全体制。深化科技体制改革，破除一切制约科技创新的思想障碍和制度藩篱，最大限度解放和激发科技作为第一生产力所蕴藏的巨大潜能。要从有利于实施统一领导的实际需要出发，建立权威性强的主管国家科技安全的职能部门。

二是建立健全国家科技安全机制。要从有利于实施统一领导的实际需要出发，建立权威性强的主管国家科技安全的职能部门。要按照归口管理、分级负责的原则，明确各部门在科技安全工作中的权利与职责，做到密切配合，通力协作，军地互融，形成合力，使科技安全落到实处。要坚持以我为主，构建科学合理的科技安全防护体系；要尽快建立与我国科技安全发展相适应的科技安全技术发展体制，形成研究、开发、应用一条龙式的技术保障体系。此外，为了更有效地贯彻安全措施，发挥安全功能，要尽快构建安全技术管理机制。重点加强资源管理，进行鉴别管理，实施运行监视，开展访问控制管理，加强管控和及时应对，保证我国科技发展和科技安全不受威胁。

三是建立科技安全管理责任机制。把科技安全工作贯穿在科技工作的各个方面和各个环节，建立科技安全工作分级分类管理责任机制，明确管理事项、责任主体和工作程序。落实科技安全管理手段措施，加强机构、队伍和条件建设，完善科技安全工作体系。加强科技信息建设和管理、风险研判、预警监测、安全审查、处置管控和综合评估，打造科技安全工作完整链条。加强科技领域与其他领域国家安全工作协调，形成相互支撑的工作合力。

---

① 习近平:《关于〈中共中央关于制定国民经济和社会发展第十三个五年规划的建议〉的说明》,《人民日报》2015 年 11 月 4 日第 2 版。

四是建立健全科技安全预警体系。完善科技安全预警监测指标，加强国际科技发展趋势、新兴领域、重大项目、前沿技术和颠覆性技术的动态监测，及时总结评估我国科技安全状况，建立相关部门分工合作的预警工作机制。发挥智库作用，加强科技安全工作专家智力支撑。制定重大科技安全风险应对预案，加强风险研判和危机管控。建立科技安全动员机制，坚持平战结合，提高科技在重大安全事件中的应急反应能力。

（四）推进军民深度融合发展，建立军民融合的科技研发机制

国防科技具有军民两用性。当今世界科技创新、产业转型和新军事变革的发展，使军民技术的通用性大大加强，军用技术和民用技术之间的边界日益模糊。目前，我们的当务之急是坚持寓军于民方针，打破当前军民相对隔阂的科研体制，加强国防科技的研究开发，推动国防科技实现军民结合、平战结合。当前和今后一段时期，要重点抓好以下几项工作。

一是加强战略规划。要加强战略统筹和顶层设计，加强国防科技与民用科技、国防科技工业与民用工业的统筹协调，加快研究制定国防科技工业军民融合深度发展规划。形成顺畅高效的军民科技发展运行体制，加强军民科技发展规划、重大项目的顶层设计和整体统筹。

二是深化国防军工改革。设置国防科技安全管理机构并使其职能有效发挥，充分保障国防科技安全。推动军工开放，加快结构调整，改革投资体制，深化军工企业和科研院所改革，着力构建有利于军民融合发展的体制机制。建立健全采购服务制度，提高军民通用技术标准比例，破除军民技术双向流动壁垒。

三是健全军民资源共享机制。健全军民各类科技资源的共享机制，提高资源配置效率。建立重大基础设施和实验室开放共享机制，推进军民标准通用化工程，推动信息资源共享，建立健全协同创新机制。加强军民科技统筹协调，促进军民成果转化。

四是完善军民融合法规政策。完善保障军民融合发展的法律制度，实现依法加强国防科技安全管理。适应军民融合式发展，加强国防科技人才安全管理；加强投资、财政、税收、金融、产业等政策研究，加快建立有利于军民融合深度发展的政策体系。

五是抓好科学管理与协同创新。建立军民融合的科技研究开发体系和军转民体制，加强军地协调、中央地方协调，推动解决军民融合发展中跨部门、跨领域、跨军地的重大问题。加强军用和民用科研单位之间的协同创新，鼓励“民参军”。充分发挥军民科技融合优势，提高我国国防科技安全实力。

（五）完善科技安全法律制度体系，提高科技安全的防御能力

在科技竞争日益激烈的今天，完善科技安全的法律法规制度体系，设置科技安全防线，是十分必要的。应尽快建立科技安全的法律护栏机制，这是我国法治建设的一项紧迫任务。一是加快立法进程。凡属科技安全所需要的法规制度，应当按照急事急办的原则，抓紧研究拟制，不断建立和完善法规制度。二是提高立法质量。主要是增强法规制度的科学性、针对性和可操作性。完善科技保密法律法规，实现科技秘密源头定密、过程监控和动态管理，加强重点领域、重大项目和核心技术保密管理。三是加大执法力度。就是严格按照法规的要求约束、规范人们的保密行为。按法规要求规范科技安全工作，纠正各种违反法规的事项和行为，做到有法必依、执法必严、违法必究。四是加大法规制度的覆盖面。虽然我国在科技安全法规制度的建设方面已经做了大量工作，但从迅猛发展的信息化进程来看，已有的这些法规制度尚不足以覆盖科技安全的方方面面，尚难完全满足新形势下科技信息安全工作的客观需求。因此，应当进一步加大科技安全法规制度的覆盖建设，如军民融合深度发展的法规制度建设。

科技安全水平取决于科技安全的防御能力，取决于维护科技安全的技术手段。为此，应加强以下几方面的建设。一是发展有我国特色的科技安全技术和产品。如发展密码技术和产品，发展防御信息攻击技术和产品，发展计算机网络的安全保护技术和产品，发展秘密信息防护技术和产品，建立我军统一的信息安全平台。二是警惕技术设备引进中的科技安全风险。凡党、政、军、科研机关及涉及国家秘密的单位，在配置自动化设备时，要优先选用我国产品；核心秘密的处理设备（如密码机等）必须选用经国家有关部门批准的产品。必须使用进口产品的，应在

启用前请有关部门进行检查、测试，特别是通信设备和计算机系统设备应列入必检之列，以防别有用心之人在原机上埋设窃密元件。三是采用独立的先进安全技术，增强科技安全措施。首先，应使用我国自主研制的防火墙技术，加强对外界人员访问网络的限制和监测。其次，利用代理服务器加强对内部网络人员访问外部网络的统一管理，预防无意泄露秘密信息和地址信息行为的发生。再次，对网络核心设备如路由器和域名服务器等采取双备份工作方式，如确有必要，可建立堡垒机的安全体系，确保网络受到攻击时能正常运行。此外，对网络重要资源服务器和备份系统加强管理，采用安全稳定的网络操作系统，及时发现系统存在的隐患，尽早加以解决，尽量减少“后门”现象所带来的损失。还要加强加（解）密技术的研究，寻找出更多更安全的加密技术。四是尊重科技安全人才，确立人才安全观念。搞好科技安全工作，必须确立人才安全观念。首先，要高度重视运用技术性力量和手段，要充分利用和发挥科技人员特别是计算机技术人员的优势。其次，国家应当在高科技领域的人才安全方面专门立法，以保护人力资源，防止人才的不正常流失。在经济条件尚不足以与发达国家和跨国集团对垒的今天，不断健全和完善的立法保障措施，才是防止人才不正常流失的变革之举。

（六）积极参与国际科技合作与交流，共同抵御科技领域安全风险

当代科技发展的重要趋势之一，就是国际科技交流与合作日益加强，任何一个国家都难以在科技发展的所有领域处于领先地位，一些大型科学研究项目单靠一国之力实施非常困难。但是在国际科技交流与合作中，不同国家因科技实力不同而处境各异，发达国家往往会依靠其较强的科技优势，在合作中处于主导地位，并制定有利于自身的游戏规则，甚至对与自己观点不同的国家采取排斥孤立的态度。如《考克斯报告》的出台就是美国一些长期持有“中国威胁论”观点人士的“杰作”，对中国国际科技交流与合作的环境产生了极为不利的影响。因此，我们应该在国际科技合作中充分发挥自身优势，与广大发展中国家和友好国家紧密合作，对发达国家中不同利益集团分别采取有针对性的措施，努力提高我国在国际科技交流与合作中的地位和影响，有效地应对控制与反控制斗争。

科技安全已成为全球性的非传统安全问题。科技发展过程中，会出现许多全人类共同面对的科技风险，仅靠一国的力量很难有效应对，需加强国际合作，以国际合作增强抵御共同风险的能力。在全球化的今天，面对科技安全领域的共同敌人，如网络恐怖主义、核扩散风险等，没有哪个国家能够独善其身。我国提出的人类命运共同体理念，得到国际社会大多数国家的认可，应持续深化国际合作，积极推动世界各国就共同关心的科技安全风险开展管控合作，以人类的共同努力增强抵御科技安全风险的能力。

思考题

1. 什么是科技安全？
2. 科技安全包括哪些内容？
3. 如何维护国家的科技安全？

第八章 网络安全

网络安全和信息化是事关国家安全和国家发展、事关广大人民群众工作生活的重大战略问题，要从国际国内大势出发，总体布局，统筹各方，创新发展，努力把我国建设成为网络强国。

——2014年2月27日，习近平总书记在中央网络安全和信息化领导小组第一次会议上的重要讲话

【案例透视】

“震网”蠕虫病毒攻击伊朗核设施

位于伊朗南部的布什尔核电站是伊朗首座核电站，设计装机容量为1000兆瓦。按照伊朗官方的计划，该核电站应于2010年10月并网发电。然而，到了第二年2月，布什尔核电站不但没有发电，还卸载了反应堆中的核燃料。其中一个重要原因，就是其遭到了美国和以色列的网络攻击。

2010年7月，中情局派间谍通过U盘传播的“震网”（Stuxnet）蠕虫病毒感染成功地将“震网”病毒混进伊朗纳坦兹（Natanz）核电站的计算机系统。“震网”病毒由美国和以色列相关研究人员联合研发，可以通过移动存储介质和网络进行传播，专门攻击德国西门子公司开发的基础设施控制系统。侵入由德国西门子公司为伊朗核设施设计的计算机控制系统后，获得控制系统数据，进而指挥离心机高速运转。9月，伊朗核设施遭受了代号为“震网”的蠕虫病毒攻击，在接下来数周内，伊朗纳坦兹核电站被一波又一波的“震网”病毒击中，最终摧

毁了大约1000台离心机，将伊朗的离心机数量从4700台降到了约3900台。这次网络攻击，导致伊朗全国有多达3万台电脑IP地址被这种蠕虫病毒感染，核电站的计算机系统受到“震网”蠕虫病毒的攻击。从打击效果可以看出，“震网”病毒展示出网络武器的巨大威力，伊朗核发展计划被迫延缓两年，打乱了政府决策，发挥了不流血便可毁坏战略设施的惊人效能。

“震网”事件发生后，国际社会和公众对于网络空间安全威胁的认知顿时敏感起来，显著提升了对网络空间安全的警惕和关注。2013年，“棱镜门”泄密者斯诺登爆料，美国国家安全局与以色列一起制造了袭击伊朗核计划的“震网”病毒。“震网”病毒的出现使得过去仅限于间谍行为的网络攻击出现了大的转折。“震网”事件表明，网络战不仅可以独立发生，而且可能与其他军事对抗行为一起出现；网络攻击的目标不单是军事系统，而且包括实体经济的操作系统。

信息化时代，网络空间的先发制人已经出现，网络战已经开始。与传统电脑病毒相比，“震网”病毒不通过窃取个人隐私信息牟利，它打击的是全球各地重要目标，且无须借助网络连接进行传播，因此被一些专家定性为全球首个投入实战的“网络武器”。美国中央情报局前任局长迈克尔·海登证实，“震网”病毒的运用是“第一次造成大规模硬件设施瘫痪的网络攻击”。“震网”是迄今为止公开报道的第一个针对工业控制系统的病毒，它预示着网络战已经发展到以破坏硬件为目的的新阶段，也标志着全球网络安全进入“国家基础设施保护时代”。此次攻击事件警示人们，物理隔离的专用局域网并非固若金汤，专用的软件系统也可能遭受攻击。

【法条链接】

《中华人民共和国国家安全法》第二十五条 国家建设网络与信息安全保障体系，提升网络与信息安全保护能力，加强网络和信息技术的创新研究和开发应用，实现网络和信息核心技术、关键基础设施和重要领域信息系统及数据的安全可控；加强网络管理，防范、制止和依法惩治网络攻击、网络入侵、网络窃密、散布违法有害信息等网络违法犯罪行为，维护国家网络空间主权、安全和发展利益。

信息时代，网络安全与政治安全、经济安全、文化安全、社会安全、军事安全等领域相互交融、相互影响，已成为我国面临的最复杂、最现实、最严峻的非传统安全问题之一。网络安全与制网权已经成为国家安全与军事战略的制高点，成为维护国家安全的关键要素。

一、网络安全在国家安全中的地位日益凸显

“聪者听于无声，明者见于未形。”中国古代兵圣孙子说：“兵者，国之大事，死生之地，存亡之道，不可不察也。”当今，国家安全的各个领域都与网络安全密不可分，网络信息安全就是不可不察的国家死生之地、存亡之道，是国家安全中不容忽视的重要领域。

（一）网络安全概念阐释

随着信息网络系统的迅速发展和普及，人与计算机的关系发生了质的变化，人类社会与计算机及其网络组成了一个巨大系统，出现了一个全新的世界——网络社会。在网络社会，人类对网络空间的依赖越来越强，不仅政治经济文化生活依赖于网络空间，而且个人、企业、民族、国家乃至全人类的安全也建立在计算机网络之上。在总体国家安全观指导下，引申出当今的网络安全，应该说是对国家安全理念的一次重要完善。

网络空间安全，是指国家的网络环境的可信性、安全与稳定，网络活动的合法、有序与可控的状态，即国家运用各种国家资源，维护有利于经济发展繁荣、社会政治稳定和国防安全的网络环境，防止国内和跨国网络活动对国家安全造成威胁。网络空间安全的核心内容就是网络上的信息安全，涉及的领域很广，主要包括网络运行系统安全、网络上系统信息的安全、网络上信息传播的安全、网络上信息内容的安全。可见，网络安全既包含了多个层面的概念，其中计算机硬件可以看作是物理网络层面，软件可以看作是逻辑网络层面，再就是数据层面即网络信息层

面，又包含了属性的概念，其中破坏涉及的是可用性，更改涉及的是完整性，显露涉及的是机密性。

对网络安全的理解和掌握，实际上是对信息安全更深层次的全新领悟。因此，对于网络安全可以从三个方面的安全来理解：一是物理网络安全，指网络系统中各通信、计算机设备及相关设施等有形物品的保护，使它们不因此物理性因素影响导致物理网络系统受到破坏，进而使网络瘫痪。二是我们通常所说的逻辑网络安全，网络病毒造成的危害。三是网络信息层面安全，它包含信息完整性、保密性以及可用性等。物理网络安全、逻辑网络安全和网络信息安全都非常重要，任何一方面在没有受到保护的情况下，网络安全就会受到影响。因此，在进行网络安全保护时必须合理安排，同时顾及这些方面。

网络环境的可信性、安全与稳定，网络活动的合法、有序与可控，成为国家安全的关注对象。防止源于网络空间的安全威胁或通过网络空间发起的攻击，影响政治、经济、军事等其他领域的稳定，也成为国家安全的重要关注。

（二）没有网络安全就没有国家安全

网络与信息安全与国家的安危紧密相连，没有网络与信息安全，就没有真正的政治安全、经济安全和军事安全，也没有完全意义上的国家安全。网络与信息安全特别是网络安全，事关我国国家安全和社会稳定，事关人民群众切身利益。

第一，网络与信息安全事关国家安全与发展。网络与信息安全已成为信息时代国家安全的战略基石。信息化与全球化的快速发展，正在塑造一个“一切皆由网络控制”的未来世界；网络空间的快速成长，正在催生“谁控制网络空间谁就能控制一切”的法则。政治、经济、社会、军事、科技等各个领域的安全问题，都与网络与信息安全问题紧密关联。政治领域的“颜色革命”暗流涌动，经济领域的网络犯罪频繁发生，社会领域的网络攻击日益猖獗，军事领域的信息作战方式加速转型，科技领域的网络窃密，都是网络空间对传统领域安全问题的催化与变异。从国家安全的战略高度认识网络与信息安全，把网络与信息安全作为国家安全的战略基石去捍卫，是维护国家安全的时代诉求。

第二，维护网络与信息安全是促进国家发展的前提和条件。20世纪80年代以来，随着信息技术的迅速发展，信息革命对国家主权关系提出了挑战。在信息穿透各国边界的情况下，包括金融、能源、交通、电信、水利在内的国家关键基础设施，对于网络的依赖程度越来越高，在网络受到攻击的情况下，整个社会可能陷入瘫痪，从而产生严重的政治后果。要以改革的精神、开放的理念、创新的机制，科学治理和化解信息化发展中出现的问题与风险，掌握国家网络与信息安全战略主动权，维护网络与信息安全，确保国家信息安全。

第三，网络与信息安全事关广大人民群众利益。维护网络安全就是维护每个公民自身的安全，清理整治网络有害信息和打击不法行为迫在眉睫、刻不容缓，广大人民群众对此呼声非常强烈。中国互联网络信息中心（CNNIC）专家发布的第47次《中国互联网络发展状况统计报告》显示，截至2020年12月，我国网民规模达到9.89亿，较2020年3月增长8540万，互联网普及率达到70.4%。[①]中国是一个名副其实的网络大国，但还不是一个网络强国，在网络安全上仍然是较薄弱、损失较大的发展中国家。2000—2015年，“方程式”对全球43个国家和地区的上万台主机实施了APT（高级可持续威胁）攻击，中国受攻击数量列于全球首位。[②]另据国家计算机网络应急技术处理协调中心（CNCERT）发布的《2018年我国互联网网络安全态势综述》显示，来自美国的网络攻击数量呈现愈演愈烈之势。如位于美国的1.4万余台木马或僵尸网络控制服务器，控制了中国境内334万余台主机，控制服务器数量较2017年增长90.8%。我国个人互联网使用的安全状况不容乐观。

第四，网络空间成为信息化战争的新战场。由于计算机网络无处不在、无时不有、无所不用，它已成为不法分子牟取暴利、从事犯罪活动的新工具，成为不同利益集团之间利益对抗、权利分配的新领域，成为国家和民族之间军事对抗、战略威胁和信息战争的新战场，成为不同意识形态之间宣传与反宣传、殖民与反殖民的

---

① 中国互联网络信息中心（CNNIC）在京发布第47次《中国互联网络发展状况统计报告》，网信办网站2021-02-03 14：26，http://www.gov.cn/xinwen/2021-02/03/content_5584518.htm。

② 史往生：《美国是最大的网络窃密者》，《人民日报》2019年6月11日第2版。

新阵地。网络空间信息安全问题不仅是一个技术问题或个人行为，而且是一个普遍的和共同的社会问题，成为信息时代中最基本、最核心、最重大的综合安全问题。因此，要从国家安全的全局来认识和做好网络和信息安全的保障工作。

（三）网络安全的威胁特点与类型

随着经济和社会发展向信息化迈进，网络安全已经成为一个全球性的重大现实问题，成了国家安全系统中的一个全新领域，引起世界各主要国家的高度关注。由于网络空间与传统的物理空间有所不同，因此其具有自身的安全威胁特点与类型。

1. 网络安全的威胁特点

与海洋、陆地、天空、太空等其他领域相比，网络空间的安全威胁有其不同于传统信息安全的新特点。首先，它可以无视跨越高山、海洋和传统国家的边界，从遥远的地方对目标瞬时发动攻击，而不必与敌人战场对峙。其次，互联网具有极强的隐蔽性，发动者可以藏身在地球上一个无人知晓的地方发动网络攻击，而不留下任何可被追踪的痕迹。再次，它的打击目标更广，一国的基础设施、金融和银行业、物流和运输系统、国家数据中心等这些传统军事打击很难奏效的目标都在网络攻击的“火力”之下。再者，网络空间中军用和民用设施安全相互融合，很难将二者完全区分开来。此外，网络武器（如病毒）一旦被发明，极容易扩散和复制，发动网络攻击的门槛相对于发动武装冲突要低得多。

如今，互联网已经成为西方国家推行“颜色革命”的重要工具和舞台。过去十多年，但凡“颜色革命”的爆发，都有互联网如影随形。“颜色革命”从来不是个别人一时心血来潮搞起来的，而是有预谋、有计划、有组织地实施的，互联网工具在其中发挥了巨大的联动和推波助澜作用。互联网的深入发展使偌大的世界成为一个彼此联系、协同互动的“地球村”。当世界各国人民在享受信息网络带来的发展红利的同时，一系列现实问题也相伴而生。西方发达资本主义国家凭借自身先进的互联网技术，借助网络强权对世界网络话语权进行操纵，向全世界输出其经济、政治、文化，同时也压制别国优秀文化的发展，对别国主流意识形态进行政治绑架。另外，发达国家还通过资本输入、技术渗透、市场占有等方式控制全球网络。这些无疑会影响我国建设网络强国目标的顺利实现。

2. 网络空间的威胁类型

按照行为主体的不同，网络空间对国家安全的威胁可划分为黑客攻击、有组织的网络犯罪、网络恐怖主义以及国家参与的网络战等四种类型。一般来说，从个人到非国家行为体，再到国家行为体，它们对国家安全的威胁程度是逐渐增加的，但无论是哪一种网络安全威胁，对国家的网络与信息安全的潜在危害都不容低估。

一是黑客攻击。黑客攻击是网络空间最常见的安全威胁。黑客利用计算机系统、网络协议及数据库等方面的漏洞和缺陷，采用后门程序、信息炸弹、拒绝服务、网络监听、密码破解等手段侵入计算机系统，盗窃系统保密信息，进行信息破坏或占用系统资源。攻击手段可分为非破坏性攻击和破坏性攻击两类，前者的目标通常是为了扰乱系统的运行，并不盗窃系统资料；后者是以侵入他人电脑系统、盗窃系统保密信息、破坏目标系统的数据为目的的。

二是有组织的网络犯罪。有组织的网络犯罪是指犯罪分子借助计算机技术，在互联网平台上所进行的有组织的犯罪活动。与传统的有组织犯罪有所不同，有组织的网络犯罪活动既包含了借助互联网而进行的传统犯罪活动（如洗钱、贩卖人口、贩毒），也包含了互联网所独有的犯罪行为，如窃取信息、金融诈骗等。此外，互联网被广泛用于人口贩卖、濒危物种走私等非法交易，成为犯罪人员洗钱的通信工具。如今，网络犯罪已经成为一个全球性问题，其跨国性、高科技和隐蔽性特征都给国家安全带来了前所未有的挑战，这些威胁主要集中在非传统安全领域。鉴于网络犯罪可能给国家带来的巨大潜在损失，打击网络犯罪应该被纳入国家安全战略统筹考虑。

三是网络恐怖主义。网络恐怖主义通过黑客攻击和低级别犯罪等手段，借助互联网组织发起恐怖主义活动，互联网已经成为恐怖主义分子互通有无、相互交流的最重要场所。除了将网络空间作为通信和交流的媒介之外，恐怖组织还利用网络空间进行理念宣讲、人员招募和激进化培训。如今，网络空间已经成为国际社会恐怖活动与反恐怖活动的新战场。

四是国家参与的网络战。国家参与的网络战对国家安全威胁程度最高，涉及传统的军事安全领域，它既可以独立存在，也可以是当代战争中的一部分。在网络战中，攻击目标既可以是军事、工业或民用设施，也可以是机房里的某一台服务器。根据网络战对国家安全的威胁程度由高至低，它主要表现为直接军事威胁、间接军事威胁、网络间谍和信息战。网络战对国家安全最大的威胁是对军事设施的直接打击。

二、网络安全面临的威胁与挑战

信息化社会在给我们带来便利的同时，也带来网络和信息安全危机，特别是网络空间信息安全威胁更为严峻。近年来，我国信息化发展速度令人瞩目，但网络与信息安全问题也相伴而来。当前，我国信息科技安全的形势是比较严峻的，信息与网络安全的防护能力很弱，许多应用系统处于不设防状态，具有极大的风险性和危险性。特别是对引进的信息技术和设备缺乏保护信息安全所必不可少的技术改造，可能隐藏着“特洛伊木马”。此外，基础信息产业薄弱，缺少确保信息安全的核心技术。我国网络空间安全面临着非常严峻的威胁与挑战。

（一）网络核心技术威胁我国网络安全的“命门”

习近平总书记于2016年4月19日在网络安全和信息化工作座谈会上的讲话中明确指出，互联网核心技术是我们最大的“命门”，核心技术受制于人是我们最大的隐患。一个互联网企业即便规模再大、市值再高，如果核心元器件严重依赖外国，供应链的“命门”掌握在别人手里，那就好比在别人的墙基上砌房子，再大再漂亮也可能经不起风雨，甚至会不堪一击。我们要掌握我国互联网发展主动权，保障互联网安全、国家安全，就必须突破核心技术这个难题，争取在某些领域、某些方面实现“弯道超车”。就目前情况而言，我国网络空间安全核心技术存在两个短板。

一方面，我国的网络安全只是停留在相对安全的阶段，我国并没有核心的芯片和系统内核源码，许多关键设备仍然得从国外进口，计算机网络核心技术的发展依旧受发达国家牵制。我国基础信息技术严重依赖国外，计算机芯片、骨干路由器、操作系统和数据库管理系统以及大量的应用软件等核心技术缺乏，成为国家信息安全的“根本问题”或“最大隐患”。目前，美国微软的操作系统和办公系统软件已占据我国90%的份额。在使用过程中不断发现其软硬件存在“后门”。据调查显示，我国国民经济重要部门，如银行、制造业等，70%以上信息设备依靠外国技术支持，国家安全根基不牢。然而掌握核心技术的发达国家并不会将自己的核心优势完全拱手让予别的国家，因此从国外引进过来的技术不仅价格高昂，而且还存在着专业方面的技术漏洞，这不仅影响着普通电脑的使用安全，涉及国家重要机密的信息也会受到重要影响。这就需要在网络空间安全的维护方面花费大量的人力、物力和财力。

另一方面，我国对互联网核心技术虽然足够重视，但由于历史和科技水平等的原因，网络信息安全监控以及自主性的安全防护尚未得到有效实现，信息产业核心技术的发展势头还有待进一步提升。我国计算机产业对许多核心部件的研发、生产能力很弱，关键部位完全受制于人，可以说无论软件、硬件都面临着遏制和封锁的威胁。目前，我国对国外信息技术产品的依赖度较高，CPU、内存、硬盘和操作系统等核心基础软硬件产品严重依赖进口。如CPU主要依赖英特尔和AMD等厂商，内存主要依赖三星、镁光等厂商，硬盘主要依赖东芝、日立和希捷等厂商，操作系统则被微软垄断。2017年以来，中美贸易争端逐渐展开，2018年不断升级并向科技领域延伸，随着中兴事件和中美贸易争端的持续发酵，中兴休克、华为受压，国家高层逐渐在构建信息技术产品自主可控生态方面达成共识，国内信息技术产业出现新一轮的创新热潮。目前，亟须研发出可用乃至好用的核心信息技术产品，急需对自主可控的网络产品和服务进行评估、扶持和推广，进而构建良好自主可控生态。

（二）我国是世界上易受黑客攻击的国家之一

我国已发展成为全球互联网用户规模最大的国家，我国的互联网业务呈现规模巨大、种类繁多的特点，也存在业务环境多样、面临安全威胁复杂的情形。如今，我国被一些国家、地区列为主要的假想攻击对象，成为世界上易受黑客攻击的国家之一，针对我国网络空间目标的恶意活动和犯罪行为一直呈上升态势。

近年来，我国网络空间受到越来越多攻击和威胁，其中尤其以美国等西方国家的网络攻击最为严重。研究表明，目前我国与因特网相连的网络管理中心有95%遭到过境内外黑客的攻击或侵入，其中银行和证券等金融机构是攻击重点。政府上网、政务信息化也增加了泄密的可能性。数据显示，中国遭受的网络攻击主要来自美国。在网站木马方面，2018年位于美国的3325个IP地址向中国境内3607个网站植入木马，向中国境内网站植入木马的美国IP地址数量较2017年增长43%。根据对控制中国境内主机数量及控制中国境内遭植入木马的网站数量统计，在境外攻击来源地排名中，美国“独占鳌头”。[①]

调查显示，我国网络安全威胁前五位依次是病毒、垃圾邮件、网络欺诈、网络攻击、勒索软件，其中网络欺诈呈逐年上升态势，诈骗方式主要有电话、短信、钓鱼网站、邮件、二维码、网络购物等。移动终端遭受的网络安全威胁来源途径主要有垃圾短信、骚扰电话、欺诈信息、网页浏览、电脑连接等。总体上，我国的网络安全威胁态势依然严峻，病毒感染、网络攻击等安全事件时有发生，网络诈骗、信息泄露等威胁依然是公众感受强烈的主要类型。与此同时，网络安全威胁形势也呈现新的变化，一些移动互联网的恶意程序数量呈高速增长态势，关键信息基础设施防护、物联网安全、勒索病毒传播、僵尸网络肆虐等问题日渐突出，网络空间安全的防护工作任重而道远。

（三）关键信息基础设施网络存在安全隐患

关键信息基础设施是指面向公众提供网络信息服务或支撑能源、通信、金融、交通、公共事业等重要行业运行的信息系统或工业控制系统。这些系统一旦发生网络安全事故，会影响重要行业正常运行，对国家政治、经济、科技、社会、文

① 《新华社：中国遭受的网络攻击主要来自美国》，2019-06-11，17:59，https://www.sohu.com/a/319895234_120054144。

化、国防、环境以及人民生命财产造成严重损失。

从国家层面而言，关键信息基础设施主要分布在物联网和工业互联网领域，例如泛在电力物联网、车联网、融媒体网络、智慧城市、工业制造4.0以及其他相关网络。关键信息基础设施是国家至关重要的资产，一旦遭到破坏、丧失功能或者数据泄露，不仅将可能导致财产损失，还将严重影响经济社会的平稳运行。随着金融、能源、电力、通信等领域基础设施对信息网络的依赖性越来越强，针对关键信息基础设施的网络攻击不断升级，且带有国家背景的高水平攻击带来的网络安全风险持续加大。如今，我国关键信息基础设施的安全保护力度仍显不足，主要存在两方面问题：一方面是网络安全检查评估机制不健全。当前的网信安全检查侧重漏洞发现，缺乏对漏洞修复的激励措施，同时缺少对漏洞的危害等级的评估体系。另一方面是关键信息基础设施安全保障工作存在标准缺失的问题。尽管行业内已加速开展相关标准的研究工作，包括安全保障指标体系、安全检查评估指南以及信息共享规范等方面，但仍缺少金融、电力和通信等细分领域的安全保障标准研究。

关键信息基础设施遭到攻击破坏，严重威胁经济安全和公共利益。我国关键信息基础设施智能化、联网化程度迅速发展，重要行业和公共领域对网络的依赖性持续增强。国家关键信息基础设施已成为经济社会发展的“神经中枢”，其安全稳定运行，是保障人民群众正常生产生活的基础和前提。近年来，针对关键信息基础设施的网络攻击时有发生，对国家安全和经济社会稳定运行带来重大危害。相对信息技术的快速发展和广泛应用，我国网络安全整体防护能力还不强，基础信息技术水平较为薄弱，特别是在用的核心芯片、操作系统、数据库等基础软硬件大部分采用国外产品，存在重大安全隐患。信息产品的“后门”、漏洞一旦被用于网络攻击，可能产生重大网络安全事件，导致金融紊乱、供电中断、交通瘫痪，严重威胁经济社会安全乃至国家安全。网络违法犯罪对公共利益带来重大危害。计算机病毒、木马等在网络空间传播蔓延，网络欺诈、黑客攻击、侵犯知识产权、滥用个人信息等不法行为大量存在，一些组织肆意窃取用户信息、交易数据、位置信息以及企业商业秘密，严重损害国家、企业和个人利益，影响社会和谐稳定。利用网络进行金融诈骗等犯罪活动使网民上当受骗，蒙受经济损失。面对日益严峻的网络和信息安全的威胁与挑战，我国应尽快完善关键信息基础设施安全保障体系。

（四）网络国防面临严峻的网络战攻击

在军事领域，网络和信息要素已经成为战斗力中的决定性要素，夺取制信息权已经成为现代战争的首要任务和最高目标。由于网络技术首先被广泛应用于军事领域，从军事装备和武器系统到卫星和通信网络以及情报数据，一个国家的军事能力高度依赖信息和网络通信技术的发展，但这无疑也让它更加脆弱。一旦这些军事领域的网络系统遭到攻击，国家的军事力量就可能直接被削弱，甚至面临着部分或全部瘫痪的风险。在2008年的格鲁吉亚战争中，俄罗斯就被认为是配合其军事攻势发动了一场网络战。一场场发生在互联网上的控制战、意识形态战、文化战、民意战、军事战、反恐战、情报战、数据战、媒体战、金融战、争霸战、公关战等真实战争，这些新的作战样式都是网络战争在不同领域的表现形式。随着网络空间军事对抗的加剧，网络战已经成为信息化战争的一种重要作战样式。

我国网络国防面临严峻安全威胁。目前，全世界已有60多个国家在或多或少地研究计算机间谍工具、黑客攻击和监视手段；正式启用专门应对信息安全威胁的网络空间作战部队的国家有几十个，非正式的超过100个。美国拥有当今世界最强大的网络空间军事力量。2009年6月23日，美国正式在战略司令部下成立了网络司令部，统一指挥美军网络战，并于2010年5月21日正式开始运行。2016年10月，美国国防部宣布，网络司令部下属的133支“国家网络任务部队”已经全部具备初步作战能力。2017年8月，特朗普决定让网络司令部从战略司令部下辖机构转为真正的独立机构，并于2018年5月4日正式升格为与战略司令部同等级别的第十个独立联合作战司令部。如今，各国网络军事力量建设已进入向强体系、扩规模、提能力发展的新阶段。

三、维护网络安全应把握的主要问题

没有网络与信息安全就没有国家安全，就没有经济社会稳定运行，广大人民群众的利益也就难以得到保障。由于信息技术的发展对于国家的经济和社会发展具有重大而特殊的影响，因此随着经济和社会发展向信息化迈进，网络和信息安全开始成为一个全球性的重大现实问题，成了国家安全系统中的一个全新领域，已引起世界各主要国家的高度关注。

（一）树立科学的网络安全观

维护网络安全已成为维护国家安全不可缺少的重要组成部分。针对这个问题，习近平指出，“要从国际国内大势出发，总体布局，统筹各方，创新发展，努力把我国建设成为网络强国”“没有网络安全就没有国家安全，没有信息化就没有现代化”[①]。网络安全和信息化是一体之两翼、驱动之双轮，需要统一谋划、整体推进、合力实施，不断提高维护网络与信息安全的能力。

树立科学的网络安全观，确保网络空间安全。在网络空间这个战略博弈和军事角力的新领域，维护国家网络空间安全最迫切需要解决的是观念更新问题。正如习近平总书记所指出的：“从世界范围看，网络安全威胁和风险日益突出，并日益向政治、经济、文化、社会、生态、国防等领域传导渗透。特别是国家关键信息基础设施面临较大风险隐患，网络安全防控能力薄弱，难以有效应对国家级、有组织的高强度网络攻击。这对世界各国都是一个难题，我们当然也不例外。”[②]网络安全风险的实质是设计IT系统不能穷尽所有逻辑组合，必定存在逻辑不全的缺陷。因此，利用缺陷挖掘漏洞进行攻击是网络安全永恒问题。

在严峻的网络安全形势下，建设网络强国、夯实网络安全基础，首先需要树

① 《习近平谈治国理政》，外文出版社 2014 年版，第 197、198 页。

② 习近平：《在网络安全和信息化工作座谈会上的讲话》（2016 年 4 月 19 日），人民出版社 2016 年版，第 15—16 页。

立科学的网络安全观。习近平总书记指出："树立正确的网络安全观。理念决定行动。当今的网络安全，有几个主要特点。一是网络安全是整体的而不是割裂的。在信息时代，网络安全对国家安全牵一发而动全身，同许多其他方面的安全都有着密切关系。二是网络安全是动态的而不是静态的。信息技术变化越来越快，过去分散独立的网络变得高度关联、相互依赖，网络安全的威胁来源和攻击手段不断变化，那种依靠装几个安全设备和安全软件就想永保安全的想法已不合时宜，需要树立动态、综合的防护理念。三是网络安全是开放的而不是封闭的。只有立足开放环境，加强对外交流、合作、互动、博弈，吸收先进技术，网络安全水平才会不断提高。四是网络安全是相对的而不是绝对的。没有绝对安全，要立足基本国情保安全，避免不计成本追求绝对安全，那样不仅会背上沉重负担，甚至可能顾此失彼。五是网络安全是共同的而不是孤立的。网络安全为人民，网络安全靠人民，维护网络安全是全社会共同责任，需要政府、企业、社会组织、广大网民共同参与，共筑网络安全防线。这几个特点，各有关方面要好好把握。"①无论军队还是地方，无论军人还是百姓，都要克服传统观念的偏见，摒弃重视实体空间安全而不重视虚拟空间安全的传统观念。当前，在日益激烈的网络空间安全战略博弈中，敌强我弱的态势没有根本改变，我国的核心技术仍然受制于人。面对永恒的网络空间安全风险，只有牢固树立科学的网络安全观，积极提高网络空间安全维护能力，不断提高网络空间系统的主动免疫能力，才能确保网络空间安全。

（二）加强网络空间综合治理

要加强网络综合治理，形成从技术到内容、从日常安全到打击犯罪的网络治理合力。从我国情况看，网络和信息安全涉及国家和社会多个方面，对很多领域都是牵一发而动全身，具有全面性、综合性、系统性、战略性。因此，需要有关部门统筹协调各个领域的网络安全和信息化重大问题，制定实施国家网络安全和信息化

① 习近平：《在网络安全和信息化工作座谈会上的讲话》（2016 年 4 月 19 日），人民出版社 2016 年版，第 16—17 页。

发展战略、宏观规划和重大政策，整合相关机构职能，加大依法管理网络力度，形成从技术到内容、从日常安全到打击犯罪的互联网管理合力，不断增强安全保障能力。为此，应重点加强以下几方面建设。

一是坚持依法治网。随着网络技术的日新月异和应用的迅速发展，网络信息技术广泛运用于国家政治、经济、社会、军事等各方面管理中，各国都在加速构建各自的网络与信息安全保护体系。《国家安全法》第二十五条规定："国家建设网络与信息安全保障体系……加强网络管理，防范、制止和依法惩治网络攻击、网络入侵、网络窃密、散布违法有害信息等网络违法犯罪行为，维护国家网络空间主权、安全和发展利益。"要采取有效措施，全面推进网络空间法治化。要健全网络安全法律法规体系，制定网络安全法、未成年人网络保护条例等法律法规。要加快构建法律规范、行政监管、行业自律、技术保障、公众监督、社会教育相结合的网络治理体系，推进网络社会组织管理创新，健全基础管理、内容管理、行业管理以及网络违法犯罪防范和打击等工作联动机制。

二是维护国家网络主权安全。网络主权是国家主权在网络空间的体现和延伸，网络主权原则是我国维护国家安全和利益、参与网络国际治理与合作所坚持的重要原则。一些西方主要国家为维护网络空间主权，很早就制定了法律法规，并将维护网络安全纳入了国家安全战略。《国家安全法》首次以法律的形式明确提出"维护国家网络空间主权"，向全世界展示我国维护网络安全和发展利益的坚定决心。要根据宪法和法律法规管理我国主权范围内的网络活动，切实维护国家网络空间主权、安全和发展利益。坚决防范和打击通过网络颠覆国家政权、破坏国家安全的一切行为。

三是加速推动信息领域核心技术突破。坚持自力更生、自主创新，加速推动信息领域核心技术突破。信息安全技术滞后于信息网络技术的发展，已成为影响信息安全的一个重要方面。突破并掌握核心技术既是建设网络强国的重要内容，也是建设网络强国的必由之路。我们要掌握网络空间发展主动权，保障互联网安全、信息安全，就必须突破核心技术这个难题，通过自主创新和开放创新的有机结合，奋力赶超世界互联网技术的先进水平。因此，要在技术、产业、政策上共同发力，充分激发创新活力，加大新兴技术研发力度，加速推动网络空间核心技术突破。其中，微电子技术、系统软件技术、巨型计算机技术是必须掌握的核心技术。同时，要高度重视信息应用技术的研究和开发。当前，我国应重点掌握的网信核心技术，主要包括集成电路制造（即芯片制造）、工艺和设计工具以及大型软件（如EDA、CAD/CAM等工业软件）等方面，还需要大力加强，尽快实现自主生产。

四是建立网络安全审查制度。建立网络安全审查制度，加强网络安全预警监测，切实保障国家数据安全，切实维护国家网络空间主权安全。目前，我国网络空间发展中比较缺乏行之有效的安全检查、保护技术措施，信息防范技术的发展比较滞后。这是一些黑客利用网络实施入侵并导致经济、军事等安全问题频繁发生的重要原因。近年来，我国政府部门、机构、企业、大学、科研院所及电信主干网络遭受大规模的入侵、监听。《中华人民共和国国家安全法》第五十九条规定，对影响或者可能影响国家安全的网络信息技术产品和服务进行国家安全审查。加强供应链安全管理，对关系国家安全和公共利益的信息系统中使用的重要信息技术产品和服务开展安全审查，提高产品和服务的安全性和可控性，防止产品服务提供者和其他组织利用信息技术优势实施不正当竞争或损害用户利益。

（三）加强关键信息基础设施网络安全防护

网络信息基础设施是一个国家重要的战略资源，对于一个国家而言，倘若网络信息关键基础设施被控制、威胁、攻击或者破坏，国家整个网络系统的安全必然受到威胁。国民经济中包括金融、能源生产储备、粮油生产储备、水电气供应、交通运输、邮电通信、广播电视、商业贸易等国家关键基础设施，在信息化条件下，都离不开支持这些设施运作的网络信息系统技术。

关键信息基础设施技术的安全性如何，关系到国家安全，也是国家网络和信息安全技术应该发展与监控的重点。从国家经济和社会层面来看，中国的网络关键基础设施信息系统发展较晚，整体技术相对落后，抗外部入侵和攻击能力较弱。金融、能源、电力、通信、交通等领域的关键网络信息基础设施是经济社会运行的神经中枢，也是可能遭到重点攻击的目标。因此，要加快构建高速、移动、安全、泛在的新一代网络和信息基础设施，应当大力完善国家信息化、网络化基础设施建设，努力发展独立自主的网络信息安全产品，减少对信息高技术强国的依赖，使我国努力在全球信息网络化的发展中占据主动地位。坚持技术和管理并重、保护和震慑并举，着眼识别、防护、检测、预警、响应、处置等环节，建立关键信息基础设施保护制度，从管理、技术、人才、资金等方面加大投入，依法综合施策，切实加强关键信息基础设施安全防护。

（四）构建军民融合的网络空间国防体系

充分发挥我国制度优势，推进我国网络空间安全力量军民融合式发展，科学构建军民联动、平战结合的国家网络空间安全防御体系。网络空间具有“平战结合、军民一体”的特点，决定了网络空间安全体系必须采取军民融合发展模式。应充分发挥制度优势和网络大国的优势，积极推动网络空间作战力量的军民融合发展，充分吸纳军队、地方专业技术力量以及孕育在民间的网络攻防人才，形成国家统一指挥体制下的各方“主力军”和“游击队”相结合的力量体系；通过完善构建军民融合的组织领导、规划计划、协同创新和产业发展的国家网络空间安全体系，推动军民两用网络信息技术的发展，优化军民两用网络信息产业布局，加快形成“既能驰骋市场，又能决战沙场”的信息科技产业基础；建立完善军民融合网络国防动员体系，明确网络空间安全军民联动体制和运行机制，推动军民融合的网络空间行动联合演习，积极探索如何在网络空间中发挥人民战争威力，凝聚制衡强敌、反对霸权的巨大能量，实现我国由网络大国向网络强国的飞跃。

（五）积极推进网络空间国际合作

网络的开放性、跨国性决定了网络安全是全球各国普遍面临的挑战，单靠一国之力难以有效应对，维护网络安全是国际社会的共同责任。随着网络的国际化发展，网络管理和安全问题日益超出国界变成一个国际问题。因此，要加强国际交流和协作，并制定一系列相关的国际性公约，在全球范围内来治理网络安全问题，以共同维护国际互联网的安全。

建立网络空间国际新秩序。习近平总书记指出："当今世界，互联网发展对国家主权、安全、发展利益提出了新的挑战，必须认真应对。虽然互联网具有高度全球化的特征，但每一个国家在信息领域的主权权益都不应受到侵犯，互联网技术再发展也不能侵犯他国的信息主权。在信息领域没有双重标准，各国都有权维护自己的信息安全，不能一个国家安全而其他国家不安全，一部分国家安全而另一部分国家不安全，更不能牺牲别国安全谋求自身所谓绝对安全。国际社会要本着相互尊重和相互信任的原则，通过积极有效的国际合作，共同构建和平、安全、开放、合作的网络空间，建立多边、民主、透明的国际互联网治理体系。"①构建网络空间国际新秩序，应重点把握以下一些问题：一是通过加强同各国的双边、多边网络安全对话交流和信息沟通，阐明我国网络空间治理主张；二是积极参与全球和区域组织网络安全合作，增进共识、消除误解，营造良好的网络安全外部环境；三是深入参与、积极引导网络空间国际规则制定进程，扩大我国网络空间国际话语权和影响力，共同构建网络空间命运共同体；四是继续深化在政策法律、技术创新、标准规范、应急响应、关键信息基础设施保护、打击网络犯罪、网络反恐等领域的国际合作；五是积极参与国际互联网治理体系改革，推动IP地址、根域名服务器等基础资源管理国际化；六是加强对发展中国家和落后地区互联网技术普及和基础设施建设的支持援助，努力消除数字鸿沟。

思考题

1. 什么是网络安全？
2. 网络安全包括哪些内容？
3. 网络空间的安全威胁有哪些类型？

① 习近平：《弘扬传统友好　共谱合作新篇》，《人民日报》2014 年 7 月 18 日第 1 版。

我国水安全已全面亮起红灯，高分贝的警讯已经发出，部分区域已出现水危机。河川之危、水源之危是生存环境之危、民族存续之危。水已经成为我国严重短缺的产品，成了制约环境质量的主要因素，成了经济社会发展面临的严重安全问题。一则广告词说“地球上最后一滴水，就是人的眼泪”，我们绝对不能让这种现象发生。全党要大力增强水忧患意识、水危机意识，从全面建成小康社会、实现中华民族永续发展的战略高度，重视解决好水安全问题。[①]

——2014年3月14日，习近平在中央财经领导小组第五次会议上的讲话

【案例透视】

我国存在生态安全隐患

生态安全是国家安全的重要组成部分，是经济社会持续健康发展的重要保障，是人类生存发展的基本条件。2020年4月20日，四川省峨边彝族自治县群众杨某向国家安全机关举报称，某国家级自然保护区内有可疑的外国人活动。国家安全机关迅速联合行业主管部门开展核查处置。经查，外籍人员奥某某与中国籍同伴吴某某受境外机构指使，从2011年起先后数十次赴我国多个自然保护区，非法采集上千种野生植物物种标本和种子样

① 习近平：《在中央财经领导小组第五次会议上的讲话》（2014 年 3 月 14 日），《人民日报》2014 年 3 月 15 日。

本，向境外售卖数千次，获利数十万元。经有关专家鉴定，奥某某采集的多种植物，属于国家二级重点保护植物。2020年4月21日，有关部门在某自然保护区将奥某某等两人当场抓获。

采集植物标本寄送出境，严重危害非传统国家安全。国家安全机关有关负责人介绍，盗采者通过社交媒体联系境外买家，按照对方需求，数十次赴我国四川、云南等地的24个自然保护区和风景名胜区，非法挖掘采集500多种野生植物的根茎、种子，以非法渠道运往境外近2000次，交易流水近百万元，获利数十万元。盗采者既采集植物活体标本、根茎，还搜集植物种子，基本上是能采尽采。为了逃避检查，掩盖违法行为，他们向非法快递中介付费，以虚设公司或组织的名义，由非法快递中介寄送植株或种子包裹，逃避海关监管。

据了解，购买者由境外知名大学、植物协会、学术研究机构等组织和大量境外人员组成，其高度关注我国境内稀有的野生植物，指使在华境外人员盗采售卖，可能用于研究我国生物物种、生态系统多样性等，给我国非传统国家安全带来了严重威胁。

《中华人民共和国自然保护区条例》第三十一条规定："外国人进入自然保护区，应当事先向自然保护区管理机构提交活动计划，并经自然保护区管理机构批准；其中，进入国家级自然保护区的，应当经省、自治区、直辖市环境保护、海洋、渔业等有关自然保护区行政主管部门按照各自职责批准。进入自然保护区的外国人，应当遵守有关自然保护区的法律、法规和规定，未经批准，不得在自然保护区内从事采集标本等活动。"在确凿证据前，奥某某对盗采我国野生植物的行为供认不讳，相关部门依法对其作出处理。据了解，奥某某与吴某某的行为并非孤例，非法搜集我国野生动植物资源的案例时有发生。云南省国家安全机关曾侦查发现一起案件：云南籍人员李某从云南省内多地向某国邮寄大量昆虫标本，情况较为可疑。李某和未婚妻又一次向国外邮寄标本时，被国家安全机关当场截获。经现场搜查，发现其邮寄飞蛾、蝴蝶等昆虫标本4500份。经审查，国家安全机关掌握了两人受利益驱使搜集、制作、邮寄各类昆虫标本7万余件，获利人民币数十万元的完整过程。

原来，外国人甲某以旅游的名义到云南昆明、大理等地对生物资源进行考察，其间在某酒店住宿时认识了酒店服务员李某，甲某请李某带其到昆明的花鸟市场购买了很多飞蛾工艺品。交流中，甲某表示，若李某能帮其搜集云南当地特色“工艺品”，将支付丰厚的报酬。在高额报酬诱惑下，李某答应了甲某的要求。同年冬季，甲某邀请李某前往国外见面，在国外对李某进行了捕捉昆虫的相关培训，并给予其专业器材及活动经费。就此，李某辞去了在酒店的工作，开始专职为甲某搜集昆虫标本。为满足大量捕捉需要，他在云南各地考察后，确定了3个捕捉点，按其在国外接受甲某培训时的要求，购买了相关设备捕捉昆虫。同时，李某还对其未婚妻及未婚妻在云南多地的亲戚进行培训，并组织这些人一同进行大规模的昆虫捕捉，仅一年时间，便捕捉、制作昆虫标本7万余件。李某的行为被发现后，有关单位依据相关法规对其进行了处理。据专案组分析，甲某公开身份为某国医学、生物学领域研究人员，其指挥李某搜集、邮寄我国昆虫标本的目的，是用于研究云南省生态环境，进行医学研究，并以标本牟利。该行为可能导致我国特有生物资源流失海外，成为境外人员研究我国生物、生态环境的样本，对我国生物科学等方面研究造成被动局面，影响和危害我国生物安全。

加强生态安全宣传教育，凝聚维护国家安全强大合力。坚持全国一盘棋，调动各方面积极性，集中力量办大事，是中国特色社会主义制度的显著优势之一，也是维护国家安全的重要基础。国家安全风险来自各个方面，化解风险要充分调动各方面积极性，打造人人有责、人人尽责的工作新局面。当前，尤其要在全社会加强国家安全宣传教育，教育引导广大人民群众增强国家安全意识，巩固国家安全人民防线。

【法条链接】

《中华人民共和国国家安全法》第三十条　国家完善生态环境保护制度体系，加大生态建设和环境保护力度，划定生态保护红线，强化生态风险的预警和防控，妥善处置突发环境事件，保障人民赖以生存发展的大气、水、土壤等自然环境和条件不受威胁和破坏，促进人与自然和谐发展。

改革开放以来，我国经济社会虽然得到快速发展，但资源约束趋紧、环境污染严重，生态系统退化的问题也日益严峻，生态安全问题已经成为关系人民福祉和民族未来的大事。因此，新时代明确将生态安全归入国家安全体系之中，这是在准确把握国家安全形势变化新特点新趋势基础上作出的重大战略部署，对于提高生态安全重要性认识、破解生态安全威胁具有重大现实意义。

一、生态安全是国家安全的重要基石

生态安全与国防安全、经济安全、金融安全等已具有同等重要的战略地位，并构成国家安全、区域安全的重要内容。保持全球及区域性的生态安全、环境安全和经济的可持续发展等已成为国际社会和人类的普遍共识。

（一）生态安全概念阐释

生态安全，是指一个国家具有支撑国家生存和发展的较为完整、不受威胁的生态系统，以及应对内外重大生态问题的能力。生态安全反映的是一国生态环境能够确保国民身体健康、为国家经济提供良好的支撑和保障能力的状态，是人类在生产、生活和健康等方面不受生态破坏与环境污染等影响的保障程度，构成生态安全的内在要素包括充足的资源和能源、稳定与发达的生物种群、健康的环境因素和食品。换言之，如果在一个国家，其各种生物种群系统多样稳定、资源与能源充足、空气新鲜、水体洁净、近海无污染、土地肥沃、食品无公害，那么该国的生态环境是安全的。反之，该国的生态环境就是受到了威胁。生态安全具有整体性、综合性、区域性和动态性等特征。

生态安全可以从狭义和广义两个层次来把握。从狭义来说，生态安全是指自然和半自然生态系统的安全，包括三类：一是自然生态系统的安全，包括森林、草原、荒漠、湿地、海洋等；二是人工生态系统的安全，包括城乡、经济、社会的安全；三是生物链的安全，包括动物、植物、微生物等（我们所说的生物安全属于这个层次）。从广义来说，生态安全是指在人的生活、健康、安乐、基本权利、生活保障来源、必要资源、社会秩序和人类适应环境变化的能力等方面不受威胁的状态，包括自然生态安全、经济生态安全和社会生态安全，组成一个复合人工生态安全系统。生态安全强调保障生态安全的生态系统，应该包括自然生态系统、人工生态系统和自然生态安全——人工复合生态系统。从范围大小也可分成全球生态系统、区域生态系统和微观生态系统等若干层次。

随着人口的增长和社会经济的发展，人类活动对环境的压力不断增大，人地矛盾加剧。尽管世界各国在生态环境、生态安全战略建设上已取得不小成就，但并未能从根本上扭转环境逆向演化的趋势；由环境退化和生态破坏及其所引发的环境灾害和生态灾难没有得到减缓，全球变暖、海平面上升、臭氧层空洞的出现与迅速扩大及生物多样性的锐减等全球性的关系到人类本身安全的生态问题，一次次向人类敲响警钟。因此，不管作为个人家庭、聚集部落、人口住区、自然界流域，还是作为区域和国家的安全，都面临着来自生态环境的挑战。生态安全已经成为跨越国界的人类发展共同面对的问题。

生态安全直接关乎人民群众的健康和生产生活。生态环境的恶化意味着人民生活质量的下降，甚至生存发展条件的丧失，可能导致社会动荡、冲突。随着全球人口的不断上升，对生产、生活资源需求持续增长，对环境破坏日益严重，与生态相关的冲突很有可能在今后几十年进一步增多。过度的城市化、气候变暖、森林消失、生物物种减少、荒漠化和人类生存环境的恶化，都有可能导致社会关系的紧张，并进一步演变成政治安全问题。因此，党的十八届五中全会进一步明确提出坚持绿色发展，有度有序利用自然，构建科学合理的生态安全格局。

（二）生态安全是可持续发展的根本保障

生态安全直接关系人民群众福祉、经济可持续发展和社会长久稳定，生态安全成为国家安全体系的重要基石，事关国家兴衰与民族存亡。如今，生态安全已经上升到国家安全战略层面，其重要性日益得到广泛重视。

第一，生态安全是国家安全体系的重要基石。生态安全与政治安全、军事安全、经济安全一样，都是事关大局、对国家安全具有重大影响的安全领域。随着对生态环境问题认识的深入和生态文明建设的展开，我国从政策到实践角度日益明确了生态安全在国家安全中的地位。随着我国生态文明建设的深入，我国对生态安全的认识也提升到了一个新高度。党的十九大报告中进一步阐述了生态安全的重要性，指出要“坚定走生产发展、生活富裕、生态良好的文明发展道路，建设美丽中国，为人民创造良好生产生活环境，为全球生态安全作出贡献”。2018年全国生态环境保护大会提出了生态文明建设中的五大体系建设，其中一个就是“以生态系统良性循环和环境风险有效防控为重点的生态安全体系”建设。综上可见，生态安全作为国家安全的重要组成部分，关系人民群众福祉、经济社会可持续发展和社会长久稳定，是国家安全体系的重要基石。

第二，生态安全是国家可持续发展的重要保障。与政治安全、军事安全、经济安全、科技安全相比，生态安全有其特殊性和复杂性。其他安全要素的主体只能是国家，而生态安全的主体可以是国家，也可以是整个人类。如果说在政治、军事、经济等国家安全要素中，对国家安全的威胁来自他国，那么在生态环境安全中，对国家安全的威胁则来自人为和自然造成的灾害。当一个国家或地区所处的自然生态环境状况能够维系其经济社会的可持续发展时，它的生态就是安全的；反之，“覆巢之下无完卵”，生态环境一旦遭到严重破坏，生态不再安全，必然影响社会稳定，危及国家安全。

第三，生态安全是人类生存发展的必要保障。自然生态系统是人类社会的母体。人类生存需要水、空气、土壤和食物供给等必备条件。生态环境的恶化对人类生存的威胁，如同战争威胁一样生死攸关，已成为全球性问题，世界各国纷纷把维护生态安全列为国家安全战略的重要目标。如今，工业化、城市化的飞速发展以及世界范围内的人口膨胀对生态环境的压力越来越大，在一定程度上已经危及了人类的生存和发展。习近平总书记指出：“生态环境优势转化为生态农业、生态工业、生态旅游等生态经济的优势，那么绿水青山也就变成了金山银山。”[①]我国作为一个领土和人口大国，随着经济社会的快速发展，资源约束趋紧，环境污染严重，生态系统退化，生态问题日益成为经济、社会发展中的焦点问题。可见，生态安全关系国计民生，关系经济社会的可持续发展。

第四，生态安全是国家其他安全的重要保障。从总体国家安全观看，生态安全是国土安全、经济安全和资源安全的屏障和保障。没有青山绿水的国土不是安全的国土。土壤、空气、水体不受污染，自然环境和人居环境适宜，国土才是真正安全的。生态安全是经济安全的基本保障。对任何国家来说，其存在与发展都离不开自然环境的消耗。这种消耗要想可持续，就必须是有节制的，即对自然环境的索取必须是自然环境能够承受的。一旦超过生态系统所能承受的阈值，将造成不可逆的生态退化或破坏，将直接导致经济安全问题。生态安全是资源安全的基本保障。生态系统作为一个整体，既是人类的生存空间，又是人类获取生产、生活资源的来源。以水资源为例，缺水不单是因为使用与分配不公，更是因为生态环境的破坏。

保护生态环境就是保护生产力，改善生态环境就是发展生产力。生态问题不仅关系到人民群众幸福安康，更直接关系到国家经济社会发展，事关国家兴衰和民族存亡。一方面，庞大的人口对生态环境造成了重大持久的压力；另一方面，传统的粗放式发展模式和先发展后治理的思路也使生态环境遭受了巨大的冲击和破坏。在生态建设中，西藏国家生态安全屏障建设取得成功。2014—2017年，国家投资1.5亿元，在南木林生态示范区内植树造林3万余亩，2018年至今又建起了1万亩的生态林。这条长达50多千米的“生态绿洲”，成为雅鲁藏布江沿岸的一道亮丽风景。

（三）生态安全的主要内容

生态安全与人类生活息息相关，内容丰富，包括：自然生态系统安全，如森

① 哲欣：《绿水青山就是金山银山》，《浙江日报》2005年8月24日（哲欣为习近平的笔名）。

林、湿地、海洋；人工生态系统安全，如城乡、经济、社会安全；生物链安全，如动物、植物、微生物；等等。可见，各个方面都与人类的生产生活息息相关。国家生态安全的主要内容包括如下四个方面：国土资源安全、水资源安全、大气资源安全和生物物种安全。

一是国土资源安全。国土资源安全是指国土资源的数量、质量和结构始终处于一种有效供给状态，即在动态上满足当代人和未来所有人发展的需要。国土是一个民族赖以生存的最基本条件，国土资源的多少和优劣是决定一个国家生态安全程度的重要因素，对我国这样一个人口众多的发展中大国来说尤其如此。

二是水资源安全。水资源安全是指水资源的可持续利用或者是水资源的供需的动态平衡。随着社会经济的飞速发展，水资源安全问题越来越突出，已经成为世界各国政府广泛关注的问题。

三是大气资源安全。大气资源安全是指大气质量维持在受纳体可接受的水平或不对受纳体造成威胁和伤害的水平。大气污染主要是工业生产、交通运输和人民生活排放的有害废气。

四是生物物种安全。生物物种安全是指生物及其与环境形成的生态复合体，相关生态过程达到一种平衡的状态，保证物种多样性、遗传多样性和生态系统多样性。当前，生物物种安全的主要威胁是生物多样性丧失、生物入侵和生态服务功能退化等问题。近年来，物种灭绝的加剧，遗传多样性的减少，以及生态系统特别是热带森林的大规模破坏，导致生物多样性丧失。另外，生物入侵、生态服务功能退化问题也日益严重。

如今，全人类正面临着一场因空前的环境退化所引起的深刻危机——环境危机，而始作俑者就是人类自己！臭氧层的破坏使到达地球表面的太阳紫外线辐射增多，皮肤癌和白内障患者的数量呈几何级数增长。温室效应引起全球气候变暖，海平面升高。酸雨横行导致陆地生态和水域生态平衡遭受严重破坏。淡水的严重枯竭和污染使人类面临日益严重的水荒，全世界每年有数十万计的人由于饮用被污染的水而患病死亡，12亿人缺少安全饮用水，18亿人口的生活环境中缺少生活污水排放与处理装置。地球物种的不断灭绝，正在使地球的生物多样性和全球生态系统受到最为严重的损害。如果照此发展，再过几十年时间，在世界上相当多的国家和地区，淡水、海鱼的可靠供应和肥沃的土壤将不复存在。而森林的消失以及土地的荒漠化、水土的不断流失等人为以及自然的灾害，不但给人类社会和世界经济的发展带来空前损失，而且直接威胁到了地球生命的延续。

二、生态安全面临的威胁与挑战

近年来，生态安全问题越来越引起人们的关注。生态安全涉及自然和社会两个方面，主要包括生态系统自身的安全和生态系统对于人类社会的安全。当前，我国的生态安全总体状况是良好的，但威胁生态安全的风险依然严峻。2017年2月，环境保护部与中国科学院对我国31个省、自治区、直辖市和新疆生产建设兵团2010—2015年的生态国情进行了调查评估。评估结果显示，经过我国生态文明建设的深入展开，我国生态保护和恢复成效明显，生态状况总体呈改善趋势。但受到工矿建设、资源开发、城镇和农田扩张等影响，我国生态空间被大量挤占、自然岸线和滨海湿地持续减少，局部区域生态退化等问题严重。全国生态环境依然脆弱，生态安全形势依然严峻，保护与发展矛盾依然突出。我国生态安全面临着水污染严重、国土流失加剧、大气安全形势严峻、自然灾害频发等主要问题，生态安全领域存在的现实问题十分严峻。

（一）土地资源形势严峻，耕地面积和质量不断下降

我国作为一个人多地少的大国，耕地后备资源十分有限，土壤侵蚀、沙化、污染情况严重。资源的无序开发和粗放利用，导致植被破坏、地面沉陷、水土流失，优质耕地、生态用地被大量占用，出现江河断流、湖泊干涸、地下水位下降、水质和土壤污染，资源环境难以承受。

一是以水土流失及土地沙化、石漠化为主的土地退化仍然严重。由于过度放牧、乱砍滥伐、陡坡垦耕等不合理开发利用，我国的土地沙漠化问题更是令人触目

惊心。全国水土流失分布广、面积大。全国水土流失（水蚀）总面积为167.75万平方千米，占国土面积的18%。沙化土地面积大，以极重度及重度沙化等级为主。近20年来，我国土地沙化面积正平均以每年2460平方千米的速度继续扩展，相当于每年损失一个中等县的区域面积！如果按照《联合国防治荒漠化公约》所确立的定义，我国荒漠化的土地面积高达280多万平方千米，占我国国土面积的近三分之一。全国沙化土地面积为182.35万平方千米，占全国国土总面积的19%，面积大，程度重，其中，沙漠、戈壁面积占沙化土地面积的52%，极重度与重度沙化面积占沙化土地面积的39%，重度沙化面积占沙化土地面积的22%。在华北、东北、西北的“三北”地区，有80%的土地正在发生着不同程度的荒漠化。石漠化区域主要分布在贵州、云南、广西、四川、湖南、广东、重庆及湖北8省区市的喀斯特地区，总面积为9.56万平方千米，占8省区市总面积的18%，这些地区也是我国贫困人口集中分布区。

二是土地利用中建设用地挤占耕地问题突出。中国耕地资源有限，人均耕地面积仅为世界平均水平的二分之一。由于建设占用、农业结构调整等原因，中国耕地面积不断减少，2012年为13516万公顷，到2016年净减少20万公顷。与此同时，建设用地快速增加，2016年已增长到3907万公顷。未来较长时间内中国建设用地仍将持续扩张，而耕地面积还会持续下降。人口峰值的到来、人口规模的增加和生活水平的提升，必然对粮食有更高的需求。中国谷物消费需求到2050年将比当前增加2亿吨左右，未来的粮食供应压力更大，耕地保护与建设用地间的矛盾将更加突出，成为威胁国家粮食安全的重要原因。[①]

三是土壤污染分布广，耕地质量持续恶化，作物单产较低。我国土壤污染分布广、面积大，占耕地面积比例的19%以上，已成为我国食品安全的重大隐患。中国耕地有机质含量较低，不及欧洲同类土壤的一半。根据全国耕地质量等级情况公报统计，中国耕地基础地力较高的仅占27%。为追求产量，过度施用化肥现象严重。

---

① 沈镭，张红丽，钟帅，胡纾寒：《新时代下中国自然资源安全的战略思考》，《自然资源学报》2018年第33（5）期，第721—734页。

随着机械化水平的提高及农村劳动力的减少，中国耕地土壤耕层变浅，板结严重，导致耕地透水透气性差，保水保肥能力较低。因此，在粮食单产水平方面，中国作物单产与部分发达国家有较大差距，2016年，中国谷物单产为6030千克／公顷，低于美国（8143千克／公顷）、德国（7182千克／公顷）和英国（7023千克／公顷）单产水平。

（二）水资源短缺、利用效率低与水污染并存

在水安全方面，中国是一个干旱缺水严重的国家，淡水资源稀缺、淡水污染、海洋生物资源过度利用、海洋污染等问题都在不断加剧，水资源不足是基本国情。水资源总量不多，人均更少，由于诸多失当造成水污染严重，水资源短缺、利用效率低与水污染并存。

一是水资源供需矛盾突出，短缺形势严峻。中国水资源总量为3万亿立方米左右，居世界第6位，但人均量仅为2100立方米，为世界人均水资源量的28%。根据水资源短缺程度的国际标准，中国有20个省区市处于轻度以下缺水状态，其中12个省区市处于重度或极度缺水状态。中国每年水资源用量从21世纪初的5500亿立方米增长到当前的6100亿立方米，年平均缺水量高达500亿立方米，用水处于严重紧缺状态。随着城市化进程推进，经济社会发展对水资源的需求仍将上升。据预测，中国需水总量2030年约7200亿立方米，2050年将增加到8000亿立方米，接近中国可利用水资源总量，预计未来水资源开发利用潜力有限，年供水量最多7100亿立方米，生产用水、生活用水、生态用水的压力加大，尤其北方城市最为严重。

二是水资源利用效率较低，与发达国家还有较大差距。自2011年中央一号文件明确提出实行最严格水资源管理制度以来，中国水资源利用效率明显提高，但与发达国家相比仍有一定差距。2014年，中国的单位工业增加值取水量为357立方米/万美元，与世界平均水平相当，而英国仅为26立方米/万美元，日本和澳大利亚均为70立方米/万美元左右；中国单位农业增加值取水量为5738立方米/万美元，为世界平均水平的60%，但与德国（116立方米/万美元）、英国（562立方米/万美元）和法国（693立方米/万美元）相比差距很大。

三是局部水资源污染严重。全国地表水污染严重，湖泊富营养化问题突出。长江、黄河、珠江、松花江、淮河、海河和辽河七大水系近30%河段受到严重污染。全国地下水质状况也不容乐观，2016年中国地下水水质较差和极差的监测点占60%，主要是锰、铁、“三氮”等超标，部分监测点甚至存在砷、铅、汞等重金属超标现象。海河流域处于重度污染，63%的水质低于Ⅲ类，劣Ⅴ类水质高达41%。严重的水污染加剧了水资源短缺，成为区域经济社会发展的“瓶颈”。

四是江河流域生态环境恶化趋势显著。人类的文明之舟自古就依水而行。然而，当我们行走在华夏大地上，已很难找到一条未受污染的河流。中国古代的黄河流域曾经也是林木茂盛、富裕繁荣的地区，商朝时的森林覆盖率达55%以上。而如今，孕育了辉煌灿烂的中华文明的黄土高原却是满目疮痍、荒凉无比，成为中国最贫困的地区之一。我国流域生态环境形势严峻，河流断流、湿地丧失、水环境污染严重、生物多样性减少、生态调节功能低。一份报告表明，全国500多条主要河流中，有400多条已受到不同程度的污染。长江流域、黄河流域和海河流域的生态环境恶化趋势尤为显著。在长江流域水生生物多样性丧失严重，白鳍豚已功能性灭绝，江豚、中华鲟等珍稀濒危物种种群数量不断下降，濒临灭绝。黄河流域水资源过度开发，河流断流严重，27条主要支流中，11条常年干涸。

（三）大气环境污染严重，城乡人居环境恶化

在大气环境安全方面，我国大气污染十分严重，遇到过沙尘暴、雾霾和酸雨等很多挑战，城市空气污染依然严重。目前，我国向大气中排放的各种废气数量很大，远远超过大气的承载能力。

一是大气污染严重。全国空气污染加剧，目前我国超过三分之二的城市空气质量不达标，空气污染已经蔓延到我国整个东部地区，成为人们健康的主要威胁。中国大气污染属于煤烟型污染，北方重于南方，中小城市污染势头甚于大城市，产煤区重于非产煤区，冬季重于夏季，早晚重于中午。目前，中国能源消耗以煤为主，约占能源消费总量的四分之三。煤燃烧产生大量的粉尘、二氧化碳等污染物，是中国大气污染日益严重的主要原因。

二是城乡人居环境恶化。多数重点城市建成区呈摊大饼式的单中心扩张模式，城镇扩张失控，生态调节功能不断降低，人居环境恶化。全国所有大城市“热岛效应”不断增强，内涝灾害频发，城市绿地结构简单，外来植物比例高，花粉过敏的植物种类与数量愈来愈多，给城市居民生活带来严重影响。

三是城市环境污染问题严重。全国有44%的城市受酸雨危害，我国东南地区酸雨严重，酸雨区面积约占国土面积的11%。中国废渣年产生量已超过5亿吨，处理能力赶不上排放量。据统计，全国城市生活垃圾为6000万吨/年，比10年前增加了一倍。全国三分之二的大中城市陷入垃圾包围之中，四分之一的城市已没有合适场所堆放垃圾，“垃圾围城”之势已成，如不加控制将愈演愈烈。

四是雾霾天气呈现常态化。沙尘暴治理之后，现在又出现了雾霾。在2017年的《政府工作报告》中，李克强总理把“坚决打好蓝天保卫战”写进报告中，强调五大举措治理雾霾，全国特别是首都北京的雾霾天气得到有效控制，但其他地区雾霾问题仍然突出，废气中二氧化硫排放量、烟尘排放量、工业粉尘排放量没有完全控制，许多城市空气质量尚未达到三级水平。

（四）生态灾害频繁，对人们生命财产危害巨大

生态退化导致各种自然灾害程度加剧、危害增大，成为我国生态保护中面临的又一巨大挑战，主要有沙尘暴频发、泥石流危害严重、地面沉降范围广、洪涝干旱灾情加重。如仅在2020年全国共发生地质灾害7840起，其中滑坡4810起，崩塌1797起，泥石流899起，地面塌陷183起，地裂缝143起，地面沉降8起。造成139人死亡，直接经济损失50.2亿元。这些地质灾害均直接或间接与生态系统退化有密切关系。

自20世纪50年代以来，沙尘暴呈波动减少之势，90年代初开始回升，严重影响了人民生产生活。近几年，春季频繁发生的沙尘暴给我国工农业生产、航空、运输、公路交通和人民生活带来极大的不便，造成严重的经济损失。草地退化、沙化，生态防护功能降低是我国沙尘暴频发的主要原因。根据对有可比资料的9省区（广西、四川、贵州、云南、西藏、陕西、甘肃、青海、宁夏）数据计算表明，因

生态破坏造成的直接经济损失相当于同期生产总值的13%。而实际上，间接和潜在的经济损失更大。

近60年来，我国水旱灾害发生频率明显增加，加上森林、湿地生态系统破坏与生态系统调节功能的降低，水旱灾害发生程度与受灾范围直线上升，农业受灾面积与播种面积的比例不断攀升。如1998年，长江、松花江、珠江、闽江等主要江河发生了大洪水，全国共有29个省区市遭受了不同程度的洪涝灾害，直接经济损失2551亿元。流域森林面积减少、森林涵养水分能力下降、湖泊湿地调节功能退化等加剧了1998年洪涝灾害的程度与损失。应急管理部公布2020年全国十大自然灾害，其中暴雨洪涝占据前四。2020年，我国气候年景偏差，主汛期南方地区遭遇1998年以来最重汛情，自然灾害以洪涝、地质灾害、风雪、台风灾害为主。其中，7月份长江淮河流域特大暴雨洪涝灾害造成的直接经济损失就达1322亿元。如果加上全国其他地区和后面的洪涝灾害，2020年国家因洪涝灾害造成的损失恐怕还要比这个统计数量大得多。

另外，中国的动植物物种现状也是空前严峻。中国是世界上野生物种最丰富的国家之一，但是有资料表明：中国的动植物物种已有20%受到严重威胁，高于世界10%的水平；在国际公认的640个濒危野生动物中，中国占有156个。今天的中国人正在逐渐失去接触和了解野生动物的机会。

三、维护生态安全应把握的主要问题

维护生态安全刻不容缓。维护生态安全必须加强生态安全体系建设，这是一项具有长期性、复杂性、艰难性的系统工程。习近平总书记强调指出，坚持节约优先、保护优先、自然恢复为主的方针，着力树立生态观念、完善生态制度、维护生态安全、优化生态环境。为此，我们要牢固树立“绿水青山就是金山银山”的理念，深入贯彻习近平总书记生态文明建设重要战略思想，坚持推动各项生态安全建设方案措施抓实落地。应以生态系统良性循环和环境风险有效防控为重点，围绕事关全局的顶层设计、科技创新、生态安全评估、重点领域、国际合作等方面展开。

（一）加强顶层设计，构建国家生态安全新格局

针对我国生态安全的现状，制定一套符合国家未来发展战略和目标的生态安全体系制度建设规划。根据生态安全体系的整体性特征，从全局出发，从长远考虑，对我国生态安全体系建设做整体的考虑；根据生态安全区域性和动态性特征，对不同地区、不同生态环境、不同生态主体（各级决策者、生产企业、社会大众、资源开发者等）统筹考虑。要用“整体理念”思考生态安全问题，实现人与自然和谐、因地制宜的生态治理模式。这是一个需要不断反思、不断认识、不断提高的过程，需要进一步明确生态安全体系建设的各自目标、任务、措施等，通过顶层设计，使之趋于更加合理和完善。

构建国家生态安全格局，保障生态系统服务功能的持续供给。为了支撑经济社会的可持续发展，我国生态安全战略的基本思路应是以建设生态文明为目标，将生态环境保护的要求落实到经济建设与社会发展之中，通过构建国家生态安全新格局，控制环境污染，保护自然生态系统，整治生态环境问题，部署区域生态建设工程，建立生态环境保护的长效机制，增强生态环境支撑经济发展与社会安定的能力。坚持落实主体功能区规划，从宏观布局上协调发展与生态环境保护的关系，推动产业布局的调整和生态环境保护措施的落实。将生态安全的需要与国家和地方主体功能区的限制开发区规划相结合，以水源涵养、防风固沙、洪水调蓄、生物多样性保护、水土保持等重要生态功能为重点，建立国家、省区市、市县不同等级的生态功能保护区，严格控制不合理的开发活动，保护和改善生态功能。

完善国家土地利用分类体系，增加以提供生态系统服务功能为主要目的的生态用地类型，将生态用地落实到各级土地利用总体规划中，并将具有极重要生态服务功能的区域规划为生态保护红线。同时应加强生态保护网络建设，形成以自然保护区、国家公园与重要生态功能保护区为主体的国家生态保护体系，为构建国家生态安全格局奠定基础。

（二）加强科技支撑，努力提高维护生态安全能力

生态安全是21世纪人类社会可持续发展所面临的一个新主题。党的十九大将人与自然和谐共生作为新时代坚持和发展中国特色社会主义的基本方略，十三届全国人大一次会议上通过的《中华人民共和国宪法修正案》中，首次将生态文明写入宪法。新时代我国绿色发展和美丽中国建设的任务紧迫、责任重大。面对日益复杂的生态安全问题，为了维护国家生态安全，应该加强科技支撑，努力提高维护生态安全能力。

一方面，加强生态安全科技支撑能力建设。我国生态保护与生态恢复的科技支撑能力还远不能满足国家生态保护的要求，应加强空气环境、水环境与土壤环境污染的治理技术、生态恢复技术与集成模式、生态系统管理模式、生物多样性保护、重大建设工程的生态安全、生态补偿机制等问题的研究，开展生态保护和生态建设政策、措施的评估，分析问题，完善政策，为我国重大生态建设工程以及国家生态保护与恢复提供技术支持和科技保障。现代生物技术在防治污染、改善生态环境、缓解人类所面临的人口—资源—环境的矛盾与压力方面，正在扮演着不可或缺的角色。应该从政策、经济等方面，鼓励、扶持符合可持续发展理念的绿色技术供给。

另一方面，要重视科技创新的生态影响。目前，人类在不断进行技术创新以满足人类自身日益增长的物质需要的同时，也引发了生态安全问题。因此，关注转基因生物技术、能源技术与工程技术等前沿科学技术的发展也是生态安全体系建设的重要内容。为此，应依托自然公园、河流、风景名胜区等天然区域，开展各项展览、互动及知识普及活动，依托实物产品、VR（虚拟现实）体验、专业讲座等方式，展览绿色、循环、低碳的高新科技产品，展现绿色文明的新生活方式，打下维护生态安全的群众基础，形成人人保护生态安全的环保意识，推动形成全社会欣赏自然、热爱自然、享受自然的新风尚。

（三）加强监测与预警，构建国家生态安全监测预警体系

目前我国在生态安全方面的监测与预警还存在欠缺，如对非法捕杀、销售野生动物

的监管等。应积极探索建立生态安全监测预警系统，对生态安全重点领域严密监测，对突发生态问题要有相应的应急预案和管理体系，建立多级联动的监测与应急网络。

一是建立国家生态安全评估预警体系。保障国家生态安全离不开技术支撑，要充分挖掘和运用大数据，综合采用空间分析、信息集成、互联网络等技术，构建国家生态安全综合数据库，通过对生态安全现状及动态的分析评估，预测未来国家生态安全情势及时空分布信息。在此基础上建立国家生态安全评估预警体系，建立警情评估、发布与应对平台，充分保障我国生态安全。

二是加强生态安全监测与研判。探索建立生态安全监测预警体系，建立完善生态安全动态监测网络。定期对生态风险开展全面、科学的调查评估，加强对苗头性、倾向性、潜在性生态问题的预研预判。建立突发环境事件应急预案编制和管理体系，建立完善多级联动的突发环境事件应急网络，有效管控生态环境问题引发的社会事件和公共危机。加强生态、资源、环境等国情宣传，及时准确披露各类生态环境信息，提高全民生态环境保护意识。

三是加强自然暴发的传染病威胁的防范。生物安全问题已经成为全世界、全人类面临的重大生存和发展威胁之一。新冠肺炎疫情发生以来，习近平总书记不止一次谈到生物安全的问题。习近平总书记强调，要“把生物安全纳入国家安全体系，系统规划国家生物安全风险防控和治理体系建设，全面提高国家生物安全治理能力”。在全国抗疫的背景下，将生物安全提档升级，不仅是对国家安全体系构成要素的丰富，也是对总体国家安全观的完善和拓展，更是国家的战略选择。如今，传染病不仅会影响人们的健康乃至生命，打乱正常的生产和生活秩序，而且带来的次生灾害几乎会冲击国家和民族的一切，上升为重大的非传统安全问题，威胁越来越大。自然暴发的传染病具有全球传播性、不确定性和高难度防扩散性，决定了生物安全战略应是多方面、多层面同时进行的。生物安全战略需要在健全的国际机制与国际合作的基础上，将决策与科学相结合，提高生物安全威慑能力，建立一个综合生物安全体系，从而增进全球化时代的国家安全。

四是关注和维护民族基因安全。当前特别要铸造维护本国和本民族生存安全的基因盾牌，有效地防患于未然。要认真研究本民族的基因密码，及早查明其中的特异性和易感性基因，有针对性地采用生物制药工程技术研制有效的生物药剂和疫苗，增强民族的基因抵抗力。要针对未来敌对势力可能实施基因战的方法、途径和手段进行专门研究，及早制定行动预案。还要大力加强我国特有生物基因的保护，有效防止我国的基因资源被国外窃取。

（四）加强国家生态安全法治建设，把生物安全纳入国家安全体系

法治建设是社会进步的重要标志，也是国家实现生态安全的必要保障。目前，我国生态方面的立法缺乏系统性和完整性，多头执法、选择性执法现象仍然存在。因此，迫切需要加强国家生态安全的法治保障作用。

一是要加强立法工作。在现有各类法律法规基础上，立足国家生态安全需求，加快推进生态安全重点领域立法修法工作，健全中国特色国家生态安全法律支撑体系，强化环境保护监督工作。2020年，十三届全国人大常委会第十六次会议表决通过的《关于全面禁止非法野生动物交易、革除滥食野生动物陋习、切实保障人民群众生命健康安全的决定》和第二十二次会议通过的《生物安全法》等指明了生态安全的发展方向，规定了我们应有的权利和义务。应将生态环境保护纳入领导干部政绩考核体系，探索编制自然资源资产负债表，建立领导干部自然资源资产离任审计制度，对失职渎职、滥用职权的予以严肃追责。

二是要加强执法工作。对于事关国家生态安全的重大事件，要开展多部门联合执法，做到不越雷池一步。落实并完善促进节能减排、保护生态环境的税收政策，加快推进环境保护费改税和资源税费改革。深化自然资源及其产品价格改革，探索建立全面反映市场供求和资源稀缺程度、体现生态价值和代际补偿的资源有偿使用制度，建立健全生态保护补偿机制。

三是要完善社会监督制度。执法工作要重视来自社会的外部监督，积极提升广大群众对生态安全执法的关注度，让执法工作在阳光下执行，形成全民监督执法的良好环境。大力开展生态安全法治教育，培育广大干部群众的生态安全意识，积极主动地监督危害国家生态安全的行为，形成良好的社会法治环境。

2020年2月14日，习近平总书记在中央全面深化改革委员会第十二次会议上强

调指出：针对这次疫情暴露出来的短板和不足，要强化公共卫生法治保障。要从保护人民健康、保障国家安全、维护国家长治久安的高度，把生物安全纳入国家安全体系。以《关于全面禁止非法野生动物交易、革除滥食野生动物陋习、切实保障人民群众生命健康安全的决定》为抓手，完善保障生物安全的制度体系。从保护生物多样性、维护生态系统平衡的高度，重新梳理各类法规制度，将有违生物多样性保护、危害生态系统平衡和安全的法规制度废止。建立各级执行和监管体系，树立执法监督权威，将编制、经费、权责落实到位。加强对生物技术开发应用的监督管理，坚决杜绝有害实验病原体泄漏污染。在全社会树立人与自然和谐共生的理念，把生态文明教育列为中小学必修课，全方位开展保护野生动物、保障生物安全相关知识、法规普及教育。我们不仅要贯彻落实好全面禁止非法野生动物交易等规定，还应从维护国家生态安全的高度进行战略谋划。要厘清生物安全、生态安全、国家安全的概念及相互之间的关系，加快推进生物安全、生态安全体系建设。

（五）加强国际合作，积极参与国际生态环境治理

当今世界，各国相互联系、相互依存，全球命运与共、休戚相关。生态问题尤其是生物安全问题是全球共同面临的问题，一荣俱荣，一损俱损。“单者易折，众则难摧”，无论是埃博拉病毒、非典病毒还是新型冠状肺炎病毒，都需要世界各国的共同努力才能战胜。因此，做好生态安全体系的建设离不开合作共建机制，要积极参与国际生态环境治理，贡献中国方案。

一是积极参与全球生态环境治理。2020年新冠肺炎疫情全球大流行再次表明，国家安全不仅包括传统的军事安全和政治安全，也包括公共卫生、生物等非传统安全；不仅关乎国内安全，也涉及国际安全；不仅需要一国积极应对，更需要全球合作抗击。新冠肺炎疫情在世界蔓延，让越来越多的国家进入“至暗时刻”，更凸显出人类命运共同体理念所具有的远见卓识和思想价值。因此，要进一步完善“一带一路”生态环境合作机制，积极推进沿线国家在环保基础设施建设、绿色低碳技术、装备与产业等方面的合作。加强应对气候变化和低碳发展法规制度建设，提高适应气候变化特别是应对极端天气和气候事件能力，建设性地参与应对气候变化国际谈判，推动建立公平合理的全球应对气候变化格局。参与全球生态环境和区域生态环境治理，引导完善国际生态治理体系和规则。强化“走出去”企业的环境意识和社会责任，加强“走出去”项目及其周边生态环境保护，努力实现合作共赢。

二是积极创新区域环保国际合作。我国与周边国家或地区存在一些资源环境方面的争端和遗留问题。沙尘暴、界河污染、酸沉降、海洋污染等长期拖延的矛盾问题逐步显现。为此，要积极采取行动，结合陆上丝绸之路经济带和海上丝绸之路，通过中国–东盟、上海合作组织等环境合作，建立和完善合作机制，妥善解决矛盾，共同维护区域生态安全。此外，我国与这些国家在资源环境及利用方面存在突出的互补优势。在稳固周边、塑造周边、惠及周边、消除隐患、不出问题的原则下，推进周边地区环境合作的资源优化配置，以环境合作促进资源贸易发展。

三是积极参与国际规则制定。要以周边和区域环境合作为主线，扩大我国的生态安全空间。要积极参与国际环境制度构建和国际环境公约谈判，继续坚持共同但有区别的责任原则，承担与发展水平相适应的国际义务，树立保护区域与全球环境的国际形象。要权衡利弊，争取发展所需要的生态空间。引进和吸收国际规范，建立生态安全评价制度，对国外投资、外来物种和外来废物进行生态安全评估，有效防范环境风险。把握经济全球化的走势，利用全球资源和国际市场缓解国内的环境压力。探索中国对外援助和对外投资环境管理的有效手段，开发产业园区—合作机构—技术输出的“走出去”模式，为我国环保理念、管理模式、技术产业等“走出去”提供有力支撑。

四是建立区域环保合作基地和平台，强化能力建设。推动建立一批特色鲜明的环保国际合作基地和平台，包括区域环保国际合作政策研究创新基地、周边区域环保信息共享平台、环保技术与产业国际合作示范基地、跨界环境问题研究基地等。此外，要建立多元化国际合作资金机制，充分利用国际资金开展环境保护和生态建设。进一步加大财政资金的投入力度，更好地发挥财政资金在环保国际合作中的引导作用。加强全国环保国际合作人才队伍建设，重点强化国际谈判队伍的专业化建设，着力培养一批环保国际合作复合型人才。

五是加强重大跨国环境问题研究，提升解决跨国环境纠纷的能力。目前，我国在跨国环境问题的研究上还比较薄弱，对重大环境问题衍生的发展趋势预测、环境问题与人体健康的关系、环境问题影响国际关系、国际理赔等国家环境安全科学研究的投入还比较缺乏。今后，应从国家层面上构建生态安全的研究平台，深入、系统地研究生态安全的具体政策问题，制定正确的生态安全政策和规划，将国家生态安全工作法定化、制度化，切实提高我国解决跨国生态环境问题的能力。

思考题

1. 什么是生态安全？
2. 生态安全包括哪些内容？
3. 如何维护国家的生态安全？

第十章 资源安全

资源开发利用既要支撑当代人过上幸福生活，也要为子孙后代留下生存根基。要解决这个问题，就必须在转变资源利用方式、提高资源利用效率上下功夫。要树立节约集约循环利用的资源观，实行最严格的耕地保护、水资源管理制度，强化能源和水资源、建设用地总量和强度双控管理，更加重视资源利用的系统效率，更加重视在资源开发利用过程中减少对生态环境的损害，更加重视资源的再生循环利用，用最少的资源环境代价取得最大的经济社会效益。①

——2017年5月26日，习近平总书记在十八届中央政治局第四十一次集体学习时的讲话

【案例透视】

“力拓案”让中国亏了七千亿元

“力拓案”是关于澳大利亚力拓公司四名员工的一起案件。2009年7月5日，胡士泰等四名力拓员工，被上海市国家安全局刑事拘留，标志着“力拓案”的正式开始。

在中澳铁矿石谈判中，中方在谈判桌上屡屡铩羽而归。2003年，中国与世界铁矿石三巨头（澳大利亚必和必拓、力拓和巴西淡水河谷）谈判，力拓公司利用已经掌握的数据，全力压制中国。谈判失败后，中国不得不

① 习近平：《在十八届中央政治局第四十一次集体学习时的讲话》（2017年5月26日），中共中央党史和文献研究院编：《习近平关于总体国家安全观论述摘编》，中央文献出版社2018年版，第204页。

面对进口铁矿石价格的接连上涨，2004—2007年，铁矿石的长期协议价格最高曾上涨71.5%！

铁矿石价格接连不正常上涨，终于引起中国政府的警觉。2009年7月，胡士泰在上海因涉嫌在进出口铁矿石贸易谈判期间，通过拉拢、收买中国内部人员为境外刺探和窃取中国国家机密，被中国国家安全机关刑事拘留。与胡一起被拘留的，还有力拓公司业务经理刘才魁，员工王勇、葛民强，其中刘才魁曾在中国五矿集团公司工作。胡士泰等四人是力拓公司中国铁矿石部门“核心团队最得力的干将”，负责其中国区北方的钢铁公司业务。被捕的澳大利亚籍华人、澳大利亚力拓公司驻上海代表处首席代表胡士泰，以“拉拢收买、刺探情报、各个击破”等手段，从事经济间谍活动长达6年。

6年来，这些涉案的经济间谍拉拢收买、刺探情报、各个击破、巧取豪夺，迫使中国钢企在近乎讹诈的进口铁矿石价格上多付出7000多亿元人民币的沉重代价，相当于全国钢铁行业同期利润总和的一倍多！而这相当于澳大利亚10%的生产总值。已入籍澳大利亚的力拓驻华首席代表胡士泰，除了使用各种违法手段，窃取中方商业情报、铁矿石价格谈判底线外，还涉嫌“食两头”，即在行贿以换取情报的同时，更收受贿赂。给胡士泰行贿的主要是内地一些小型钢厂，目的是能获得更多铁矿石进口配额。

“力拓案”中洋买办胡士泰和国内一些大型钢企高层内外勾结，坑害国家经济安全，损害中国经济利益。胡士泰在中国区工作期间，非常重视“调查”的价值，更晓得“内鬼”的作用，关心如何利用“金元”手段，来腐化与诱惑中国主要钢铁厂的中高层管理者。用胡士泰的话说，他可以用最小的代价打听到最有价值的情报，一顿饭就可以从钢厂问到库存、产量等消息，而向从协会、政府挖来的人打听这些消息就更容易。“力拓案”是商业贿赂的产物，是中国钢企“内鬼”出卖商业情报所致，并且类似情况在我国相当多，反映出我国资源领域存在极大的安全问题，必须引起国家安全部门的高度警惕和严密防范。

【法条链接】

《中华人民共和国国家安全法》第二十一条　国家合理利用和保护资源能源，有效管控战略资源能源的开发，加强战略资源能源储备，完善资源能源运输战略通道建设和安全保护措施，加强国际资源能源合作，全面提升应急保障能力，保障经济社会发展所需的资源能源持续、可靠和有效供给。

资源作为国家可持续性的战略保障，是维护国家安全的物质基础，是经济社会平稳可持续发展必不可少的要素。当今，中国作为世界第一大资源消费国，资源安全问题与中国发展息息相关，是攸关国家安全的重要战略问题。

一、资源安全攸关国家安全战略

资源是人类生存与发展不可或缺的自然物质，资源安全是攸关国家安全战略的重要问题。资源安全直接攸关一个国家的政治稳定、经济发展、社会和谐、环境改善，也攸关其在国际上的话语权和外交空间。

（一）资源安全概念阐释

资源安全，是指一个国家或地区可以保质保量、及时持续、稳定可靠、经济合理地获取所需的自然资源及资源性产品的状态或能力。资源安全的核心是保证各种重要资源充足、稳定、可持续供应，在此基础上，追求以合理价格获取资源，以集约节约、环境友好的方式利用资源，保证资源供给的协调和可持续。资源安全既是指资源系统自身的安全，特别指可再生资源的数量和质量性状的保持及改良；也是指维护资源保障的能力，即保证社会经济发展能够得到所需要的资源。

根据资源安全的定义和内涵，资源安全的目标主要包括两个方面，一是要提供资源保障，二是要促进可持续发展。

由于资源的需求与供给在不断变化，新的资源在不断出现，人类对资源的利用方式也在不断变化，这意味着国家资源安全也是一个动态的概念。因此，国家资源安全一般包括数量、质量等五个方面的基本含义：数量安全，即资源数量要充裕，既有总量的充裕，也有人均量的充裕，但后者较之前者更具意义；质量安全，即资源质量要有保证，如水质安全、耕地质量安全、能源品质安全等；结构安全，即资源供给的多样性，供给渠道的多样性是供给稳定性的基础；均衡安全，它包括地区均衡与人群均衡两方面；经济安全，即一个国家可以从市场（特别是国际市场）上以较小经济代价（如较低价格）获取所需资源的能力或状态。当今，中国作为世界第一大资源消耗国，资源安全问题直接影响中国的发展。长期以来，由于重经济发展、轻环境保护，生态、环境和水土资源处于不同程度的失衡或危机状态。

保障国家资源安全的最终目的是满足社会经济发展对于资源的需求，是为了提高国家政治、经济和外交的国际竞争力，是为了中华民族的生存、发展和伟大复兴。资源安全属于非传统安全的重要方面，并与环境安全、生态安全、食物安全及经济安全有着密切联系。综观先进的工业化国家，没有一个国家是完全依靠本国资源实现经济增长的，这是由全球资源的非均衡分布所决定的。进入21世纪以来，在中国经济快速发展过程中，资源消耗增长率不断提高，导致资源供需缺口不断扩大，使得中国的资源对外依存度不断提高，已危及中国经济安全。在经济全球化背景下，进一步实现资源的全球配置，是应对战略资源安全和保证本国短缺资源稳定供应的基本战略。

（二）资源安全事关国家可持续发展问题

国家资源安全事关国家的主权、生存和发展，其主体性、边界性最为清晰，其目的性、可控性鲜明，因而是最为重要的资源安全形态，也是国家安全的重要方面以及资源安全的关键所在。资源对于人类生存与发展的贡献是基础性的、不可替代的，自然资源是人类生存和发展不可或缺的自然基础。

一是资源安全攸关国家可持续发展。资源作为战略保障，是国家维护政治、军事安全的基础，是经济社会平稳可持续发展必不可少的要素。任何国家的生存和发展，都是以消费自然资源为条件的。没有可靠的资源供应，人类的生产、生活就不能进行，经济就会崩溃，社会就会动荡，军事力量也不能运作，政权就会失去存在的基础。当今，中国正处于工业化和城市化进程的加速时期，这个进程起码要延续20—30年，资源的消耗将是高强度的，资源需求量还会持续较快地增加，对外依存度还会提高，这对资源供给形成了很大压力，对国家资源安全构成了巨大挑战。

二是资源安全是国家安全的重要后盾。任何国家的生存与发展，都以消费自然资源为条件。资源是经济发展、人民生活的最基本的要素，没有资源投入安全的支撑，经济就没有安全，国家安全的基础就会动摇。由于资源对于国家具有生死攸关的重要性，因此，国家间往往会因资源问题而发生冲突甚至战争。纵观中外历史，控制资源往往是大国竞争博弈的主要内容之一。即使在当前总体和平的国际环境下，资源安全问题依然是各主要大国国家战略中的重要方面。

三是资源安全是其他领域安全的依托。资源安全问题直接关系着一个国家的政治稳定、经济发展、社会和谐、环境改善，也关系着其在国际上的话语权和外交空间。资源安全与其他领域安全都直接或间接相关联，发挥着重要的依托作用。例如：资源的权属关系，是国家政治制度的重要部分；控制国土上的资源是维护国土安全的重要内容；没有充足的、稳定的资源供应，经济无法正常运行，社会无法稳定，军事安全、科技安全、网络安全、核安全也得不到原料保障；只有高效利用资源，才能使生态安全和资源安全协调兼顾。

四是资源安全是国家安全的重要组成部分。自然资源开发利用保护不当引发的生态环境问题日益严重，水、大气、土壤污染的影响广泛而深远。因此，资源安全对国家其他领域安全具有直接的影响。进入新时代，中国自然资源对中长期经济社会的基础保障作用、人与自然和谐共生的可持续发展战略、立足国内开拓国际的“两种资源两个市场”战略虽然没有发生变化，但中国的自然资源供需格局、自然资源与生态环境之间的关系以及国内外的资源供给格局等发生显著变化。此外，自然资源开发利用引发的社会、政治、民族等问题日益显现，“资源诅咒”或“资源陷阱”在部分国家、地区，特别是资源富集区或资源输出地时常发生。

（三）资源安全主要内容

随着经济社会发展变化，资源的内涵不断发生变化。资源安全分为战略性资源安全和非战略性资源安全，又可分为水体资源安全、能源资源安全（如石油安全）、土地资源安全（如耕地资源安全）、矿产资源安全、生物资源安全（如基因资源安全）、海洋资源安全、环境资源安全等。从国家安全的角度看，资源的构成包括水体资源、能源资源、土地资源、矿产资源、粮食资源等多个方面（由于水体资源、土地资源、粮食资源、生物资源、环境资源等方面资源在前面已经论述过了，因此本章主要论述能源资源、矿产资源、海洋资源等安全问题）。资源安全不仅体现在占有资源的数量，还反映在资源的利用水平和精深加工技术水平上，资源安全的深度和广度不断延伸，支撑作用进一步凸显。

影响资源安全的因素很多，归纳起来主要有以下几个方面：资源本身因素、政治因素、经济因素、军事因素、运输因素。其中，资源本身因素是影响资源安全的最基本和最重要的因素之一，一个国家自身的资源越丰富，对经济发展的保障程度越高，资源供应的安全性就越高。政治因素对资源安全的影响主要有两个方面：一方面是资源进口国与资源出口国之间政治关系恶化，而对资源安全供应造成影响；另一方面是资源生产国国内的政治因素对资源安全供应造成的影响。经济因素对资源安全的影响是一种间接的影响，最主要的影响就是经济能否支持进口资源所需要的外汇。军事因素对资源安全的作用是多方面的，对运输安全来说，拥有强大、反应快速的海上军事力量，资源的海上运输线就会受到很好的保护。运输的安全程度与运输的距离、运输线的安全状况、运输方式以及运输国对资源运输线的保卫能力的强弱有关。

目前，以下因素也在不同程度上影响着我国的资源安全：在经济快速发展中，能源消耗增长率不断提高，能源供需缺口不断扩大，使得我国各种能源对外依存度不断提高，资源储备能力较弱，危及我国经济安全。我国资源开发利用效率不高，浪费严重，资源节约和保护等关键科技领域的创新尚远不能满足现实需求，特别是节能、节水技术水平与发达国家相比尚有较大差距。

二、资源安全面临的威胁与挑战

长期以来，由于重经济发展、轻环境保护，生态、环境和水土资源处于不同程度的失衡或危机状态，资源安全面临严峻的威胁与挑战。

（一）资源安全总体状况堪忧

经过40多年的改革开放，我国经济发展取得了令人瞩目的辉煌成就，但同时我们也必须客观地看到，这种快速发展带来的负面影响就是资源的浪费。如今，我国资源安全总体状况令人担忧。

一是资源消耗量剧增。我国经济持续高速或较高速增长，给并不厚实的自然资源基础和生态环境带来了日益沉重的压力。中国是资源消耗大国，某些大宗物资消耗规模在世界上绝无仅有。20世纪70年代，13种大宗物资的年消耗总量规模为12亿—13亿吨；20世纪80年代的大宗物资年消耗总量不超过20亿吨；20世纪90年代，年消耗各类大宗物资不到24亿吨；但2004年快速增长到超过30亿吨，2017年已达90亿吨以上。[①]巨量的资源消耗，一方面支撑了国民经济和工业化与城市化的快速发展，另一方面也带来了大量资源性企业产能过剩、生产粗放、资源产出效率低下和大量废弃物没有合理再利用等诸多问题。人口增长及人均消费水平持续提高，进一步加大我国资源安全面临的压力，而且这种压力在相当长时期内是不可逆转的、刚性的。

二是资源开发利用水平不高。从总体上讲，我国资源开采方式粗放，科技创新能力严重不足，初级冶炼加工产能过剩，产品深加工和终端应用严重依赖国外技术，资源浪费严重，环境污染等问题突出。从国内的资源生产来讲，由于过去十余年的高强度开发，主要矿种产量占全球比重远高于储量占全球比重，开发强度远超过世界平均水平，有的甚至超过10倍。特别是优势资源大量出口发达国家，产量普

① 沈镭，张红丽，钟帅，胡纾寒：《新时代下中国自然资源安全的战略思考》，《自然资源学报》2018 年第 33（5）期，第 721—734 页。

遍占全球的一半以上，有的甚至高达80%—90%。由于我国矿产冶炼加工产能扩张过快，甚至出现了钨、锑等优势资源也需要大量进口矿石的情况。这种高强度开采所导致的国内资源大量消耗，进一步削弱了我国资源的可持续供应能力。

三是资源对外依存度过高。长期以来，我国一直存在着能源和矿产资源供给能力严重不足的问题。我国资源总量大、人均少、质量不高，一些主要资源人均占有量与世界平均水平相比普遍偏低。由于国内资源严重短缺，资源对外依存度呈上升趋势，且居高不下。2019年，我国重要能源资源对外依存度进一步攀升，石油达到72%，为近50年来之最。[①]我国资源净进口品种还在增加，铜、镍、铬等多数矿种对外依存度不断扩大，铁矿石、铝等少数矿种尽管需求总量趋于稳定，但对外依存度长期维持高位。锆、钴、铂族、钽、铌等战略性小品种矿产储量较为短缺，对外依存度也将加深。

四是土地资源形势严峻。我国既是世界主要的资源生产大国，也是世界主要的资源消耗大国，资源禀赋总体并不优越。我国作为一个人多地少的大国，耕地后备资源十分有限，土壤侵蚀、沙化、污染情况严重。

五是水资源供需矛盾突出。我国水资源总量居世界第6位，但人均占有水资源仅为世界人均水资源量的28%。用水方式粗放增加供水压力，资源性、工程性、水质性缺水并存，华北、西北等一些地区水资源、水环境承载能力严重不足。使我国人均水资源贫乏雪上加霜的是，我国水资源分配严重不均等。我国人均水资源量仅排名世界第88位，但我国长江以北地区仅占我国平均水平的三分之一。长江以北国土面积占全国的63%，但占有的水资源量仅为19%。我国长江以北地区一方面是我国重要的农业产区，另一方面又是水资源严重贫乏地区。

总之，资源供给压力持续增长，我国淡水、石油、天然气、耕地等战略性资源，虽然总量居世界前列，但人均水平均远低于世界平均水平。资源供给压力持续加大，是我国资源安全保障的主要问题，且近中期内难以改变。

---

① 人民出版社编写组：《国家安全知识百问》，人民出版社 2020 年版，第 95 页。

（二）化石能源和矿产资源自给率下降且利用效率低，能矿资源的需求结构出现分化

能源安全问题已成为关系我国国民经济发展和国家安全的重大战略问题。我国是一个能源消耗大国，如今能源问题已经成为我国发展和国防力量建设的瓶颈问题，如何通过科技手段提高能源使用效率、降低能源消耗量，或者找到新的替代能源，从根本上解决能源危机问题是我国能源安全面临的紧迫课题。

一是经济增长与能源消耗脱钩压力较大，石油能源供需矛盾日益突出。从1978—2017年中国化石能源消耗年均增长率来看，煤炭和天然气的增幅曾经明显快于经济增长速度，经济增长与能源消耗脱钩压力较大。2016年，中国煤炭、石油和天然气需求量分别为37.7亿吨、5.8亿吨和2058亿立方米，石油资源对外依存度已高达65%，传统优势的煤炭资源出现大量进口，天然气出现“气荒”。我国石油安全面临的主要问题集中在两个方面。一方面是油源安全。国际油源竞争日趋激烈，各大国对外战略往往围绕石油问题进行布局，导致油源问题更加复杂敏感。另一方面是油路安全。我国进口石油大部分要从霍尔木兹海峡出来，经过马六甲海峡与我国南海地区。目前，霍尔木兹海峡和马六甲海峡的通道安全控制权主要掌握在他国之手。

二是传统煤炭需求明显减少，极度紧缺的石油、天然气、铀矿等战略性能源资源和新能源需求大幅增加。随着国内经济结构调整和产业转型升级，中国能源需求总量略有放缓，但仍处在高位。可以预计，未来中国的化石能源需求增长将平稳下降。根据国家能源局《能源发展“十三五”规划》，中国能源总需求2020年将达到50亿吨标准煤，2035年为56亿吨标准煤，其中煤炭消耗比重将大幅下降，非常规天然气、铀矿、可再生能源的消耗比重快速上升，有效替代煤炭资源消耗占比。根据中国社会科学院发布的《中国能源前景2018—2050》，未来，中国石油的对外依存度将稳定在70%左右，而天然气将从目前不到40%的比例上升到2050年的接近80%。中国石油消费继续上升，在替代能源发展等因素影响下，石油消费或在2030年前后达到峰值。中国天然气消费将持续增加，2035年的消费量将比2015年增长3倍，主要矿产资源供需缺口大，对外依存程度高。中国铁矿石对外依存度2016年已

超过65%。铜、铝、铅和锌等大宗矿产的供需缺口也较大，尤其是铜矿，其供需缺口达350万吨左右，进口成为供应的主要来源。[①]

三是中国主要矿产资源消耗对经济增长的反应程度发生分化。一些传统金属矿产如铁、锰、铬等的资源消耗弹性系数维持基本稳定状态；铜、铅、锌、镍、稀土等矿产资源消耗弹性系数则变化较大；黄金和钾盐等与居民收入、农业生产紧密相关的民生矿产资源消耗弹性系数波动幅度最大。中国未来的不同矿种需求由"普涨"转向"分异"。铁矿石需求将出现下降趋势，2035年铁矿石消耗下降到8亿吨左右，而废旧钢铁消耗将有所增加。随着工业化逐渐完成，中国铜、铝、铅等金属矿产需求有所下降，但需求总量仍维持在较高水平。关键矿产资源供应严重不足，仍需依靠大量进口。据预测，2035年我国石油、天然气、铜矿的对外依存度将分别高达79%、40%和43%。

四是化石能源和大宗矿产利用效率低于世界平均水平。除天然气，中国煤炭、石油矿产的消耗强度均较高，尤其煤炭消耗强度是世界平均水平的4倍多，远低于法国、英国和德国等发达国家的利用效率。铁矿石、铜、铅、锌等矿产资源的利用效率也较低，消耗强度均是世界平均水平的4倍以上，尤其是铁矿石，2014年消耗强度为1.37吨/万美元，而世界平均消耗强度为0.27吨/万美元，美国和英国分别仅为0.03吨/万美元和0.05吨/万美元。

（三）海洋资源安全威胁严峻

在当代的国际关系中，除地缘政治纷争、贸易争端等热点之外，伴随着海洋资源的开发、海上运输线重要性的上升以及各国海上军事力量的发展，国家在海洋资源上的竞争与争端对国家海洋资源安全构成严峻威胁。

一是维护海洋资源安全面临诸多挑战。目前，我国与8个海上邻国都存在海洋争议，海洋资源安全形势面临较多挑战。在南海方向，一些周边国家长期非法侵占我国南沙部分岛礁，不断加强非法岛礁建设和油气等海洋资源开发；作为域外大

① 《发改委　能源局印发〈能源发展"十三五"规划〉》（全文），https://www.sohu.com/a/124516580_131990。

国，美国对南海事务介入力度不断加大，为南海周边国家撑腰打气，不断阻挠我国海上维权维稳。在东海方向，海洋划界不同引起中日东海海洋权益争端，日本政府将钓鱼岛实施“国有化”，企图长期占有中国钓鱼岛；在黄海方向，中韩、中朝之间存在着苏岩礁、海洋专属经济区、大陆架划界等纷争。

二是海上安全威胁呈现多元化。近年来，中国海运量成倍增长，承担了对外贸易95%以上的运输任务。护航、打击海盗、确保海上运输线安全顺畅，已成为关系我国生存与发展的重大现实问题。一些海上邻国动用武力干扰我国正常海上生产作业，并将抓扣我国作业渔船视为敛财渠道，肆无忌惮地抓扣我国在南海海域正常生产作业的渔船，严重威胁和损害我国渔民的生命财产安全。随着我国经济快速发展和对外开放程度的提高，走私、偷渡、贩毒、抢劫等海上犯罪活动及海上恐怖活动呈现出快速发展势头。

三是保护海洋经济利益面临诸多挑战。《联合国海洋法公约》生效后，我国周边一些海上邻国掀起了抢夺海洋经济利益的狂潮。在东海方向，我国与日本在大陆架划界和油气资源勘探开发上的矛盾加剧；在南海方向，南沙群岛周边几乎所有国家都通过侵占或非法勘探开采等方式，大肆掠夺我国海洋资源。目前，这些国家已分别联合美、英、德、日、法等多个国家200多家石油公司，在南海大量勘探和开采石油、天然气。它们每年在我国海域开采石油高达4600万吨，天然气约250亿立方米①。此外，一些国家还采取对本国渔船供应低价油、免税和加强军警护渔等扶持政策，鼓励其渔船赴我国南沙、西沙等海域生产作业，有的还采用电鱼、炸鱼、毒鱼等毁灭性手段进行滥捕，严重破坏了我国海洋资源环境。

（四）自然资源对外依赖程度不断加深

对以美国为霸主的市场体系的不对称依赖关系加速了我国资源耗竭及自然资源的对外流失，我国自然资源的对外依赖程度不断加深，已开始超出国际公认的安

① 谢豪生：《我国海防面临的安全威胁与加强海防建设的战略性思考》，《国防》2009 年第 6 期。

全警戒线。自改革开放以来，我国通过定位于出口加工为主的“世界组装车间”加入了国际分工体系，被美欧资本压制在国际产业分工的低端区域。其后果不只在于我们获取的利润微薄，更在于国际垄断资本通过把我国限定在国际分工的最低端环节，使我国迅速消耗宝贵的自然资源。

而我国正是在人均自然资源极度匮乏的国情下，选择占据国际分工体系的最低端的发展模式，用大量消耗不可再生的自然资源的生产方式，为发达国家经济体承担最污染环境、最消耗资源的代工组装发展模式，这种经济发展模式不可持续且将危及经济安全。按目前的发展方式，我国一方面在大量消耗稀缺的自然资源，一方面又加剧了在重要资源上的对外依赖程度，我国对一些事关重大国计民生的资源产品已经丧失定价权（如铁矿石、大豆）或基本丧失定价权（如石油、木浆，目前我国木浆的对外依存度已超过70%）。在我国自有自然资源日益枯竭、对外依存度快速上升的背景下，我国未来向国际市场寻求自然资源也将面临重大挑战。

挑战之一是世界上“资源民族主义”日趋兴盛，资源的跨国公司垄断程度日趋严重，这将严重削弱资源消费国的资源贸易能力。例如，对我国发展核电核能工业至关重要的铀矿，其82%的储量由澳大利亚、哈萨克斯坦和加拿大三国所有。这种关键自然资源的获得，很大程度上并不由国际贸易规则支配，供给非常不稳定。

挑战之二是世界上“资源占有跨国公司化”日趋发展，主要自然资源已日趋被主要西方大型跨国矿业公司集中占有。例如：世界锡矿的80%、世界铜矿的75%、世界金矿的57%、世界锌矿的57%分别被行业排名前十位的国际大型矿业公司占有。世界铁矿石的70%被世界三大铁矿石公司占有。我们在与这些大型矿业公司谈判时，很难掌握主动权。

三、维护资源安全应把握的主要问题

新时代中国正步入工业化中后期，实现美丽中国和现代化建设战略目标对自然资源安全保障提出了更高要求。针对新时代中国资源发展存在的问题和变化趋势，及时制定并调整中国资源安全战略，对提升自然资源综合保障能力、建设美丽中国具有重要意义。

（一）实施资源安全保障战略，从顶层上谋划维护资源安全

习近平总书记在十八届中央政治局第六次集体学习时指出：“要大力节约集约利用资源，推动资源利用方式根本转变，加强全过程节约管理，大幅降低能源、水、土地消耗强度。要控制能源消费总量，加强节能降耗，支持节能低碳产业和新能源、可再生能源发展，确保国家能源安全。要加强水源地保护和用水总量管理，推进水循环利用，建设节水型社会。要严守耕地保护红线，严格保护耕地特别是基本农田，严格土地用途管制。要加强矿产资源勘查、保护、合理开发，提高矿产资源勘查合理开采和综合利用水平。要大力发展循环经济，促进生产、流通、消费过程的减量化、再利用、资源化。”[①]维护资源安全，要以习近平总书记讲话为指南，积极从顶层谋划维护国家资源安全。

一是实施资源调查战略，强化我国资源之基础。提高对本国或本地区自然资源数量、质量等性状的了解程度，减少资源不确定性对资源决策的影响，增进资源相关决策的可靠性与可行性，以提高资源安全的已知程度。重点加强矿产资源勘察，加强水资源、生物资源、土地资源的调查，增加资源可利用总量及其调配能力。重点加强西部和中部地区战略性矿产资源的勘查工作。

二是实施资源保护战略，增强我国资源可用性。保护自然资源，特别是可更新资源的质量性状，并对非更新资源（矿产资源）实行适度控制。根本目的在于维护或维持自然资源基础的基本数量和质量性状。重点加强可更新资源的质量性状维护，包括水资源保护、森林及草场资源保护等。同时，对矿产资源的开采实行规模和速度方面的控制。

三是实施资源储备战略，增强我国资源后备力。增加储备，提高对供给不确

① 《习近平总书记在十八届中央政治局第六次集体学习时的讲话》（2013 年 5 月 24 日）。

定性和风险性的应对能力。同时，资源储备对于资源贸易谈判还有着极其重要的影响，资源储备越多，在国际资源贸易谈判中所拥有的发言权和主动权就越大。要重点加强战略性储备和商业性储备。

四是实施资源配置战略，增强我国资源支撑力。提高资源在各地区、各部门、各用途间的配置效率，以切实做到物尽其用、地尽其力。通过配置效率的提高，实现资源效率的最大化，以减少资源浪费和资源破坏，提高资源安全水平。资源配置型工程建设仍是必要的。

五是实施资源节约战略，提高资源利用之效率。提高资源开发利用效率，降低资源占用和消耗水平，减缓国家或区域自然资源基础的萎缩趋势和程度。加强资源节约制度的建设、资源节约的技术创新与应用、资源节约宣传与教育等。

六是实施资源替代战略，减缓短缺资源之压力。用较不稀缺的资源替代较稀缺的资源，以缓解稀缺资源的稀缺程度，提高稀缺资源的保障程度。重点实施能源替代，特别是用再生能源替代化石能源，用清洁能源替代传统高污染能源；清洁淡水替代，包括再生水或中水利用、海水淡化、微咸水利用等；基本农田置换，即用不适宜耕种的土地，将被占用耕地置换出来用于发展工业、交通和居住。

七是实施资源创新战略，提升资源创新支撑力。加强资源安全战略研究与创新设计、资源安全制度创新，推动资源安全科技支撑体系的创新和建设。重点加强节能、节水、耕地保护、矿区修复等领域的科技创新和推广应用。

八是实施资源贸易战略，提升国外资源统筹力。发展于我有利的资源贸易体系，建立以保障国家资源安全为宗旨的资源贸易体系。实现多元、多渠道、多路径，以及稳定可靠、经济合理的资源进口；规范、控制和管制资源出口；参与国际资源贸易格局的形成与多边资源贸易谈判；注重资源企业的社会和环境责任监管。

九是实施资源合作战略，提升国际资源影响力。建立旨在保障我国资源安全并兼顾关系国家利益的资源合作关系，以提升我国资源安全的境外保障能力。重点加强国家政府层面的资源合作关系及其构建与发展、企业层面的资源合作关系及其构建与发展。

十是实施资源外交战略，提高资源外交保障力。积极开展政府首脑层面的资源外交、官方资源外交和民间资源外交。妥善处理好与周边国家的海洋资源开发争端。积极参与全球资源治理体系的建立、健全和运行。

（二）严格实行管理保护制度，优化资源供给结构

国家发展和改革委员会和原国土资源部等部门于2016年5月30日印发的《关于加强资源环境生态红线管控的指导意见》，对全国和各地区资源消耗、环境质量和生态保护实行严格的红线管控制度。在此基础上，应严格落实并不断修订完善相关法规制度，守住影响全局的资源消耗“天花板”。应尽快组织制订面向2035年和2050年发展目标的自然资源综合规划，对接国家战略部署和区域发展需求；制定并完善水、土地、矿产、森林等资源专项规划，加强与其他规划的统筹衔接。各级政府的自然资源部门都将统一行使其全民所有者职责，负责保护、修复生态红线以内、资源利用上线以外的自然资源，并向社会释放可供生产经营、开发利用的各类自然资源产权。

优化资源供给结构，特别是加强战略性资源供给结构。战略性资源是指在社会经济发展中占有基础重要地位，对国计民生和国家安全具有重大影响，易出现常态下市场垄断和非常态下供给中断的资源。战略性资源包括水、耕地、石油、关键矿产资源等。战略性资源安全，是国家资源安全的基础组成部分；同时，国家资源安全，特别是区域或地区资源安全，还包括非战略性资源的安全。鉴于中国能源和矿产资源需求结构异化特点，未来必须以高质量和高效率保障资源安全为目标，以现代化建设和民生保障所需的大宗性和战略性资源为抓手，形成优质的资源安全供给结构，确保新型工业化、信息化、农业现代化建设的能源与矿产资源需求。必须继续严格实行煤炭、钢铁、水泥等产能过剩行业取用资源总量的定额管理。大力发展油气及地热等清洁能源，加强页岩气、天然气水合物等非常规油气勘查，增加可再生资源、替代资源供给比重。优化矿产资源结构，加强稀有、稀土和稀散金属等战略性新兴矿产勘查，服务于高端装备和新材料产业发展。

（三）制定国家能源安全策略，维护国家石油能源安全

2014年6月13日，习近平总书记在中央财经领导小组第六次会议上指出：“能源安全是关系国家经济社会发展的全局性、战略性问题，对国家繁荣发展、人民生

活改善、社会长治久安至关重要。面对能源供需格局新变化、国际能源发展新趋势，保障国家能源安全，必须推动能源生产和消费革命。推动能源生产和消费革命是长期战略，必须从当前做起，加快实施重点任务和重大举措。”[①]为此，我们必须根据习近平总书记的指示，制定国家能源安全策略，以维护国家石油能源安全。

中国已经成为能源消费大国，石油安全事关中国未来的发展，石油短缺将是我国未来一段历史时期能源安全的主要问题。为此，中国要制定适合中国国情的能源安全策略。具体策略主要包括以下一些内容：实施能源调查策略，强化我国能源基础；实施能源保护策略，增强我国能源可用性；实施能源储备策略，增强我国能源后备潜力；实施能源配置策略，增强我国能源支撑力；实施能源节约策略，提高能源利用之效率；实施能源替代策略，减缓短缺资源之压力；实施能源创新策略，提升能源创新支撑力；实施能源贸易策略，提升国外能源统筹力；实施能源合作策略，提升国际能源影响力。

促进石油进口来源多元化。中国石油进口来源主要集中于中东地区，但是中东的石油资源基本已被美国掌控，系统风险比较大。实现石油进口来源多元化，是分散石油供应风险，保障石油安全的重要措施。除了中东外，非洲、俄罗斯、中亚和南美都是重要的石油供应地域。未来进口原油的境外通道将总体形成东南西北四个方向，其中，东、南向通道以海运为主，西、北向通道以陆路管道运输为主。要构筑十大运输通道。南向通道：主要指从中东进口的原油通道，有4条，其中有一条是通过马六甲海峡的通道。北向通道：指从俄罗斯进口的原油通道，也有4条，其中包括泰纳线。东、西向通道：东向为从中南美洲到中国沿海的海上运输通道，西向为中亚的哈萨克斯坦至中国新疆独山子的陆路原油输送管道。

（四）建立矿产资源安全保障机制，维护国家矿产资源安全

面对来自多个方向、日益严峻的矿产资源安全新挑战，必须着眼于今后十几

---

① 《积极推动我国能源生产和消费革命　加快实施能源领域重点任务重大举措》，《人民日报》2014 年 6 月 14 日第 1 版。

年甚至几十年内外环境的可能变化，以前瞻性战略思维谋划新的应对举措。从长远来看，要保证我国的矿产资源安全，需要多管齐下，采取一系列应对措施。

一是建立有效的矿产资源保障机制。首先，强化资源保护的产权约束机制。加强资源产权制度建设，明确土地、水、矿等自然资源的资产属性和物权属性，明晰产权主体和权能。其次，对于经济发展和国家安全有重要作用的资源实施重点保护。建立和完善资源集约利用机制，充分挖掘资源潜力，提高资源的综合利用水平。此外，建立和完善资源监督检查机制，进一步强化资源管理部门监督检查的职责和手段。

二是充分发挥市场在资源配置中的决定性作用。积极推进资源有偿使用制度的改革，健全和规范资源市场，规范流转行为，建立不同产权下的城乡资源统一市场。完善资源税费体系，统一税种，减少重复收税。除了完善归并资源使用、流转环节的税费外，还要对地方政府浪费资源的问题采取经济手段。积极推进资源价格体系建设，完善价格形成机制，建立合理有效的资源税费制度和政策，合理调整资源取得和占用的成本和收益，抑制资源的粗放利用和浪费行为。

三是发挥政府的宏观调控能力。建立以土地、水、矿产、森林等资源规划和国土规划为主体，与相关规划相协调的国土利用空间布局规划体系，从总体上实现矿产等资源的优化配置。充分发挥政策对经济发展中资源需求和利用的鼓励、限制和引导作用。根据不同区域经济发展阶段性特点和资源状况，研究制定适合不同地区的资源政策，包括约束浪费资源和鼓励节约集约利用资源的政策。通过全面推进依法行政，建立严格的管理制度、高效的运行机制，提高资源管理质量和效能。完善相关资源法规体系，加强资源管理信息系统建设，实现资源公益信息服务社会化。综合运用遥感技术、信息技术等新技术，加大资源利用动态监测力度。

（五）强化海洋资源安全意识，维护海洋资源安全

21世纪是海洋的世纪，海洋意识是确立海洋强国战略目标的思想基石，是国家软实力在海洋方面的重要体现。受传统海洋意识影响，长期以来形成的重陆轻海、陆海分离发展的思想，使人民群众的海洋国土意识、海洋经济意识、海洋资源意识、海洋环境意识、海洋安全意识缺乏，甚至于连我们的中小学教育课本中反映海洋题材的内

容也比以前要少。因此，必须强化海洋资源安全意识，维护海洋资源安全。

强化海洋安全意识是国家振兴战略、国家海洋科学决策、国家海洋软实力建设的需要。为此，增强公民海洋安全意识，维护国家海洋权益，是一项迫在眉睫的系统工程，各级政府及教育、宣传、科研、旅游等职能部门要高度重视，从以下五个方面着手，普及公民海洋知识、强化公民海洋权益意识，维护国家海洋安全。一是加强海洋安全管理。各级政府要加强海洋安全管理，提高海洋管理部门的行政级别，增加编制和投入，加快海洋地方立法，强化海洋环境保护，积极防治海洋环境污染，规范管理海洋渔业生产，加强海事监管和海洋边界工作等，推动海洋管理工作的深入开展。二是重视海洋教育。各级教育部门要依托公民教育，遵循阶段性、层次性、连贯性和循序渐进原则，在不同年龄段、不同教育层次中进行侧重点不同的海洋知识普及教育。三是加大海洋宣传。各级宣传部门要加大宣传力度，通过各种媒体，传播海洋知识、海洋信息。四是加深海洋研究。各级科研部门要加深与海洋有关的各种科学研究，特别是要根据南海的现实情况，重点研究现代南海经济发展过程中劳动人民的渔业、渔政、航运、海滩、海岛开发事业及相关人物的作用和事迹。五是开发海洋旅游。各级旅游部门要认真研究海洋旅游开发，加快推进西沙旅游等海岛旅游，加大南海海洋科学考察和南海水下考古的力度，建设专门的南海博物馆，建立爱国主义教育基地，以此来提高公民的海洋意识和爱国主义思想。

要将维护国家海洋资源安全纳入破解西方国家围堵的总体战略谋划中。既要努力推进与西方国家海洋资源合作特别是海洋技术合作，又要为维护我国平等利用海洋资源的权利、世界贸易规则赋予的权利展开必要的斗争。在维护我国海洋资源权益问题上，尤其应当充分考虑西方国家因素。我国布局周边海洋运输战略通道，必须考虑到海上运输受制于美国的危险性，加快周边陆上油气运输走廊的建设，增强海上油气运输的政治和军事保障能力。通过资源能源外交运筹，发展“紧密朋友圈”，强化新兴大国的海洋资源安全协作，共同抵御霸权国家对新兴国家资源能源利益的损害。

（六）加强国际资源合作贸易，保障国家资源供给安全

没有任何一个国家可以完全依靠自身来满足其资源需求，都需要开放度不同

的资源安全保障体系。完全的自给自足减少了短期风险，却影响长远的资源安全。因此，按照生态系统的观点，开放的系统、组成复杂的系统更稳定，对国家资源安全来说，这个原理也同样适用。因此，我国需要建立健全持续、稳定、经济、安全的资源合作贸易伙伴关系。

结合“一带一路”倡议的实施，扩大国际资源供给渠道。以提高海外资源供给能力、降低进口风险为目标，加强资源开发利用的国际合作。通过多种方式充分利用境外资源，改善资源性企业“走出去”和在境外投资办厂的有利环境，拓展配套服务，满足中国资源性企业过剩产能向国际转移和资源加工制造业外迁对当地的资源需求。挖掘国外资源利用的新动能，保障国家资源供给安全。

当今，资源是各国争夺的焦点，维护我国资源安全面临内外部各种挑战，必须加强谋划，综合施策。维护资源安全，关键是合理利用和保护资源能源，有效管控战略资源能源开发，加强战略资源能源储备，完善资源能源运输战略通道建设和安全保护措施，加强国际资源能源合作。

我国多数资源总量居世界前列，但人均占有资源量却很少。许多自然资源，如水资源和耕地资源，是人类生存和发展所必需的最基本的物质资料，并且没有替代品，再加上资源的稀缺性特点，使得提供资源保障成为国家资源安全的重要目标。如今，我国是全球13个人均水资源最贫乏的国家之一，能源资源约束强化将成为影响中国经济可持续发展的关键。

思考题

1. 什么是资源安全？
2. 资源安全包括哪些内容？
3. 如何维护国家的资源安全？

第十一章 核安全

核恐怖主义是全人类的公敌，核安全事件的影响超越国界。在互联互通时代，没有哪个国家能够独自应对，也没有哪个国家可以置身事外。在尊重各国主权的前提下，所有国家都要参与到核安全事务中来，以开放包容的精神，努力打造核安全命运共同体。①

——2016年4月1日，习近平在美国首都华盛顿举行的第四届核安全峰会上的重要讲话

【案例透视】

"3·11"日本大地震引发福岛核灾难

2011年3月11日，日本发生东日本大地震，引发巨型海啸及福岛核灾难，造成上万人死亡，当地大量居民不得不离开家乡。据统计，"3·11"东日本大地震共计导致15897人死亡，2533人下落不明。更为引人注目的是，大地震后发生的东京电力福岛第一核电站惨剧使得5.2万人过着避难生活。2020年3月11日，发生在2011年的"3·11"东日本大地震已过去整整9年。但据日本复兴厅的最新统计数据，截至目前，日本全国依旧有超过4.7万名灾区民众无家可归。

日本社会正在为关闭福岛第一核电站问题头痛不已。东京电力计划用40年的时间完成关闭作业，但是到

① 2016年4月1日，习近平在美国首都华盛顿举行的第四届核安全峰会上发表重要讲话，中共中央党史和文献研究院编：《习近平关于总体国家安全观论述摘编》，中央文献出版社2018年版。

处都是堆积如山的难题。关闭时要取出炉心熔融后熔化的核反应堆压力容器内的核残渣，然而人靠近后，会被这里释放的致命性放射线夺走生命。东京电力一直在考虑安全的回收方法，例如投入机器人等，但是8年间，在发生炉心熔融的3座核反应堆中，没有一处核残渣被取出。由此一来，仿照1986年发生核电事故的苏联切尔诺贝利核电站，采用混凝土覆盖核反应堆方式入选了代替方案。然而该方法与日本政府推进中的复兴计划背道而驰，因此并不容易操作。

此外，福岛核电站发生的污染水处理问题也未能得出结论。福岛核电站如今每天都会产生100吨以上的污染水。东京电力一直主张通过多核种去除设备（ALPS）净化除超重氢外的放射性物质，然而2019年净化后的水中被检测出超过标准值的放射性物质。日本政府和东京电力计划将储存在核电站周围900多个水箱内的大量污染水排入大海，但是遭到了地区居民的反对，实行起来并不容易。

被放射能污染的土壤也没有确切的处理方法。由于没有合适的存放场所，部分土壤仍被存放在学校和保育院。按计划，污染土和污染物质将通过福岛县内的中间储存设施在几年内进行转移，但是最终处置场用地尚未被确定下来。

2020年3月2日，在“3·11”东日本大地震即将满9周年之际，日本农林水产省公布了地震灾区的重建情况。公布的结果显示，虽然宫城县和岩手县等地的重建工程已基本完成，不过，受核电站事故严重影响的日本福岛县的重建率仍旧只有71%。

【法条链接】

《中华人民共和国国家安全法》第三十一条 国家坚持和平利用核能和核技术，加强国际合作，防止核扩散，完善防扩散机制，加强对核设施、核材料、核活动和核废料处置的安全管理、监管和保护，加强核事故应急体系和应急能力建设，防止、控制和消除核事故对公民生命健康和生态环境的危害，不断增强有效应对和防范核威胁、核攻击的能力。

核能的开发和利用不仅可以给人类带来取之不尽的新能源，也给世界带来了毁灭性的武器。因此，随之而来的核安全问题受到国际社会的极大关注。近年来，随着核能、核技术的广泛应用，核材料安全风险上升，核恐怖主义的潜在威胁也引起国际社会的重视。如今，核安全问题是当今时代国际社会广泛关注的重要安全问题之一，成为国家安全的战略关切。

一、核安全是国家安全的战略关切

核能的开发利用在给人类发展带来了新动力的同时，核能发展也伴生着核安全风险和挑战。尽管加强核安全已成为国际社会共识，但核武器扩散、有核国家的对峙和核军备竞赛依然存在。防止核安全事故和核武器战争仍然是当今国际社会关注的安全重点。

（一）核安全概念阐释

核安全，是指免于遭受核打击、防范或减轻国土和公众免受传统与非传统辐射损伤风险，以及为实现这一目的而采取的措施。其包括核力量建设、和平利用核能、核军控与裁军、防止核扩散、防范核恐怖主义、防止核意外等与核相关的安全问题。维护核安全最终目标，是在实现无核武器世界的条件下，确保核材料、核设施的安全，即对核设施、核活动、核材料和放射性物质采取必要和充分的监控、保护、预防和缓解等安全措施，防止由于任何技术原因、人为原因或自然灾害造成事故发生，并最大限度减少事故情况下的放射性后果，从而保护工作人员、公众和环境免受不当辐射危害。

根据范围不同，核安全又有广义和狭义之分。广义核安全，是指涉及核材料及放射性核素相关的安全问题，目前包括放射性物质管理、前端核资源开采利用设施安全、核电站安全运行、乏燃料后处理设施安全及全过程的防核扩散等议题。狭义核安全，是指在核设施的设计、建造、运行和退役期间，为保护人员、社会和环境免受可能的放射性危害所采取的技术和组织上的措施的综合。具体措施包括确保核设施的正常运行，预防事故的发生，限制可能的事故后果。国际社会议题的核安全主要是指防核扩散及核裁军等，核安全与放射性污染防治关系经济社会发展全局和人民群众的切身利益，是全民关注的重大问题。

核安全不仅是国家课题，也是全球性课题。维护核安全，关键是加强核事故应急体系和应急能力建设，有效应对和防范核威胁、核攻击、核事故和核犯罪行为，维护国际核军控等安全体系有效运行。核安全具有事故后果严重和极端的社会敏感性等特点，对生态安全、经济安全和社会安全等安全领域都有重要影响，成为国家安全的重要组成部分。

在当前国际国内形势下，核安全是我国国家安全的重要领域。2014年3月24日至25日，习近平主席出席在荷兰海牙举行的第三届核安全峰会，阐述了中国关于发展和安全并重、权利和义务并重、自主和协作并重、治标和治本并重的核安全观，呼吁国际社会携手合作，实现核能持久安全和发展。这是中国首次公开提出“核安全观”，也是在世界各国中第一个提出“核安全观”。

（二）新时代维护核安全仍然具有战略意义

核安全问题仍然是当今时代国家安全关注的重要内容之一。核安全是国家安全体系的重要组成部分，是政治安全、国土安全、军事安全、经济安全等其他安全的战略支撑，是核事业健康有序发展的重要保证，是国家安全的重要基石。核事业健康有序发展的最终目的是保障国家安全。加强对这一问题的基础研究与政策研究，维护核安全具有十分重要的现实意义。

一是维护核安全是我国基本的国策。自1964年第一次核试验直至今日，中国公之于世的核政策几乎没有发生任何实质性的变化。中国核政策包括了下面六个基本方面：世界上的核武器应当予以全面禁止和彻底销毁；中国发展核武器，是核大国的核威胁所致，中国掌握少量核武器只是为了自卫；中国在任何时候、任何情况下，绝不首先使用核武器；中国不对无核国家和无核区使用或威胁使用核武器；中国对无核国家提供消极和积极的双重安全保障；中国反对核扩散，永远不会帮助其他国家发展核武器，并且不会在其他国家部署核武器。自20世纪80年代以来，中国一直要求从中国进口同核有关的材料和设备的国家接受国际安全保障措施，未经中国允许不得向第三国再次转让这些材料和设备；中国还保证所有进口的核材料与设备将仅用于和平目的。在国际舞台上，我国坚决反对核扩散和核恐怖主义，积极支持国际社会加强核安全合作。

二是核安全密切关乎国家其他领域安全。随着核技术应用事业快速发展和放射性废物量快速增加，我国核安全面临诸多困难和严峻挑战：未来5—10年将是我国核电建造、调试和运行的高峰期，安全监管任务持续加重；历史遗留放射性废物的处置问题进展缓慢，存在安全隐患；现有的核安全技术标准还有较多缺项，很多在建核电机组的安全性有待提升，我国的核安全技术规范和标准体系也有待改进；在日本福岛核事故后国际社会对核安全高度关注，公众信心已成为整个核事业发展的制约因素。由于核武器具有巨大的杀伤力与破坏能量，核恐怖主义会给人民生命安全带来极大危害，核事故会给国家和社会带来不可估量的后果，因此维护核安全密切关乎国家的政治安全、社会安全以及生态安全。

三是防止发生核事故灾害任重道远。在当今世界，核安全是一个全球性问题，核攻击、核扩散、核事故和核恐怖主义都具有跨越国界的影响。人类历史上发生过多次重大核事故，如美国三哩岛核事故（1979年）、苏联切尔诺贝利核事故（1986年）、日本福岛核事故（2011年）。解决核安全问题，核武器和核能利用大国必须负起责任。核大国不但要为国际规范的制定和国际合作起推动作用，而且要带头遵约，发挥监督作用。2014年3月，在第三届核安全峰会上，习近平阐述了我国“理性、协调、并进”的核安全观，向国际社会明确表明中国政府在核问题上的观点和立场，提出了解决核安全问题的“中国方案”。

四是防止核恐怖袭击和建立国际核安全体系紧迫。近年来，随着核能、核技术的广泛应用，核材料安全风险上升，核恐怖主义的潜在威胁也引起关注。长期以来，我国积极采取措施防止核与放射性材料丢失被盗，防止恐怖组织利用放射性物质实施攻击和破坏行动，保持着良好的核安全记录。同时，我国积极推动建立公平、合作、共赢的国际核安全体系，维护国际核不扩散体制，倡导各国普遍遵守核安全多边法律文书，支持国际原子能机构工作，积极参加核安全领域各平台活动，支持加强协调与互补等。作为负责任的核大国，我国认真履行《国际原子能机构规约》《核材料实物保护公约》等国际公约，建设性参与国际核安全进程。

（三）维护核安全的主要内容

维护核安全，既具有军事意义，如防范核威胁和核攻击，也具有非军事意义，如防范核犯罪、核事故所造成的核危害；既涉及国家与国家间关系，如防范核武器扩散，也涉及国家与非国家行为体间的关系，如防范核材料被盗窃、走私，特别是要防范核武器、核材料落入恐怖分子之手。因此，防范核威胁和核攻击，防范核犯罪、核事故所造成的核危害，防范核武器扩散和防范核恐怖活动是维护核安全的主要内容。

一是防范核威胁和核攻击。原子的发现和核能的开发利用，给人类发展带来了新的动力，极大增强了人类认识世界和改造世界的能力。同时，核能发展也伴生着安全风险和挑战。人类要更好利用核能、实现更大发展，必须应对好防范各种核安全挑战，防范核威胁和核攻击，维护全球核安全。

二是防范核犯罪、核事故所造成的核危害。这是当今核开发领域面临的重要安全问题。国际社会要完善核安全政策举措，发展现代化和低风险核能，坚持核材料供需平衡，加强防扩散出口控制，深化打击核恐怖主义国际合作，消除核安全隐患和核扩散风险。各国应团结起来，发展和谐友善的国家关系，共同营造和平稳定的国际环境，从根源上解决核恐怖主义和核扩散问题，实现核能的持久安全和发展。

三是防范核武器扩散。核武器作为有潜力毁灭整个地球的终结者，数量越多，人类前景越暗淡。然而，让美、英、俄、中、法等核武器国家完全销毁自己手上的核武器，在各个国家相互提防、相互牵制的时代是不现实的。但防范核武器扩散、维护条约的权威性、保障地区与世界的安全和稳定，却仍然是国际社会特别是五大有核国家的共同利益与责任。

四是防止核恐怖活动。随着国际恐怖主义威胁的上升，潜在的核恐怖主义已成为国际社会的“达摩克利斯之剑”。遍布世界的核材料、核设施，存在着因发生核事故、核犯罪而导致核污染、核泄漏乃至核攻击的风险。所有这些不安全的因素，都可能给人类社会带来重大灾难。

二、核安全面临的机遇和挑战

“冷战”结束以来，国际社会呈现核态势失衡、核扩散加剧、有核国家增多的趋势，而且这种趋势还有进一步增强和恶化的可能。这一趋势越来越引发人们担心像1986年苏联切尔诺贝利核事故和2011年日本福岛核事故等那样重大核灾难的再次发生。因此，世界仍然面临核安全的威胁与挑战。

（一）美俄在核领域竞争仍然复杂激烈

当今，美俄两国是世界上最大的有核国家，两国在核领域的竞争仍然复杂激烈。近年来，美国努力扩大核武优势。目前，美国的核武库继承了“冷战”时期庞大核力量的历史遗产。根据美国原子能科学家联合会（FAS）2014年1月9日公布的最新数字，美国拥有4650件核武器，其中2130件可随时投入使用。美国拥有完善的“三位一体”核力量，可以通过陆基导弹、潜射导弹和远程轰炸机投放核武器。为了给盟国提供支持，美国政府同时还决定保留向海外部署携带战术核武器的战斗机的能力。2014—2023年，美国政府将为核力量投入3550亿美元资金。其中，直接用于战略与战术核武器平台系统的预算为1360亿美元；能源部投入核武器研制机构以及战略核潜艇核反应堆的总费用为1050亿美元，用于核力量指挥、控制、通信和预警系统的费用为560亿美元。①

俄罗斯将战略核力量作为唯一可与美国抗衡的军事力量。长期以来，俄军认为，核武器首先是一种武器，尽管是种“特殊”的武器，但武器就是用来使用的，这一点和其他的武器并无不同，并视战略核力量为保证国家和军事安全的最强力支柱，是国家地位和军事实力的最重要体现。目前，俄拥有核弹头约1.4万枚，其中5493枚为实战型核弹头，另有9500枚处于备用或待拆卸状态。现役核武库中，陆基核弹头1677枚，占53%；海基614枚，占19%；空基872枚，占28%。近年来，俄军

---

① 《美拟斥巨资用于核武库将购新型核弹》，新华网 2014-01-09，15:12，http://www.81.cn/bqtd/2014-01/09/content_5727760.htm。

在“东方”“西方”“中部”“南方”等系列的大规模军演中，都进行了战略核力量的演练。2019年10月15日至17日，俄罗斯举行了代号“雷霆–2019”的战略核力量演习，俄罗斯“三位一体”战略核力量和常规导弹部队参演。如今，俄罗斯“雷霆”演习已经成为年度化系列演习。这进一步凸显战略核力量对于俄罗斯国家和军事安全的作用和地位。

近年来，美俄核裁军进程严重倒退。美国为给核导力量发展松绑，2019年退出《中导条约》，又对《新削减战略武器条约》延期态度消极。在美国单方面退出《中导条约》后，《新削减战略武器条约》成为美俄两国间仅存的主要军控条约。该条约旨在限制两国核武器数量，于2021年2月到期。2021年2月3日，虽然俄美宣布完成延长《新削减战略武器条约》有效期必要的国内程序并互换照会，有效期延长5年，到2026年2月5日，但《新削减战略武器条约》相关谈判还需尽快启动，且谈判会很艰难。同时，国际核不扩散体系受到冲击。美国无视国际法，大肆推行“极限施压”和双重标准，导致朝鲜半岛核问题和伊朗核问题延宕难决，个别拥有核武器的国家长期游离于条约体系之外。和平利用核能国际合作政治化苗头显现，日益沦为大国博弈的政治工具。

（二）周边国家核扩散形势严峻

如今，国际社会拥有核武器国家增多，特别是我国周边核扩散形势严峻。1970年生效的《不扩散核武器条约》规定，禁止有核武器国家向任何接受者转让核武器或其他核爆炸装置，同时禁止非核武器国家和地区接受、制造或以其他方式获得核武器或核装置。1998年印度和巴基斯坦进行了核试验，成了事实上的拥有核武器国家。继印度和巴基斯坦进行核试验以后，朝鲜于2006年10月9日向国际社会宣布完成了一次地下核试验，成为一个事实上的有核国家。而以色列在核武器问题上采取模糊政策，既不承认也不否认自己拥有核武器。此外，日本拥有制造核武器的能力与资源，至于是否会走上核武器国家道路完全是一个选择问题。鉴于周边的核扩散局势，坚持核不扩散立场，是维护我国核安全的重要一环。

在我国周边，核扩散形势严峻。印度和巴基斯坦关系紧张，存在导致核冲突的危险。朝鲜坚持发展核武器，朝鲜半岛无核化进程遇到困难，朝韩、朝美关系的紧张，也存在导致冲突的危险。

（三）核恐怖主义威胁日益凸显

使用大规模杀伤性武器的恐怖主义亦被称为“超级恐怖主义”，这种超级恐怖主义谋求的是杀死尽可能多的人，以达成最大的毁灭效应。近年来，核能与核技术的广泛应用导致越来越多的核材料分散在世界各地，而一些国家和地区对这些核材料与核技术缺乏有效的保护，核材料与核技术流失现象严重。一旦恐怖分子获得核武器或核材料，并发动核恐怖袭击，将对人类造成严重危害。虽然国际上尚未发生真正意义上的核恐怖袭击，但核材料与放射性物质丢失、被盗事件的不断发生表明，管理失控的风险始终存在。恐怖组织攻击和破坏核设施，利用“脏弹”进行恐怖袭击的潜在风险不容忽视，盗取核材料、放射性物质的可能性也在加大。

目前，国际核安全形势非常严峻。在国际地下核走私市场，走私核材料的市场非常猖獗，主要表现在两个方面：一方面，恐怖分子确实极力地想谋求、拥有这样一些打击、破坏社会的手段；另外一方面，这个走私市场能给参与走私的人带来惊人的、高额的利润。如果恐怖分子获得核武器或核材料，并发动核恐怖袭击，将对人类造成严重危害。随着核技术的普及、核黑市的发展、核电的复兴、更多“事实核国家”的出现，以及现存国际防核扩散机制缺乏有效应对非国家行为体核扩散的手段，非国家行为体，特别是恐怖主义势力谋取核材料、核武器的可能性不断增加。在可预见的未来，尽管核恐怖活动发生的概率要比常规恐怖活动的概率小得多，但其危险性却与日俱增，一旦核武器被恐怖分子掌握，就将给人类文明带来巨大的灾难。

国际可能的核恐怖主义威胁主要有四种：偷窃、夺取并爆炸核武器；利用偷盗、走私、购买等手段得到核材料，制造和爆炸核装置；攻击核电厂及其他核设施，造成放射性污染；散布非法渠道获得的放射性材料、制造并爆炸放射性“脏弹”。近年来，国际社会还进一步认识到，核恐怖主义的威胁可能并不止上述几种。一种日益上升的担心是，非国家行为体可能利用网络技术对核国家的核武器、核设施指挥控制系统进行攻击。

（四）核电、核技术利用的事故风险上升

在当今世界，核技术在能源、农业、医疗等领域的应用日益广泛。自1957年美国建造世界上第一个核电站开始，全球核电发展已经走过了60多个年头。60多年来，全球核电发展始终直线上升，以每年平均新增150万千瓦发电能力的步伐快速成长。

核技术的发展满足了社会的需要，同时也伴随核安全风险和挑战。我国核能和核技术发展快，量大面广，监管任务十分繁重。我国是核能核技术利用大国，正处在向核强国转型迈进的关键时期，核与辐射安全总体保持稳定。截至2020年3月，我国现有47台运行核电机组、15台在建核电机组。核技术利用单位7.8万家，在用放射源约14.6万枚，射线装置约19.8万台（套）。[①]当前我国核电机组总数全球第二，在建机组全球第一，核技术利用量大面广。2020年4月，世界核电运营者协会公布了全球核电机组2019年综合指数排名，全球411台运行机组参评、65台满分，我国45台机组参评、23台满分，在全球处于较高水平。但是，当前国际核安全形势复杂多变，不稳定、不确定因素显著增多。

虽然核与辐射安全总体形势保持稳定，但其他与核电发展配套的核燃料循环设施也将相应增加，对核安全提出了挑战，我国核安全形势仍不容乐观。核能与核技术利用事业快速发展使得核安全的任务剧增，核恐怖主义威胁日益凸显，地区热点核问题延宕难决，核安全问题的综合性、复杂性和多变性明显上升。

三、维护核安全应把握的主要问题

坚持国家总体安全观和核安全观，全面推进核安全治理体系和治理能力现代化，为确保核与辐射安全提供坚强保障任重道远。为此，要走中国特色核安全之路，加强事故预防，做好事故缓解，注重基础建设，提升能力建设，不断提升国家

① 《走中国特色核安全之路——〈瞭望〉周刊专访生态环境部副部长（国家核安全局局长）》，生态环境部 20-04-13，18:18，https://baijiahao.baidu.com/s?id=1663852174629371293&wfr=spider&for=pc。

核安全水平。在维护国家核安全问题上，具体需要把握以下重要问题。

（一）坚持核安全的有效做法，维护我国核安全的良好形象

多年来，我国在核电自主设计、自主制造、自主建设和自主运行等各方面积累了丰富经验，产生了很好的社会效益和经济效益，为未来核电发展奠定了良好基础。维护核安全，要秉持为发展求安全、以安全促发展的理念，使发展和安全两个目标有机融合。任何以牺牲安全为代价的核能发展都难以持续，都不是真正的发展。只有采取切实举措，才能真正管控风险；只有实现安全保障，核能才能持续发展。

坚持国家主导是确保国家核安全的重要前提。核安全涉及国家多个部门，应加强国家对核安全的统一领导。建议在国家安全委员会框架内建立国家核安全事务协调机制和核事件应急处置机制，加大国家对核扩散问题、核恐怖事件、重大核与辐射事故的应对处置以及军民协调发展的统筹力度。加快立法，重点推进原子能法、核安全法的制定工作。

保持完整、先进、自主的核科技工业体系是确保国家核安全的重要基础。我国的核科技工业体系是在中央几代领导的关心和支持下创立和发展起来的，是我国进入核大国的重要支撑。要加快处理建设步伐，尽快形成核燃料循环产业体系；组织开展核科技重大专项，突破关键技术；重视基础科研以及科研手段建设；加快“三废”的处置，解决历史遗留问题。保持完整、先进、自主的体系，是发展我国战略核力量、增强核心竞争力、缩小与国外差距、保障国家安全的重要基础。

我国核与辐射安全监管工作积极借鉴国际和国内其他工作领域先进监督、管理模式、法规标准体系和运作机制，在实践中发展、在创新中进步，使得核设施安全得到有效保障，辐射环境质量保持良好水平，取得了世人瞩目的安全业绩，也积累了丰富的核与辐射安全监管成熟经验。放射源辐射事故年发生率持续降低，由20世纪90年代的每万枚6.2起降至目前的每万枚1.0起以下，达到历史最低水平。[①]

---

① 《中国的核安全白皮书》，《人民日报》2019 年 9 月 4 日第 17 版。https://baijiahao.baidu.com/s?id=1643690046601349695&wfr=spider&for=pc。

（二）全面采取核安全保障举措，保持核设施处于高安全水平

为防患于未然，要坚持“安全第一、质量第一”的根本方针，全面采取核安全保障举措，确保我国核设施始终处于较高安全水平。

一是提高核设施安全水平，预防核事故发生。从国家安全的角度统筹规划核设施发展，合理布局，科学选址，加强核设施建设质量保证，强化核电厂运行安全管理。参照国际良好实践及最新安全要求，实施安全改造，提高核设施应对极端自然灾害和缓解严重事故的能力。按照最新安全要求，设计和建造新的核电厂，力争从设计上实际消除大规模放射性释放的可能性。不断积累和总结工程示范与安全管理经验，提高核电厂建造质量。加强核设施安全技术、先进反应堆技术、严重事故应对技术的研发，加强相关基础科学研究。

二是提高核设施防范和应对自然灾害的能力。做好我国核安全与放射性污染防治工作要按照“安全第一、质量第一”的根本方针，不断健全法规标准和政策措施，加强科技支撑和基础能力建设，强化质量保证，完善监管机制和应急体系，严格安全管理，不断提高我国核安全与放射性污染防治水平，推动核能与核技术利用事业安全、健康、可持续发展。加快开展重点核设施厂房加固等安全改进工程，提高安全隐患的预警和缓解能力。

三是加快放射性废物处置能力建设，推动放射性废物安全处置。对核材料、放射性物质建立实时监控和报警系统，防止蓄意破坏。维护核安全，要采取措施防范核攻击、核事故和核犯罪行为，坚持核不扩散立场，确保核设施和核材料的安全，防止和应对核材料的偷窃、蓄意破坏、未经授权的获取、非法贩运等违法行为，防范恐怖分子获取核材料、破坏核设施等。

四是加强核安保、核应急能力建设是确保国家核安全的重要保证。加强核安保能力建设，对核设施实物保护系统进行升级改造，消除安全隐患，应对核恐怖主义威胁。加快推进我国核设施关键基础信息系统和控制系统国产化步伐。积极完善重点核设施应急预案和应急设施，提升核电厂核事故应急场内救援能力和跨集团相互支援能力，确保核应急体系有效运转。另外，在国际合作方面，要加强与国际涉核组织的交流，积极争取高级别职位，积极参与核领域全球事务，增强全球核安全

治理话语权；加快以核电为主的“走出去”步伐，拓展国家涉核外交和安全利益。

（三）加强公众沟通与理性认知提升，做好事故缓解和应急能力建设

建立健全核安全相关的信息公开、公共宣传、公众参与和舆情应对制度。构建多维信息公开平台，建立健全政府部门和涉核企业主动公开公众健康和环境安全相关信息的制度。加强核科普教育，推动核与辐射安全科普知识进课堂、进社区。完善涉核项目的社会稳定风险评估机制，提高公众对涉核事项和核安全立法的参与程度。推动媒体科学客观报道核科学相关信息，正确引导舆论；提升各级政府舆情应对能力，建立部门间重大舆情危机应对联动机制。

做好事故缓解和应急能力建设，有效减轻事故后果。应对核事故发生，减轻核事故后果，必须开展事故应急。我国已建立国家、省级、核设施营运单位三级应急体系，各自负责全国、本行政区、场内核事故应急准备与应急处置工作。如今，中国核工业集团、中国广核集团、国家电力投资集团还分别组建了集团公司直属的核事故应急支援队。同时，各个集团公司还建立了核电集团之间的支援机制。国家核事故应急协调委员会结合各单位职责，利用各单位的优势，成立了核应急监测、污染控制、医学救援、工程保障等专业化应急组织。在严重事故情况下，要有能力调集全国的技术、人员和装备对发生事故核电厂进行快速支援，防止事态扩大。此外，还需完善境外核事件应对机制，制定相应的预案，有效开展监测和舆情应对工作，降低核事件对我国社会的影响。

（四）夯实技术和管理基础，从根源上降低事故发生率

核安全基础建设是做好国家核安全工作的前提。我国将坚定不移地增强自身核安全能力，继续致力于加强核安全政府监管能力建设，加大核安全技术研发和人力资源投入力度，坚持培育和发展核安全文化。

一是加强法律法规建设。我国正在开展原子能法、核安全法的立法工作，推动行政法规、部门规章及导则、标准的制修订工作，努力建成层级清楚、定位清晰、关系明确的核安全法规体系。

二是加强人才队伍建设。建立并保持一支与核事业发展相适应的政治过硬、

业务精良、规模适当、结构合理的人才队伍。加快搭建由政府、高校、社会培训机构及用人单位共同参与的人才教育和培训体系。加大人才引进力度，完善人才激励和考核评价体系。建立核领域国家级智库，深化核领域智库合作。

三是加强技术基础建设。加强核安全基础研发，突破乏燃料后处理、关键材料等一批关键技术。整合资源，构建国家核基础科研创新体系，加强设备制造能力建设，实施核电科技重大专项，建成国家核与辐射安全监管技术研发基地及中美核安保示范中心。

四是加强核安全文化建设。全面推进核安全文化建设，决策层树立正确的安全观并作出承诺，管理层提高素养并作出表率，加强全员法治意识、责任意识、风险意识和诚信意识，构建全面有效的管理体系。培育学习型组织，建立对安全问题的质疑、报告和经验反馈机制，营造适宜的工作环境，创建和谐的公共关系。建立科学合理的评估体系，推进核安全文化全面提升。

五是加强核安全保卫能力建设，防范涉核犯罪。加强对核设施实物保护系统设计、建设和运行的安全审查和监督检查，通过建立监控、报警系统等技防措施以及对关键岗位人员加强管理和审查等人防措施确保安全。做好核安全情报收集和信息预警，同时加强与国际组织及相关国家的信息交流，及时掌握涉核犯罪及核恐怖活动的动向。

六是提升核材料、核技术的管控能力，维护国际核不扩散体系。不断完善我国核出口管制体系，加强边境核辐射探测和处置能力，防范核材料与核技术扩散。维护国际核不扩散体系，推动妥善解决地区热点核问题，密切关注周边国家核能力发展，遏制新的核扩散态势。

军民融合是确保国家核安全的重要途径。十八届三中全会强调，要“推动军民融合深度发展”。核科技工业的基本特征就是“军民两用，军民结合”，承担着保证国家安全，满足国防和经济建设需要的双重任务。要发挥国家主导和市场配置资源两个作用，推进核科技工业体系军民融合深度发展，优化军民结合产业布局，实现研发上军民结合，产业上寓军于民，人才上军民互动，资源上军民共享。

（五）加强国际交流与合作，努力打造核安全命运共同体

第一，加强国际合作，借鉴先进经验。密切跟踪国际核安全的发展趋势，汲

取国外先进的核安全管理和监督经验，促进我国核安全管理水平不断提升。加强合作研究、信息共享、经验反馈、培训交流、同行评估、应急响应与援助等领域的国际合作；加强核安全技术引进与合作开发；积极参与统一的国际核安全标准的研究与制定。继续深化与世界各国、国际组织的交流合作，积极开展双边、多边和区域核安全交流与合作，以互利共赢为途径寻求普遍核安全。积极履行各类国际公约，与国际社会共同应对核安全风险，提升全球核安全水平。

第二，坚定维护包括《不扩散核武器条约》在内的国际核军控体系。《不扩散核武器条约》是国际核裁军与核不扩散体系的基石，也是第二次世界大战后国际安全体系的重要组成部分。2019年1月，中国在北京成功主办五核国年度会议，推动五国就维护《不扩散核武器条约》机制达成重要共识。在迎来《不扩散核武器条约》生效50周年之际，中国于2020年3月与法国、俄罗斯、英国、美国外长发表联合声明，强调条约是防止核武器扩散的关键基石。不管国际风云如何变幻，中国都要推动五核国协调合作，加强国际军控条约体系。同时，也要继续抵制单边主义和霸权行径，维护好自身的安全利益。中国始终恪守不首先使用核武器、无条件不对无核武器国家和无核武器区使用或威胁使用核武器的承诺。事实胜于雄辩，中国是世界和平的建设者、全球发展的贡献者、国际秩序的维护者。中国积极推动大国合作，全面维护世界核安全与核稳定。

作为一个拥有核武器的发展中大国，中国以积极的态度，审慎而策略地应对日趋严峻和复杂的世界核态势和核安全问题，并努力为和平发展赢得持久有利的外部环境，为人类社会营造一个安全稳定的世界。

思考题

1. 什么是核安全？
2. 核安全包括哪些内容？
3. 如何维护国家的核安全？

第十二章 海外利益安全

我国已经进入了实现中华民族伟大复兴的关键阶段。中国与世界的关系在发生深刻变化，我国同国际社会的互联互动也已变得空前紧密，我国对世界的依靠、对国际事务的参与在不断加深，世界对我国的依靠、对我国的影响也在不断加深。我们观察和规划改革发展，必须统筹考虑和综合运用国际国内两个市场、国际国内两种资源、国际国内两类规则……要切实维护我国海外利益，不断提高保障能力和水平，加强保护力度。

——2014年11月28日，习近平总书记在中央外事工作会议会上的重要讲话

【案例透视】

利比亚战争让中国的投资血本无归

利比亚战争，是利比亚在2011年发生的武装冲突，在利比亚国内常称为“2月17日革命”，交战双方为穆阿迈尔·卡扎菲领导的政府和反抗卡扎菲的势力。同时，这场战争也是美、英、法等西方国家打着联合国正义的旗号，对利比亚实施持续数日的空袭和海上封锁的一场高技术局部战争。这是继科索沃战争和伊拉克战争之后，西方国家以不同借口对主权国家所发动的又一场战争。

最初的示威抗议从利比亚第二大城市班加西开始，并逐渐向全国蔓延，民众要求从1969年就已经上台统治长达42年的革命领导人穆阿迈尔·卡扎菲上校下台和进行民主变革。反对卡扎菲的势力组成“全国过渡委员

会”，以推翻卡扎菲的独裁统治和建立民主政体为宗旨。2月26日，联合国安理会通过首项决议，冻结卡扎菲资产，并把事件交由国际刑事法院处理。3月初，卡扎菲军进攻反对派在东部的据点班加西。3月17日，联合国安理会再度通过决议，授权成员国在利比亚设置禁飞区。8月，反对派在西部发起进攻，夺取首都的黎波里，“全国过渡委员会”逐渐得到国际和联合国承认。穆阿迈尔·卡扎菲一度逃避追捕，直至10月20日在苏尔特被杀。10月23日“全国过渡委员会”宣告全国解放，战斗结束。

利比亚在此次内外战争中，人员伤亡惨重，基础设施遭到严重损毁。其政局动荡也对我国在利从事承包工程的企业造成相当大的影响。合同搁浅、项目停止、驻地遭袭、大规模撤侨等，利比亚局势动荡给中国企业带来的损失显而易见。据相关专家估计，中国200多亿美元资金在利比亚利益洗牌中有可能“打水漂”。

2011年3月22日，商务部新闻发言人在商务部例行新闻发布会上表示，受西亚北非地区政局动荡的影响，1—2月，我国在利比亚新签合同额同比减少 45.3%，完成营业额减少13.9%。发言人表示，目前中国在利比亚承包的大型项目一共有50个，涉及的合同金额是188亿美元。除了政府层面的建设项目外，中国民间在利比亚的投资至少超过了30亿美元，这些钱也因为战争的爆发“打了水漂”。

由于撤侨及时，中国避免了更多人员损失，并能将项目损失控制在一定程度。当然，项目、合同半途而辍本身即是惨痛的损失，已建成未交付项目被迫坏，机械设备和在当地资产的损失也难以避免。此次中国撤侨迅速，“止损”做得比海湾战争时好得多，但应清醒看到，不论基建或能源项目，中国在高风险地区投资所占比重都过高。在此情况下，如何保护好中国的海外利益，将成为一个非常严重的现实问题。这次利比亚大撤侨虽然做得很成功，但也足以暴露出我们对外战略的“短板”，由此造成的损失可能也难以挽回。

【法条链接】

《中华人民共和国国家安全法》第三十三条 国家依法采取必要措施，保护海外中国公民、组织和机构的安全和正当权益，保护国家的海外利益不受威胁和侵害。

进入21世纪以来，随着我国融入国际社会力度的加大，我国成为全球第一货物贸易大国和主要对外投资大国。在我国加快建立开放型经济新体制的背景下，海外利益能否得到有效维护事关国家发展和安全大局，必须从战略高度和全局视野认识这项工作的重要意义。

一、海外利益安全是国家安全的自然延伸

中国海外利益的广泛出现、大量延伸和急剧增长是改革开放的一个必然结果，是国家利益在海外的自然延伸，反映了中国与国际体系高水平的互动，是中国与国际体系互动以及“走出去”战略过程中出现的一个新现象。

（一）海外利益安全概念阐释

海外利益即“境外的国家利益”，属于国家利益的重要组成部分。新时代，中国国家安全还具有以往不具备的内涵与特点，其中之一是如何保障不断拓展的海外利益。只有准确把握海外利益的概念，才能理解国家维护海外利益所制定和实施的战略。

海外利益，顾名思义，是指国家利益的海外延伸，是指在与国际社会互联互通过程中，产生于境外的生存需求和发展需求的总和。它是中国政府、企业、社会组织和公民通过全球联系产生的、在中国主权管辖范围以外地域存在的、主要以国际合约形式表现出来的中国国家利益，其是以边境和海关为界划分的，其对应物是中国境内利益。狭义地理解，中国海外利益是指中国机构和公民在海外的生命、财产和活动的安全，其中财产是指他们在海内外所持有的外币和以外币计价的资产；广义地理解，其还包括在境外所有与中国政府、法人和公民发生利益关系的有效协议与合约，在境外所有中国官方和民间所应公平获得的尊严、名誉和形象。随着国际安全环境发生复杂深刻变化，各种传统和非传统安全问题点多面广，我国海外利益拓展过程中遇到的问题越来越多，如海外利益采取何种方式拓展、海外利益如何

保护等。因此，我国海外利益面临的安全风险日益增加。

中国持续的改革开放和高速增长，使中国海外利益急剧增长起来。中国海外利益增长主要是以下五个途径：一是贸易顺差和资本输入使中国的外汇储备居世界之首，使中国掌握了对外购买资产和资源的巨大资本；二是进出口贸易大规模扩张使中国在海外拥有具备合约法律效力的巨大商品市场和原料基地；三是外国跨国公司的直接投资使中国制造业直接被纳入国际分工序列；四是近年对外投资的迅速增长使中国在海外拥有的企业股份和合同项目显著增多，这些直接权益对于中国的海外资产增值和国内利税增长关系重大；五是出入境限制的放宽使中国公民因公务、商务、探亲、求学、旅游、移民而出境短期或长期居留的人数急速增长，海外中国人的人身和财产利益已经遍布全世界。

随着海外利益不断扩大，其在国家整体利益格局中的比重逐步提高。这是我国综合国力由弱到强、对外开放水平由低到高的必然结果，反映出我国与世界关系的历史性变化，也带动海外利益保护需求不断提高。特别是新一轮高水平对外开放的全面推进，我国同各国经贸、科技、文化、教育、旅游等领域交流合作持续深化，走出国门的中国企业、机构和公民必将进一步增多。预计到2025年前后，中国对外投资将达1.25万亿美元左右。在此背景下，提升海外维权能力，有效保障我国海外利益安全，更显刻不容缓。

（二）海外利益安全是国家安全的重要内容

随着改革开放的进一步深化，我国与世界联系日益紧密，国家利益不断向海外延伸和拓展，海外利益安全就成为国家安全向海外的自然延伸，海外利益安全是新时期我国发展和安全利益的重要组成部分，并在国家安全领域愈发凸显其重要作用。

第一，海外利益安全是国家安全的重要领域之一。中国海外利益由来已久，但其成为世人瞩目的问题，还是近三四十年来变迁的结果。中国历史上不乏海外利益维护与拓展的辉煌事例，无论是张骞通西域还是郑和下西洋，都代表了当时的中央王朝对海外利益的重视。朝贡体系实际上也是维护和拓展海外利益的核心路径，它强调了文化和经贸利益的共享性，追求“达则兼济天下”，生动地表明了中国在海外利益的维护与拓展上与西方国家截然不同的路径。改革开放以来，中国改变自己，融入并走上影响、塑造世界的大国发展之路。随着中国与国际社会相互关系的深化，中国国家利益的地理界限已被突破，日益融入地区一体化、经济全球化的潮流，日益呈现出国内利益国际化和国际利益国内化的趋势，维护和拓展海外利益已经成为我们每天都要面对的重大战略议题。

第二，维护海外利益安全是中国特色国家安全道路的重要体现。中国特色国家安全道路要求我们把维护海外利益安全工作摆到重要位置。改革开放以来，中国经济高速增长，综合国力不断增强，已经成为仅次于美国的世界第二大经济体。在此期间，中国海外利益的规模增长、分布地区范围、影响力均呈现快速上升趋势。针对中国国家利益不断向海外延伸，维护国家海外利益安全就成为维护国家安全的题中应有之义，坚持走中国特色国家安全之路。为此，坚持国家利益至上，必须为我国海外利益提供坚强有力保障；坚持以人民安全为宗旨，必须把维护我国公民海外正当权益和生命财产安全放在首位；坚持促进中华民族伟大复兴，必须以对民族负责、对国家负责、对未来负责的态度看待和开展维护海外利益安全这项工作。

第三，维护海外利益安全是统筹国内国际两个大局的需要。改革开放以来，我国海外利益不断拓展和积累，正是通过统筹国内国际两个大局、全面深化改革开放实现的。在新的历史条件下，特别是我国经济发展进入新常态、外部形势持续发生深刻复杂变化的背景下，维护好、保障好日益扩大的海外利益，同样需要作为统筹国内国际两个大局的一项重要任务抓紧抓好。要更加重视把维护拓展我国海外利益与促进其他国家正当权益结合起来，实现互利共赢、共同发展。2014年11月，习近平在中央外事工作会议上提出统筹发展与安全两件大事的新要求。这是党中央在发展任务和安全压力同步增加的新形势下，从全局高度提出的重大战略思想，反映出对平衡、统筹发展利益和安全利益的全面思考。海外利益是我国重要发展利益，面临来自外部的各种各样风险。统筹发展与安全，必然要求对海外利益的拓展和维护工作同等重视、同步谋划、同时推进，两者不可偏废。

第四，维护海外利益安全是维护“一带一路”倡议带来海外利益格局新变化的需要。随着“一带一路”建设不断推进，我国海外利益格局将发生重要变化。首先，“一带一路”建设涵盖基础设施互联互通、能源资源、经贸、产业投资、金融、生态环保、人文交流、海上合作等多个领域，将推动我国与沿线国家经济联系更加紧密，政治互信更加深入，人文交流更加广泛。其次，“一带一路”建设成为推动亚洲整体振兴的重要支柱，有助于连接东南亚、南亚、中亚、西亚乃至欧洲部分地区，实现亚洲各国、各次区域间互通有无、优势互补，建立和健全亚洲供应链、产业链和价值链，助推泛亚和亚欧合作，并将使我国进一步融入亚洲经济之中。此外，40多年的对外开放以向东向海为主，“一带一路”建设则是同时向西、向欧亚大陆开放，更加重视与陆上邻国和新兴市场国家开展经济合作。总体来看，“一带一路”建设有助于实现我国与周边、与亚欧国家发展战略的对接，编织更加紧密的共同利益网络，将双方利益融合提升到更高水平，让沿线国家得益于我国的发展，也使我国从共同发展中获益。

维护中国海外利益安全，既是中国增强自身实力和提高国际影响力的必要途径，又是提高相关国家对中国依赖程度的必要途径，是中国的一个重大战略议题，是中国国家安全利益的重要组成部分。

（三）中国海外利益主要构成

改革开放40多年来，中国与国际体系的互动日益密切，中国与外部世界的关系发生了史无前例的变化，中国政府、企业、民间组织和公民的国际活动空间得到前所未有的拓展，延伸到海外的中国国家利益急剧扩大。中国海外利益作为实体存在的有型的物质利益，具体包括中国驻外机构、境外资产、境外企业、境外中国公民侨民和海上战略通道。

一是驻外机构。根据《全球外交指数》公布的数据显示，中国驻外机构数量在全球排名第一，比排名第二的美国多3个。截至2019年9月，中国与180个国家建立外交关系，在173个国家设立驻外大使馆，在50个国家设立驻外总领馆99个，同112个国家和国际组织建立了不同形式的伙伴关系，另在联合国、欧盟、东盟等国际组织常驻代表团、使团、代表处11个；商务部在亚洲、非洲、美洲、欧洲、大洋洲以及国际组织中设立225个驻外经商机构；文化和旅游部在47个国家设立60个旅游办事处（中国文化中心）；国家汉办在全世界超过150个国家（地区）设立了500多所孔子学院和1000余所孔子课堂。中国的朋友圈越来越大。

二是境外资产。随着“一带一路”建设的深入推进和海外利益的延伸，国际恐怖势力也把目光瞄向我国海外利益，援外公司和人员受到的威胁也逐渐多了起来。截至2017年，我国境外资产总额超过6万亿美元，驻外企业和机构超过3万家，赴外劳务人员97.9万人，赴境外旅游突破1.46亿人次。①商务部、国家统计局和国家外汇管理局在2019年9月联合发布的《2018年度中国对外直接投资统计公报》②显示，中国对外直接投资流量和存量稳居世界前三名，两项所占比例均创历史新高。目前中国是世界第二大对外投资国，截至2018年年底，中国对外直接投资存量达1.98万亿美元，2013年1月至2019年11月，中国非金融类对外直接投资达到8122.3亿美元。

三是境外中资企业。2017年公布的数据显示，世界500强企业中，中国企业占115家；“一带一路”倡议推进过程中，中资海外在建项目已超过百个；中国对外投资超千亿美金。从规模上看，商务部网站2019年12月5日对外投资备案核准信息发布的数据显示，经商务主管部门备案设立的境外中资企业（机构）已达56222家，在“一带一路”沿线国家设立的境外中资企业数量超过10000家，中国在海外约有30000余家企业正在开展各项业务，经济体量达到6万亿美元；中央企业在“一带一路”沿线国家建设3000余个项目，约占项目总数的60%。中国-白俄罗斯工业园区、中老铁路、瓜达尔港等一大批项目正在建设中。境外中资企业对东道国的经济贡献明显，提升东道国就业率的同时增加了东道国的税收，合作共赢的效果显著。

四是境外中国公民侨民。随着中国对外开放和“走出去”战略的实施，中国

① 盛斌，刘家国主编：《全面推进国防和军队现代化》，人民出版社、党建读物出版社 2019 年 2 月第 1 版，第 15 页。

② 《商务部等部门联合发布〈2018 年度中国对外直接投资统计公报〉》，中华人民共和国商务部网站。文章来源：走出去公共服务平台，2019-10-28，08:37。http://fec.mofcom.gov.cn/article/tjsj/tjgb/201910/20191002907954.shtml。

公民出境人数快速增长，越来越多的中国公民选择出境旅游、工作、留学。在出境旅游方面，出境旅游产业规模在中国快速增长，2014年，中国公民出境旅游首次突破1亿人次；2015年，中国公民旅游目的地已经扩大到151个国家（地区）；2018年，中国公民出境旅游达到1.49亿人次。[①]在出国留学方面，教育部2019年3月发布的数据显示，2018年，我国出国留学生人数达到66.21万人，截至2018年12月底，我国对外劳务合作业务累计派出各类人员951.4万人。对外劳务合作年末在外各类劳务人员99.7万人，较上年同期增加1.7万人。2013年1月至2019年10月，对外劳务合作业务累计派出352.3万人次。海外侨胞方面，中国在全球近200个国家（地区）拥有超过6000万名海外侨胞。

五是海上战略通道。海上战略通道是关系到中国经济安全、社会稳定和军事安全等重大的战略问题，也是中国和平发展进程中必须面对，而且是亟待解决的重大课题。随着中国海外利益的扩展和经济对外依存度的增加，对外贸易与货物运输依赖海上运输的程度不断加深。当前，中国已经是世界第二大贸易国，对外进出口货物中，90%经过海上运输通道，每天通过马六甲海峡的船只中约有60%是中国船只或为中国运送货物的船只。因此，海上原油运输通道、中亚油气管道、中缅油气管道、中俄油气管道被视为我国四大油气战略通道。其中包括海上原油运输通道在内的海上战略通道在当前对我国的意义巨大。目前，中国战略能源资源进口和进出口贸易主要集中在四条海上战略通道。以第一条通道为例，该条通道从中国沿海港口出发，通过南中国海，穿越马六甲海峡，途经印度洋、阿拉伯海，抵达波斯湾。中国大量远洋货船抵达后，该条线路每年运输石油量约占中国进口石油数量的60%，2018年，中国共进口原油6亿吨，其中将近4亿吨是通过马六甲海峡运到中国的。其余三条线路也都担负着运输矿产、有色金属、原油等资源的任务。[②]

随着自身实力不断增强以及与世界联系日益紧密，我国企业、机构和人员大

① 文化和旅游部：《中华人民共和国文化和旅游部2018年文化和旅游发展统计公报》。

② 李云龙，王千，金如和：《中国海外利益当前面临的安全风险与对策》，《中国经贸导刊》2020年第08期。

规模“走出去”，海外利益的广度和深度不断拓展。随着新一轮对外开放全面推进，特别是“一带一路”建设加快实施，海外利益安全日益关乎我国整体发展利益和国家安全。与此同时，国际安全环境发生复杂深刻变化，各种传统和非传统安全问题点多面广，我国海外利益面临的安全风险增加，维护海外利益安全成为维护国家安全的一项重要任务。

二、海外利益安全面临的威胁与挑战

海外利益是我国国家安全的重要领域之一。随着我国逐渐走向世界舞台中心，海外利益呈现出规模大、增长快、分布广的特点。近年来，伴随着我国海外资产、人身、能源等海外利益的日益增多，我国海外利益受威胁的程度也越来越大，我国的海外利益安全面临诸多威胁与挑战。

（一）对外投资面临多重风险

随着中国不断“走出去”，特别是“一带一路”倡议的全面推进，对外投资不断增加。然而，由于各种原因，中国对外投资面临着越来越多的风险和威胁。

一是大国战略竞争加剧，频繁遭遇出口贸易摩擦。随着国际秩序的演进，中国和美国等大国进入一个战略博弈期。中国的海外利益以及随之而来的国际影响力将会是战略博弈的重点领域之一。大国战略竞争使得中国海外利益面临的挑战格外复杂，商业性、政治性和社会性动态交织。中国对外贸易的规模不断扩大，贸易摩擦也呈多发趋势。自2008年11月以来，中国共遭受超过100项的贸易保护主义壁垒，占同期世界各国各地区采取的贸易保护主义措施的三分之一，名列世界第一。2009年1—8月，共有17个国家和地区对中国发起了79起贸易经济调查，案值约100.35亿美元，同比分别增长16.2%和121.2%。中国企业开拓海外市场遭遇困局。自2018年3月以来，中美之间发生了空前的贸易摩擦。特朗普政府对中国实施了史上空前的贸易战，导致中美经贸关系呈现历史性倒退，中国在美的海外利益受到了巨大损失。

二是中国企业海外投资被设限，频频遭遇掺杂政治因素的“审查壁垒”。政治力量直接干预通常体现在两个领域，第一是重要的战略性自然资源，第二是高技术领域。以美国为首的发达国家已经多次以安全为由，否决中国的海外并购。中海油、华为、鞍钢等国内著名大企业在海外投资过程中都遭遇了以“国家安全”为名的投资审查。根据商务部2016年7月报告，超过50%的中国企业海外并购都不成功，63%的企业处于非营利或亏损状态。

三是海外投资收益遭受巨大损失。由于信息不对称、海外管理人员不适应跨国经营、对金融风险估计不足等原因，中国海外投资收益损失惨重。据2019年商务部统计数据，平安并购富通集团8个月净亏157亿元、TCL并购汤姆逊3年净亏40亿元、国家开发银行对英国巴克莱银行30亿美元的注资蒸发一半以上、中投公司向摩根士丹利、黑石集团投资同样大幅缩水、工行购买南非标准银行的账面价值也因信贷危机蒸发了大约23%。

四是负面舆情导致海外投资损失。负面舆情是观察中国海外利益风险变化的风向标，针对中国海外利益或者中国本身的负面舆情数量多少与中国海外利益面临的风险等级呈正相关关系。特别是西亚、北非地区局势反复动荡，对丝绸之路经济带建设的影响干扰始终存在。阿富汗问题等热点问题的发展演变也影响到中亚、南亚的“一带一路”建设。以“一带一路”沿线国家为例，65个国家中超过三分之一的国家曾出现过针对中国的负面报道和不实炒作，多个国家曾出现过反华游行，使社会治安成为中国海外利益面临的最常见风险；65个国家中17国的犯罪率呈现上升态势，22国的青年失业率呈上升态势，14国发生过针对中国公民的严重刑事案件。

（二）国际恐怖主义袭击活动频发

国际恐怖主义袭击活动是中国海外利益面临的最直接、最现实的安全风险，对我国海外利益造成的威胁不容忽视。由于恐怖袭击、商务矛盾和劳务纠纷、刑事犯罪、国家或地区局势动荡等原因，1998年以来，在伊拉克、阿富汗、巴基斯坦、尼日利亚、埃塞俄比亚、苏丹等国，针对中国人员与机构的袭击、绑架等事件屡屡发生，海外中国公民屡遭生命与财产的安全威胁。中亚、南亚、中东等地区既是

“一带一路”建设区，也是恐怖主义威胁较为严重的地区，我国在上述地区建设项目都有遭到恐怖袭击的情况。

恐怖主义活动频繁给“一带一路”沿线建设带来多重安全风险。近年来，全球恐怖主义活动进入新一轮活跃期。2015年6月19日，美国国务院发布《2014年度全球恐怖主义报告》显示，2014年全球共发生恐怖袭击13463起，较2013年上升35%，造成超过3.27万人死亡、3.47万人受伤，另有9400人遭绑架。①随着“一带一路”的发展和推进，我国在“一带一路”沿线国家的投资数额和企业数量不断上升，但是各种安全风险也在威胁我国在这些区域的海外利益。中东、北非等地区是国际暴恐活动的重灾区，南亚地区恐怖主义活动也很频繁，严重威胁我国在这些地区的海外利益安全。近年来，我国驻海外企业员工遭遇恐怖袭击、绑架勒索，多名参与联合国维和行动的官兵血洒他乡，进一步增强驻海外人员人身安全保卫措施，避免出现不必要的牺牲，成为亟待解决的问题。

国际恐怖主义活动猖獗，严重威胁我国海外项目和人员安全。国际恐怖主义活动对我国公民造成连带伤亡的情况及国际涉我劫持人质事件也屡屡发生。如2015年11月，3名中国铁建高管在马里恐怖袭击中不幸遇难。如今，中国海外利益拓展过程中面临较大的恐怖主义威胁，特别是“一带一路”沿线国家和地区，防范打击恐怖主义形势尤为严峻。2013—2019年，全球共发生1.7万起恐怖袭击，其中在“一带一路”沿线国家发生的恐怖袭击事件占比超过50%。②“一带一路”倡议的推进线路与恐怖袭击高发、频发区域高度重合。以“一带一路”倡议的重点国家巴基斯坦为例：2013—2019年，针对中国驻巴基斯坦各机构、企业项目、人员的各类袭击事件多次发生。俾路支分离势力“俾路支解放军”（BLA）、“俾路支共和军”等在巴境内对中国海外利益构成严重安全威胁。2018年8月，“俾路支解放军”在网络发布公开信息，声称将对中方人员和项目发动袭击。2018年11月23日，“俾路支解放

① 美国发布《2014年度全球恐怖主义报告》。来源：国际在线专稿，2015年06月20日09：40。http://world.people.com.cn/n/2015/0620/c157278-27185667.html。

② 李云龙，王千，金如和：《中国海外利益当前面临的安全风险与对策》，《中国贸易导刊》2020年第8期。

军”的3名武装人员对中国驻巴基斯坦卡拉奇总领馆发动袭击，3名武装分子被安保人员击毙，但也造成总领馆外两名警察和两名前来办理签证的平民死亡。2019年5月11日，位于巴基斯坦瓜达尔港制高点的“明珠洲际”酒店遭到“俾路支解放军”4名武装分子的恐怖袭击，虽然增援部队将4名武装分子击毙，港区内53名中方人员及时转移至安全区域，未造成人员伤亡，但当时的情况依然相当危险。

（三）重大突发事件对海外投资的威胁

重大突发事件是中国海外利益最直接的威胁，对维护国家海外利益安全构成极大挑战。

一是部分地区局势和东道国政局动荡。国际大环境对我国维护海外利益安全总体有利，但部分地区局势动荡对我国企业和公民在当地发展生存带来严峻挑战。“一带一路”沿线国家一旦发生政局动荡，社会治安恶化，必然会冲击在有关国家的“一带一路”建设项目。比如，近年来西亚、北非地区局势持续动荡，特别是一些国家内战冲突不断，严重威胁我国企业、公民在当地的利益安全。利比亚战乱发生后，中国展开了前所未有的撤侨行动，投入大量人力物力，举国为之震动和牵挂。以利比亚撤侨为例，中国政府临时调动军方军舰、大型运输机、民航的民用客机、远洋轮船等交通运输工具，2011年2月22日至3月5日，共有35860名受困利比亚的中国公民安全撤回国内。这次撤侨非常成功，但经济成本比较高。利比亚内战爆发后，我国企业在当地承包的很多工程项目遭到炮火袭击，损失严重。根据商务部部长陈德铭在2014年全国“两会”期间透露，“我国有75家企业在利比亚投资，共涉及50多个项目的工程承包，总金额约188亿美元”[①]。

二是东道国政局动荡或政权更迭导致的政策调整、治安恶化等问题，也会影响双边合作项目进展。中国海外利益目前主要依靠“一带一路”倡议拓展，但“一带一路”沿线国家约30%的国家发生过政局动荡，8个国家长期处于战乱状态，23

① 《中资企业在利比亚项目全部搁浅》，《南方日报》2014年03月23日。http://www.sina.com.cn。

个国家内政遭受别国的严重干涉。中国海外利益目前已经布局和大规模拓展的非洲、南亚、中东等地区存在地区动荡的现象。非洲地区战乱不断，南亚地区的印巴冲突、克什米尔问题，中东地区的也门内战、叙利亚冲突、伊朗问题、巴以冲突等地区热点问题，都是地区动荡的成因。

部分东道国国家治理能力不高导致安全风险增加。动荡的根源“出在发展，出路最终也要靠发展”，而发展的前提在于国家拥有提供公共服务、维护社会秩序、保障公民安全、引导经济发展的现代治理能力。东道国国家治理能力的缺失意味着中国的海外利益有可能会面临政治（如政局动荡、行政效率低下和腐败等）、法律（如法律法规不健全和突然变更等）、社会（如公民的教育和健康状况较差、公共服务和基础设施匮乏、社会治安堪忧等）多重风险。

三是重大自然灾害和传染病疫情时有发生。地震、海啸等自然灾害以及传染病疫情对海外中国公民的安全威胁日益凸显。在2004年印度洋海啸、2011年日本大地震、2015年尼泊尔特大地震中，均有我国公民不幸遇难。2014年西部非洲暴发埃博拉疫情，在疫区国家工作和生活的近两万我国公民，生命健康受到严重威胁。2020年的新冠肺炎疫情大流行，全球多国实行紧急状态、宵禁令、封锁及出行限制等防疫措施，各国安全力量被重新部署，社会经济困难、失业率上升、食品及防疫物资短缺等问题日益凸显，疫情中心区域民众逐渐麻木的“心理台风眼效应”、组织污名化导致的种族歧视和社会排斥行为，导致低收入地区犯罪案件激增，以及引发民众抗议示威与打砸劫掠。多国政府安全部门与卫生管理部门强力执行各项防控措施，易引发对峙冲突。近期，已发生数起中国公民受所在地歧视对待、遭武装绑架、因涉嫌违法或违背禁令而被捕、华侨华人企业仓库商铺遭偷盗劫掠等涉我风险事件。

（四）重要物资和能源及海上运输通道安全面临威胁

中国经济的发展速度在当今世界首屈一指，伴随着经济的发展，中国的能源安全渐渐成为令人担忧的大问题。我国虽拥有丰富的煤炭储量，但石油和天然气的储备却相对有限，中国经济对外部石油、天然气等重要能源的需求依赖日益加重（目前石油的进口量已占到国内石油总消费量的五分之二以上）。由于中国在国际贸易体系中大宗商品定价权的缺失等原因，近年来中国进口的铁矿石、石油、铜、粮食等大宗商品陷入了“中国买什么，国际市场就涨什么”的怪现象，我国在国际铁矿石等大宗商品采购中损失数百亿美元，蒙受了巨大经济损失。

海上战略通道安全问题引起国人的高度关注。在重要物资和能源供应面临安全问题的同时，其海上运输通道也面临威胁：一是中国海上通道面临被遏制的威胁。中国的海域处于封闭或半封闭的海域，无论是东出太平洋还是南下大洋洲和印度洋，都要经过沿岸海区的渤海海峡、台湾海峡、琼州海峡、巴士诸海峡、马六甲海峡、苏伊士运河、霍尔木兹海峡、巴拿马运河等许多战略通道。美国试图在对中国具有战略意义的海峡区域的军事存在，对中国构成潜在的战略压力；日本、印度等国近年在太平洋、印度洋的一系列军事动向，增加了中国对运输通道的担心。从2017年开始，我国就已经超越美国，成为全球第一大石油进口国。2018年，我国石油进口继续增长，2018年中国进口石油高达4亿吨，对外依存度上升至69.8%。①但是能源运输安全仍然面临着潜在的传统安全和非传统安全的威胁。美国谋求控制战略通道的政策及具体部署是我国海运安全潜在的隐患，而马六甲海峡、索马里等海域的海盗、海上恐怖分子频繁活动则是中国海运安全的现实威胁。二是西非沿岸、索马里半岛、红海、亚丁湾、孟加拉湾及马六甲海峡等附近水域频繁的海盗活动对各国能源运输、对外贸易以及海上渔业作业构成现实的威胁，严重威胁中国过往船只和人员安全。

三、维护海外利益安全应把握的主要问题

我国境外企业、机构和人员等海外利益面临各种可以预见和难以预见的安全风险和挑战，保护国家海外利益安全迫在眉睫。

① 《70%石油靠进口！中国作为最大石油进口国，到底储备了多少石油？》，2019-01-31。http://www.360doc.com/content/19/0131/07/330092_812290317.shtml。

（一）维护海外利益安全坚持预防为先，不断完善海外利益保护工作机制

维护海外利益安全，防胜于治，功贵平时。无论“走出去”的是企业还是个人，都要“常存风险意识，凡事留有后手”，做到充分了解风险源、提前发现风险点、及时编织防控网、有效管控影响面，规避各种危及我国海外利益的安全威胁，最大限度地减少或避免损失。健全“走出去”服务保障体系，加强别国安全风险评估工作，完善境外安全风险预警和信息通报制度，指导境外公民和企业有针对性地开展风险防范，强化安全保障措施。

一是高度重视维护海外利益安全，加强风险预警工作。当前，维护我国海外利益安全面临前所未有的良好机遇。党的十八大提出，要坚决维护国家主权、安全、发展利益，维护我国海外合法权益。习近平在中央外事工作会议上强调，要切实维护我国海外利益，不断提高保障能力和水平，加强保护力度。[①]《国家安全法》将维护国家海外利益列为维护国家安全的重要任务。“十三五”规划建议明确提出，构建海外利益保护体系。

政府相关部门要加强风险预警工作。从政府层面视角出发，要想做好海外利益保护工作，风险预警是政府相关部门必须做好的一项工作。事前预警，才能最大限度地减少安全风险可能给中国海外利益造成的人员伤亡和财产损失。政府部门应加强对海外利益相关信息的获取，运用科学的评估方法做好风险评估，形成完整的风险评估报告，报告应该具备时效性、真实性，并由外交部、商务部等部门通过相应的平台进行风险预警信息发布；如果信息敏感，也可通过内部渠道向驻外机构、企业等发布风险预警。政府主管部门可对驻外企业进行安全风险警示，助其防范应对各种安全威胁，必要时协调重大安全事件的处置应对工作；同时加强政策指导，督促企业认真落实项目安全保障主体责任，让驻外机构、境外中资企业、人员等及时做好安全防范工作，尽可能减少损失。

二是不断完善海外利益保护工作机制。境外涉我重大安全事件普遍具有突发

---

① 参见《中央外事工作会议在京举行》，《人民日报》2014年11月30日。

性、复杂性和内外联动性等特征，应对工作往往涉及国内国外两个阵地、中央地方两个层面、政府企业两类主体，空间跨度大、处置头绪繁、涉及部门多、时限要求紧。从提高实效出发，工作中有必要建立并不断完善国家层面的海外利益保护机制，加强统筹协调和规划布局，优化资源配置，提高各部门分工协作效率。充分吸收医疗、救援、安保等领域社会力量和机构广泛深入参与，不断完善中央、地方、驻外使领馆、企业、个人等多位一体的联动工作网络，积极打造维护海外利益的综合性安全网，全力维护海外中国公民、组织和机构的安全与正当权益。政府部门也要加强与东道国的合作。在保护当地的中国海外利益时，东道国的军警力量往往会起到决定性作用，所以政府要在情报共享、警务合作、防务合作等领域加强与东道国的合作，为中国海外利益的安全和发展塑造良好的环境。

三是重点完善领事保护工作体制机制。由于海外利益复杂，目前我国海外利益维护是由外交部与国家发改委两大部门分别牵头。2004年，经国务院批准，外交部会同商务部、公安部等26家部委建立“境外中国公民和机构安全保护工作部际联席会议”机制，负责统一协调海外重大涉我安全事件的处置。在该机制框架下，各成员单位密切协作，充分调动各方资源，稳妥处理海外重大涉我安全事件及各类领事保护案件。深入开展预防性领事保护工作，在地方、企业、高校等开展丰富多彩的领事保护宣传活动，开通“中国领事服务网”和“领事直通车”微信平台，发布海外安全提醒短信。不断加强机制建设，创新工作方式和手段，建立“外交部全球领事保护与服务应急呼叫中心”，开设“12308”24小时应急热线，努力做到我国公民在海外走到哪里，领事保护和服务就跟到哪里。

三是正确引导国际舆论，树立正确义利观。化解我国企业在海外面临的安全风险，营造客观友善的舆论环境至关重要。为此，企业在海外投资经营中，要坚持经济和社会效益并重，切实履行社会责任，为当地社会发展和民生多作贡献。此外，还要努力提升公共外交意识和能力，积极宣传互利共赢理念，及时澄清不实和负面报道，为企业在当地长期生存发展营造良好环境。加强对当地文化、风俗的知识普及，防止因文化差异和法律差异造成的误解风险。

（二）利用“集中力量办大事”的制度优势，打造一支与维护海外利益需要相适应的军事力量

我们可以依靠社会主义能够“集中力量办大事”的制度优势，统筹国内国外两个大局，不断扩大海外利益拓展与保护的有利条件：一是从总体国家安全观的高度来理解海外利益安全，加强统筹协调和规划布局，不断完善海外利益保护机制，政府要加强宏观指导和服务，做好全球投资需求的规模、领域和国别研究，提供对外投资精准信息，简化对外投资审批程序；二是发挥大国外交的优势，加强双边和多边合作，为“走出去”的企业、社会组织和个人争取公平机会和提供安全保障；三是加强以海军为主体的海外军事力量建设，为维护海外利益安全提供坚强有力保障。

打造一支与维护海外利益安全需求相适应的现代海上军事力量。中国维护海外利益，不可能也不应该仅仅限于外交等手段，军事作为最后的保障手段，已经成为不可回避的选择。因此，应逐步扩大与国力和国际责任相称的、与经济增长相适应的、与海外利益保护所需要的军事能力。从20世纪末以来，中国地缘政治呈现新变化，对国家安全的威胁已经从陆上转向海洋，面临着复杂尖锐的海上矛盾。同时对外贸易、海洋经济、海上运输、通道安全、海上资源的开发及保护等对中国长远发展产生越来越重要的影响。新时期海军的任务越来越重，如贯彻积极防御的军事战略方针、保卫本国的资源和岛屿、保护海上交通运输线安全、突破“岛链”的封锁、为解决台湾问题做好军事斗争的准备、增强对重要海峡的威慑力等。如今，中国海军已经具有一定的远洋作战的能力，亚丁湾护航正是这种力量的培训和展示。随着我国经济实力不断增长和提升，我国的军事力量建设也有了长足发展，为打造一支维护海外利益的军事力量提供基础保障，必须紧紧地把握新军事变革的规律，实施海军人才战略工程，加快武器装备的现代化，积极发展非对称性优势，走科技强军之路，实现海军跨越式发展。新时代，建立远洋海军已经成为驱动中国海军跨越式发展的直接动力，我们要根据所要达成的战略目标和战略任务，以维护海外利益需求为牵引，进一步创新观念、完善机制、加大投入、提升技术，加快海军现代化建设。

（三）提高驻外机构自我保护能力，维护海外自身利益安全

伴随着对外开放，中国“走出去”的人越来越多，各种机构和人员遍布世界各地。如今，中国驻外机构和外出人员不断增加，同时面临的安全风险也在增多，因为各种原因在海外遭受的损失也在不断增加。因此，无论是驻外企业还是赴外务工、留学、经商、旅游和公干的个人，都应该提高自我保护能力，维护海外自身利益安全。

第一，企业和民众是中国海外利益全球延伸的主体力量。海外利益的拓展是我国推动形成新一轮高水平对外开放格局的必然要求，对外开放水平由低到高意味着我们不仅要“引进来”，也要“走出去”，为世界经济发展作贡献，参与塑造地区和全球秩序。企业是经济活动最重要的主体，“中国政府支持企业走出去，但强调要坚持以企业为主体，以市场为导向。中国政府的作用是为企业争取和创造良好的政治环境和公平的制度框架”。单凭企业力量不足以支撑海外利益的全面发展，我们还需要鼓励更广泛的社会力量，尤其是具有公益性质的社会组织走出去。

第二，在企业层面做好风险防范工作。企业作为安全保障工作第一责任人，要时刻关注所在国家和地区形势发展，切实提高安全风险意识，做好风险防范工作。在动荡地区开拓的企业，更要强化底线思维，制定和完善应急预案，提升风险处置应对能力。从企业视角出发，一方面，境外中资企业要依靠政府相关部门的风险预警信息，做好防范工作；另一方面，政府部门风险预警信息很难做到特别准确和及时，所以境外中资企业自身也要做好相关安全防范工作。境外中资企业要完善内部安全机制。企业安保部门要制定好营地安防管控方案，落实营地安防责任，做好营地安防系统配置、人员巡逻等任务；境外中资企业要组织安全培训。境外中资企业在项目上的安保负责人每年要定期回国接受安全培训，同时企业其他员工在出国前要接受安全培训与考核，考核不通过不予出境工作，在境外的营地内，也要定期组织安全培训和应急演练，提高员工面对恐怖袭击等安全风险的安全意识和应对能力。境外中资企业也要做好当地民生工程，积极履行社会责任，培养当地社区、部落对华友好感情；运用好各类媒体，营造良好舆论环境；开展相应讲座，提高员工保密意识。

第三，在个人层面要提高自身的安全意识。从个人层面出发，中国公民在境外工作、学习、生活，要提高自身的安全意识，特别是在阿富汗、巴基斯坦等高风险国家或地区工作的中国公民，要保护好自身的人身安全和财产安全。一方面，中国公民要时刻关注外交部通过中国领事服务网或外交部“12308”发布的海外风险预警信息，以及商务部“走出去”平台发布的海外风险预警信息，对于提示暂勿前往、谨慎前往的国家或地区，尽量避免前往该国家或地区；另一方面，中国公民在遭遇突发情况时，要第一时间联系中国驻该国使领馆寻求帮助。此外，中国公民应关注官方和各安保公司发布的防恐手册等内容，学习如何应对包括恐怖袭击、绑架勒索在内的各类安全事件，更好地保护好自身安全。中国海外利益在拓展过程中必然会面临诸多风险因素的威胁，规模巨大和全球分布的区位属性也增加了应对中国海外利益面临的安全风险的难度。面对复杂严峻的安全形势，政府相关部门、境外中资企业、公民自身都要做好分内的事，唯有如此，中国海外利益的安全与发展才能得到切实保障。

第四，加强驻外安保力量建设。“9·11”后世界各地恐怖主义活动呈现出增长趋势，且主要区域集中在“一带一路”沿线国家。在“一带一路”建设过程中，中国海外利益安全隐患巨大，需要我们采取相应措施干预，达到安全风险转移和消减的目的。根据恐怖主义事件数据分析恐怖袭击的时空演变和分布特征，评估沿线国家的安全形势。通过分析国际警务协作模式、国家武装护卫模式、安保市场化模式，比较其成本效益。安保市场化是具有成本效益的综合风险管理方法，可以以最低的资源消耗换取最低的预期损失，达到中国海外利益安全风险转移和消减的目的。而中国私营安保公司国际安保业务短板较多，我国应从法律规范、专业人才培养、安防产业培育、市场准入与监管方面开展工作，支持中国私营安保公司走出国门，保障中国海外利益安全。

（四）沉着应对战略通道安全风险，加快构建国际海洋新秩序的运行机制

着力加强维护海上通道安全的国际合作。在维护海上通道安全方面，中国不能单纯依靠增强海军力量来保护航线，而应在保持和发展必要的军事力量的同时，

通过双边或多边磋商与对话，增进了解和信任，加强国际合作，共同对付非传统性安全的威胁，以达到双赢或共赢的局面。中国奉行的“睦邻、安邻、富邻”外交政策对于营造良好的周边环境、维护海上战略通道的安全与畅通意义重大。

维护海上重要战略通道安全。要监测并掌握一些战略通道的基本情况，充分利用和平时期，对通道的地质地貌、暗礁分布、海洋水声水文、海底重力及磁力参数等相关信息进行全面、详尽的收集和分析，并形成机制，纳入海军的长远规划和战略之中。要建立战略通道安全突发事件预警反应的机制，根据突发性事件的性质，实施相应的预警、反应、处理等预案，从而在有需求时能迅速、有序、高效地组织有关力量，控制突发事件在强度和范围上的扩展，最大限度地减少突发事件所造成的各种损失。为此，需要把握两方面问题。

一方面，要沉着应对战略通道潜在的安全风险。权衡利弊，改变单纯依赖马六甲海峡的状况。中国海上石油运输依赖马六甲海峡，给石油运输安全造成隐患，比较可行的替代方案是直接经过缅甸，打通印度洋出海口。这条转口贸易通道还可以为中国前往欧洲、非洲的货物缩短3000多千米的行程。决胜千里，有效化解南海争端困局。要从战略的高度重视南海问题，将南海问题提升到国家重大安全与发展问题去思考和谋划，加强战略研究，积极、主动地为逐步解决南海问题创造条件。构建多层次海上执法力量，遏制少数国家疯狂掠夺、肆意妄为的举动。阻止南海问题国际化，防范美国等外来势力以任何方式和借口插手南海问题。审时度势，推进台湾问题的解决。台湾问题的解决将为中国的发展打开广阔的空间，推动中国以更加扎实的步伐走向海洋，而美日等国经营的所谓“岛链”也不攻自破。运筹帷幄，切实维护在北极的权益。解决北极资源划分的争端，要坚持在联合国的框架内通过协商和平解决，反对少数国家通过秘密协定等方式，瓜分北极。要积极参与北极科学考察等活动，及早获取第一手资料，为进行矿产开发和开辟新航线做前期的准备。

另一方面，加快构建国际海洋新秩序的运行机制。建立国际协调合作机制。《联合国海洋法公约》十分注重海洋领域的合作与协调，在国际海底“区域”、海洋环境保护与保全、海洋科学研究以及海洋技术转让等部分均有关于合作与协调的条款。建立争端解决机制。《联合国海洋法公约》规定各缔约国应以和平方式解决它们之间有关海洋权益的争端，同时也规定了无法用和平的方式解决时，可以进入强制性解决争端程序。完善共同打击海盗等危机处理机制。近几年的联合国秘书长的海洋年度报告中，海上犯罪问题成为重要内容之一。部分国家特别提出了将它们的船只派到海盗活动猖狂的海区和开展联合执法的建议。建立综合治理机制。在许多会议上，国家层次的海洋综合管理是会议的热点议题，各国对此有高度的共识，明确提出要开展跨部门、跨行业和跨学科的海洋综合管理，制定国家海洋政策。确立无害通过制度。根据长期形成的国际习惯，外国船舶在他国领海享有无害通过权。《联合国海洋法公约》还对海峡的过境权有着具体规定。

（五）学习借鉴海外利益保护国际经验，提高维护海外利益安全能力

二战以后，以美国为首的发达国家通过各种协议与机制在保护资本扩张、海外直接投资以及资源应用与开发等方面都收益颇丰，值得中国在“一带一路”倡议推进过程与海外利益保护方面吸纳创新。

第一，战略决策层高度重视保护海外经济利益。美国政府一直以来都非常重视保护海外经济利益，出台维护海外利益的政策措施。克林顿政府在1994 年《国家安全战略报告》中提出，“‘参与战略’本身是不完善的，我们的政府必须对海外事件进行有效反应，而且这些应对必须是相互联系的”。小布什在2006年《国家安全战略报告》中提到，“美国政府要通过发起世界贸易组织多哈发展议程谈判，推动市场开放和全球经济一体化，推行地区和双边贸易协定。通过自由贸易协定（FTA）开放市场，加强经济改革和法制，为美国农民和工人创造新机会”。奥巴马政府在2010年《国家安全战略报告》中明确提到“重振美国的领导地位——在国内从事建设，在海外发挥影响”。这显现出来美国不断修正与完善保护海外金融和市场安全的组织单元，实现金融、市场同步发展的全球战略目标。

第二，不断完善涉外司法制度，为海外利益安全保护提供制度保障。从法律保障到制度安排，无不凸显出美国对海外经济利益的有力保障。二战结束以后，美国专门制定了《经济合作法》《对外援助法》等，为对外直接投资（FDI）提供充

分的法律支撑。同时，美国政府还加强了海外投资保证制度，主要用来奖励、促进和保护私人海外投资的安全。此外，美国国务院海外安全顾问委员会还颁布了《居住境外的美国人安全指南》《美国境外企业安全指南》《纵览海外安全防范》《如何保护美国海外商业信息》《美国海外商业旅行者安全指南》以及美国国务院外交安全局的相关文件等。充分的法律保障给予了直接参与海外投资的单位充分自信与坚实保障。跨国公司能够跨越关税和进口壁垒与管制，降低关税并消除高运输成本，获得并利用当地原材料，赢得东道国的鼓励刺激该国经济，同时获得外国技术、设备与营销能力，并第一时间通过实践获得国外市场发展情况。

第三，积极扶持非政府组织作为海外利益相关方的沟通渠道。非政府组织能够直接进驻国外，以赢得东道主国家共识，吸收当地的资助与支持，融入当地社会，获得有利于母国的商业情报或投资环境信息。国际货币基金组织、世界贸易组织等适应当前国际经济秩序变革的多边经贸或金融组织，旨在构建更大程度上符合美国利益的规则框架，为美国海外经济利益提供制度性保护。跨国公司成为美国开拓海外市场、保护美国海外资源利益的先锋，协同非政府组织（NGO）或者形式灵活多样的其他非国家行为体，一同成为美国获取海外经济情报的前哨阵地。

第四，突发事件应急执行高效措施到位。美国海外经济利益突发事件应急机制已形成体系。在非本国境内受到实际损害或存在实际损害的威胁时，美国采取各种方式，包括外交、情报部门的统一部署，及时沟通，综合应对，甚至采取武力干预、国际制裁等保护海外经济利益的一系列行动。美国国务院的美国公民服务和危机管理办公室主要负责海外企业、公民等遇到紧急情况的时候，全力处理危机事件。美国国务院、进出口银行还编辑《美国境外企业突发事件应急指南》《国际国别风险指南》，包括政府稳定性、投资环境、民族紧张情况等信息，为境外企业提供信息指导。美国政府和各驻外使领馆在应对突发事件、保护美国海外经济利益时，采取军事行动是一项重要措施。美国以反恐为由，不断扩大对海外能源生产及运输等环节的武力保护范围，包括中东地区以及里海、拉美、非洲等其他能源富集地区及其能源运输通道。伊拉克战争期间，美国还经常雇佣当地的保安公司为美国政府和公司工作。这些保安公司的准军事战斗力（包括情报搜集和研究能力）为美国提供了极大便利，也避免了与驻在国产生主权和法律等方面的争议。

（六）加强国际安全合作，维护海外利益安全

面对日益复杂的国际和地区安全风险，任何国家都难以凭一己之力维护海外利益安全，同舟共济、携手合作是必然选择。要充分发挥大国外交优势，推动有关国家从双边关系大局出发，采取切实有效措施加强对我国在当地人员和机构的安全保护。

一是继续推进双多边反恐磋商与务实合作，增强国际社会反恐合力，最大限度化解我国海外利益涉恐风险。国家安全以促进国际安全为依托，就是要始终不渝地走和平发展道路，在注重维护本国安全利益的同时，注重维护共同安全，推动建设持久和平、共同繁荣的和谐世界。中国的海外利益攸关区不是排他性的，也不是对抗性的。中国永远不称霸，不谋求划分势力范围，不搞军事同盟和军事扩张，始终致力于国际安全合作。需要说明的是，中国在维护海外利益安全时，不追求一己之私利，注重把自身利益与各国人民的共同利益统一起来，致力于为国际社会提供公共安全产品，为维护世界和平与地区稳定发挥了积极作用。要坚持共同、综合、合作、可持续的新安全观，积极塑造外部安全环境，加强安全领域合作，引导国际社会共同维护国际安全。切实维护我国海外利益安全，保护海外中国公民、组织和机构的安全和正当权益，努力形成强有力的海外利益安全保障体系。

二是积极开展自然灾害预防和应对、传染病防治等非传统安全领域国际合作。为此，应超越“你输我赢、你兴我衰”的“零和博弈”的传统思维，积极倡导普遍安全、平等安全、包容安全、合作安全等理念，帮助有关国家提升防范应对能力，控制和减少相关突发事件对我国海外利益的冲击。开展自然灾害预防和应对、传染病防治等非传统安全领域国际合作，既要重视自身安全，又要重视共同安全，通过促进国际安全来增强自身安全，打造命运共同体，推动各方朝着互利互惠、共同安全的目标相向而行。

三是将海外利益保护作为当代中国对外关系中的一个重要问题。努力营造和谐稳定的国际和地区安全环境，搭建国际和地区安全合作新架构，走共建、共享、

共赢的安全之路。增强互信互利，赢得更大的战略空间，扩大经贸往来，促进共同发展。积极参与地区和全球治理，加大建设性参与解决热点难点问题的力度，为世界和平与发展作出应有贡献。维护海外利益安全关键是塑造我国与外部世界和平、合作、共赢的态势，国家应依法采取必要措施，保护海外中国公民、组织和机构的安全和正当权益，形成强有力的海外利益安全保障体系，保护国家的海外利益不受威胁和侵害。

四是在维护海外利益的过程中推进人类命运共同体建设。人类命运共同体是中国人民对世界文明走向的判断，蕴含着中国的外交理念和哲学，这一写入《中华人民共和国宪法》的构想是中国对自己所承载世界使命的认知，意味着中国的海外利益不是只追求本国国家利益的实现，它与其他国家的利益也是一致的。历史上欧美诸国通过战争和强制的方式来追求海外利益，中国注定不会这样做。因此，在维护海外利益安全的过程中，应将打造人类命运共同体建设有机地融合起来，在推进人类命运共同体建设中自觉地维护国家海外利益。

思考题

1. 什么是海外利益安全?
2. 海外利益安全包括哪些内容?
3. 如何维护国家的海外利益安全?

第十三章 新兴领域安全

“要从保护人民健康、保障国家安全、维护国家长治久安的高度，把生物安全纳入国家安全体系，系统规划国家生物安全风险防控和治理体系建设，全面提高国家生物安全治理能力。要尽快推动出台生物安全法，加快构建国家生物安全法律法规体系、制度保障体系。”

——2020年2月14日，习近平在中央全面深化改革委员会第十二次会议上发表的重要讲话

【案例透视】

美国成立独立太空军

美国前总统肯尼迪曾预言：“谁控制了太空，谁就能控制世界。”广袤的太空因蕴藏着巨大的政治、经济、军事、科技价值，日益成为国际竞争新领域。在该理念牵引下，美国于2019年12月20日正式成立了独立的太空军。空军下属的15个太空联队、一个太空与导弹系统中心，3400名军官、6200名士兵及部分文职人员共约16000人转入太空军序列。这是美军的第六大军种。

美国太空军建设目的明确，具有鲜明的实战化导向，如若发生战争，可对那些没有太空军事部署的国家进行“降维打击”。太空军主要有航天发射、航天测量跟踪管理、防天监视作战和军事航天员四个职能属性的部队构成。航天发射部队担负运载卫星和航天器发射的检查、测试、总装、对接、推进剂加注、瞄准发射等任务。航天测量跟踪管理部队担负轨道测量和控制、航天器内部工作参数测量和航天器控制等任务。防天监视作

战部队担负监视敌对国的航天器和洲际导弹发射及截击敌方导弹和军事航天器的任务。军事航天员部队是在航天飞机、空间站或宇宙飞船上执行军事任务的航天员队伍，负责战役管理以及监视来自空中、水下和地面发射的洲际导弹，跟踪外层空间的敌方军用航天器。

美国太空军的出现还意味着太空不再是和平的太空，不再是安全的太空，不再是没有战争的太空。2020年7月，美国太空军公布了其组织架构，由太空作战司令部、太空系统司令部和太空训练战备司令部三个司令部构成。太空作战司令部的主要工作是监督军用卫星运行，包括GPS（全球定位系统）、导弹预警卫星以及各种通信卫星等等。司令部是太空系统司令部，主要是对空间的这些装备武器系统整体运作进行维护，当然也包括研发，其职能是装备层面的研发、装备维护。太空训练战备司令部就是人员上岗之前进行培训的部门。2021年5月6日，美太空军发布《美太空军数字军种愿景》，文件阐述了太空军创建数字军种的必要性，指出了太空军数字转型应遵循的三大原则，明确了实现愿景需重点关注的四大领域。太空军数字愿景是创建一支互联、创新、数字主导的部队。2021年5月，美国智库发布《重塑美国军队：太空军》研究报告，这是重塑美国军队系列报告的第6份报告，研究了太空军的概念、原则和计划的影响，为今天的太空部队建设提供参考，评估了关键任务，并为太空部队建设提出政策和措施建议，以应对未来冲突。美国成立太空部队，大力发展太空作战力量，推动太空军事化和军备竞赛，严重威胁太空的和平与安全。

铸牢国家安全的太空高地。随着太空的社会、经济、科技等效益的日益凸显，太空竞争越发激烈，太空威胁不断涌现，太空安全已成为影响国家安全与发展的重大问题。因此习近平总书记强调指出："探索浩瀚宇宙，发展航天事业，建设航天强国，是我们不懈追求的航天梦。"顺应时代发展大势，加大经略太空力度，掌控太空安全态势，应对太空威胁挑战，是维护国家安全与发展利益的重要战略选择，是实现"中国梦航天梦"的必然途径。

【法条链接】

《中华人民共和国国家安全法》第三十二条 国家坚持和平探索和利用外层空

间、国际海底区域和极地，增强安全进出、科学考察、开发利用的能力，加强国际合作，维护我国在外层空间、国际海底区域和极地的活动、资产和其他利益的安全。

新兴领域是指生物、太空、深海、极地等领域。国家利益拓展到哪里，国家安全边界就该到哪里。在全球化、信息化时代，对安全主体的认知从人民、国家扩展到全球，同时要避免局限于当下的安全领域而忽视生物、太空、深海、极地等新兴领域安全。因此，国家必须提高保护利益边界的能力，提高维护新兴领域安全的能力。

一、新兴领域是国家安全关注的新领域

生物、太空、深海、极地等领域高新技术的迅猛发展，使得传统国家安全的“领域”与“利益”大大拓展。维护新兴领域安全成为当今时代国家安全的重要内容，在国家安全领域具有重要意义。

（一）生物领域安全

到底什么是生物安全？生物安全与国家安全有何关联？我国正面临哪些生物安全挑战，又该如何应对？这些必须引起国民的关注。

1. 生物安全概念阐释

生物安全关乎人民生命健康、经济社会发展和国家战略安全，其重要性及紧迫性日益凸显。基于生物技术发展有可能带来的不利影响，人们提出了生物安全的概念。

所谓生物安全，是指与生物有关的因子对国家社会、经济、公共健康与生态环境所产生的危害或潜在风险。①

---

① 《习近平主持召开中央全面深化改革委员会第十二次会议强调：完善重大疫情防控体制机制　健全国家公共卫生应急管理体系》，新华社 2020-02-14，20:36，http://www.gov.cn/xinwen/2020-02/14/content_5478896.htm。

维护生物安全，关键是面对重大传染性疾病和基因武器，如何构建新时代国家生物安全体系，健全完善生物安全法律法规体系，打造一支精干可用的生物安全体系，以及对其所采取的一系列有效预防和控制措施。中央全面深化改革委员会把生物安全纳入国家安全体系，旨在全面提高国家生物安全治理能力。

2. 产生生物安全的主要原因

“安而不忘危，存而不忘亡，治而不忘乱。”生物安全领域危机对社会治理、经济发展和人民生命健康安全等方面造成了极大的冲击和损害，2020年全球暴发的新冠肺炎疫情就是一个非常典型的例子。我们要充分认识生物安全问题给人类造成的危害，深入研究产生生物安全的主要原因。

生物安全作为国家总体安全的重要组成部分，属于非传统安全领域范畴。生物安全不同于传统的政治、军事、外交安全，一般指由现代生物技术开发和应用对生态环境和人体健康造成的潜在威胁，以及对其所采取的一系列有效预防和控制措施，包括新发突发传染病，如2019年以来埃博拉病毒、非洲猪瘟、新型冠状病毒等在内的重大新发突发传染病、动物疫情等；以合成生物学和基因组编辑技术为代表的新型生物技术的误用、滥用和谬用；生物实验室的安全隐患；国家重要遗传资源和基因数据流失；生物武器与生物恐怖主义的现实威胁以及外来物种入侵造成的生态威胁；等等。从近年来暴发的生物安全事件来看，生物安全没有国界，如高致病性H5N1禽流感病毒、埃博拉病毒、寨卡病毒、“黄金大米”、蝗虫入侵等生物安全问题都说明，生物威胁已经从偶发风险向现实持久威胁转变，威胁边界从局限于少数区域向多区域甚至全球化转变。因此，确保我国生物安全，防范生物安全领域的“黑天鹅”“灰犀牛”事件，对于确保人民群众生命健康安全不受侵害具有极为重要的战略意义。

3. 深刻认识生物安全在当今时代的重要性

我们要深刻认识生物安全在当今时代的重要性，深入学习贯彻习近平总书记关于生物安全的重要论述，坚持总体国家安全观，把生物安全作为国家总体安全的重要组成部分，努力为全面建设社会主义现代化国家提供安全保障。

生物安全作为国家总体安全的重要组成部分，为我们维护国家安全和发展利益指明了新路径。面对生物安全的新形势新任务新要求，我们要进一步强化忧患意识，树立底线思维，从战略高度看待生物安全的长期性、艰巨性、重要性，时刻做好防范、应对、战斗的准备，严防出现“黑天鹅”“灰犀牛”事件，严防生物安全风险内外联动、累积叠加。要全面加强对各级领导干部、科研工作者及民众的生物安全理论知识和政策法律宣传教育，特别是在生物安全法实施以后，要加大普法力度，教育引导广大人民群众特别是党员干部，从维护国家安全的高度来认识维护生物安全的重要性。要依法履行职能，敢于亮剑，加强对境内外危害我生物安全行为的线索发现、打击处理，抓早抓小，精准发力，提高解决生物安全工作重点难点问题本领，推动国家安全工作不断迈上新台阶。

（二）太空领域安全

在20世纪60年代，美国总统肯尼迪就宣称：“谁控制了太空，谁就能控制世界。”自此以来，随着科学技术的飞速发展，各军事强国在太空的竞争愈发激烈，太空也已经成为继陆、海、空之外的必争之地，人类面临的太空安全威胁日益严峻。如今，太空安全已经上升为国家安全的重要内容，对国家的政治、经济、军事、文化、科技、社会等的发展产生直接重大的影响。

1. 太空安全概念阐释

太空安全是太空系统、太空权益、太空轨道环境等方面不受威胁、侵害的客观状态。对于国家而言，维护太空安全表现为确保国家安全范畴内的太空资产、太空权益和轨道环境免遭自然环境与人类活动所形成的威胁或侵害。21世纪以来，太空对国家全面发展产生重大而深远的影响，世界主要航天国家纷纷出台国家太空战略，逐鹿太空安全高地。

进入太空、利用太空、控制太空的太空争夺已经日趋“白热化”，我们必须深入思考维护太空权益的相关重大问题。太空领域及其相关太空技术已经成为权力政治追逐的对象，各国竞相争夺，因此太空安全问题日趋严重：卫星频轨资源短缺，尤其是地球静止轨道越来越稀缺；太空碎片越来越多，影响航天器进出太空以及在轨运行；太空军事化、武器化越来越明显，不仅严重影响卫星在轨运行，而且严重影响国际战略的稳定与平衡。如今，我国的“神舟”“天宫”等系列航天工程、“北斗”导航卫星系统已取得了举世瞩目的伟大成就。此外，中国将于2022年左右建成的中国空间站，将成为中国空间科学和新技术研究实验的重要基地。今后如何维护太空安全，防止爆发太空战争，成为我国以及坚持和平开发和利用太空的大多数国家所面临的重大国家安全课题。

当今世界，太空安全对传统意义上的国家领土、领海和领空安全影响越来越大，成为国家安全的重要支柱和组成部分，维护太空安全已成为决定国家未来生存和发展空间的重要国家安全战略。我们要以总体国家安全观为基本遵循，坚持和平发展、领先发展、积极防御、有限应对的新型太空安全观，服务国家经济建设和社会发展，走出一条中国特色的太空安全道路。

2. 太空安全问题的表现与内容

太空作为未来战争的战略制高点，成为大国激烈博弈的新舞台。当今，在陆、海、空、天、电、网多个作战维度中，谁控制了太空，谁就能占据战略制高点。因此，世界各军事强国都在竭力为本国争夺太空创造条件，构建军事航天力量体系。

太空本身就是危险的，把人类送到月球和火星这样的地方，既具挑战性，又有风险。太空安全问题的表现，即频轨资源短缺、太空碎片和太空武器化，需要从技术、法律等方面解决这些问题。美国公布的数据显示，目前太空有22000个直径大于10厘米的碎片，而直径较小的碎片则数以百万计甚至亿计。太空碎片数量庞大，增加了相互碰撞的概率，并导致产生更多的碎片，直接威胁到航天器的安全，影响到人类探索与利用太空的活动。

太空领域及其相关太空技术已经成为权力政治追逐的对象，各国竞相争夺，太空安全问题日趋严重，太空安全涉及以下内容：“冷战”后太空活动的地缘空间变化以及太空安全困境；防止太空武器化、军事化以及太空武器化的影响；卫星频轨资源短缺以及卫星轨道资源稀缺，尤其是地球静止轨道越来越稀缺；切实减少太空碎片，太空碎片越来越多，影响航天器进出太空以及在轨运行；太空军事化、武器化越来越明显，既影响卫星在轨运行，又严重影响国际战略的稳定与平衡；为解决太空安全问题，需要国际社会从技术、法律等方面入手，拓宽卫星频轨资源，公平地分配、利用频轨资源；构筑太空安全的模式，加强太空威慑力量建设。

人类自诞生起就逐步在陆地、海洋、天空活动，但太空无法像领土、领海、领空一样划分边界。随着世界各国对太空的开发、利用和竞争日趋激烈，太空霸权论和军备竞赛论甚嚣尘上，太空军事化、武器化日益加剧，太空碎片大量增加，太空立法修法进展缓慢，太空威胁和冲突苗头不断涌现。不断恶化的太空安全环境正威胁着各国的太空和地面安全，是全人类面临的共同安全挑战。

3. 没有太空安全，就没有国家安全

《外层空间条约》所确立的太空“全球公地”性质正遭到日益严峻的挑战。一方面，国际政治、军事、经济、社会日益依赖太空；另一方面，太空技术也正日益成为国家经济发展的助推器、国家军事实力的倍增器、国家军事和安全战略的赋能器、国家软实力的展示器。随着太空活动的日益频繁，太空对国家安全的影响越来越大，没有太空安全，就没有国家安全。

第一，太空安全是新时代国家安全空间的高边疆。太空安全是国家安全不可分割的重要组成部分，是新时代国家安全由传统领域向新兴领域拓展的边疆高地。随着航天科技在人类社会各领域应用日益广泛深入，世界大国社会经济发展和国防军事建设严重依赖太空系统，太空疆域的激烈争夺促使太空军事化步伐加快并呈现武器化、战场化趋势。国家安全空间向太空新域全面延伸拓展，太空设施成为牵一发动全身的安全资产，太空权益成为事关发展的命脉支柱，维护太空安全成为决定国家未来生存和发展空间的战略高边疆。

第二，太空安全是新世纪国家战略能力的制高点。太空安全是保障国家战略利益、彰显国家安全能力的高地。太空位置高远、环境特殊，是国家发展不可或缺的独特资源宝库，面向太空开发和利用的前沿科技催生一大批新兴产业，深刻改变着世界产业结构与经济形态，产生影响深远的社会效益，成为国家重大战略利益的组成要素，是国际外交博弈中遏制对手的硬支点；太空军事应用加速了战争形态演变、军队组织结构变革和世界力量格局调整，制天权理念主导下的导弹防御、精确打击、高超声速突防和太空控制等能力体系，严重削弱传统威慑效能，形成更加灵活实用的新型战略威慑。维护太空安全与太空权益成为新的提升国家建设和国家军事威慑能力的战略制高点。

第三，太空经济是国家经济新的增长点。随着航天技术的不断发展和相关应用的不断深入，太空经济时代已经到来。太空经济包括各种太空活动所创造的产品、服务和市场，如空间技术与产品、卫星应用、空间科学、太空工业、太空农业、太空资源利用、太空能源、太空旅游、航天及太空文化产业、航天支援与保障服务以及其他相关产业等。新兴的太空经济正在改变地球上人类生活的方方面面。太空经济日益呈现出基础性、强关联性、高促进性和高增长性的特征，成为世界经济发展和人类生活的重要组成部分。中国航天应通过航天技术和航天产业的跨越式发展，奠定引领太空经济发展的产业基础，保证未来我国拥有制天权和日益强大的太空竞争力。

（三）深海领域安全

2020年11月27日，中国“奋斗者”号全海深载人潜水器成功实现10909米坐底纪录。中国是继美、法、俄、日之后世界上第五个掌握大深度载人深潜技术的国家。然而，随着深海探索和开发的深入推进，深海争夺越来越激烈，深海安全问题日益凸显。

1. 深海安全概念阐释

深海安全是指维护国家和平探索和利用深海，增强安全进出、科学考察、开发利用的能力，加强国际合作，维护我国在深海的活动、资产和其他利益的安全。国际上对深海的定义是200米以下水深的海域。不同的行业对深海有着不同的界定，从300米到1000米深不等。深海特点为：高压，底层水流速缓慢，无光，水温低，海水盐度高、氧含量较丰，沉积物多。深海争夺已经日趋“白热化”，我们必须深入思考维护深海权益的相关重大问题。

21世纪是海洋的世纪，更确切地说，应该是深海的世纪。由于全球海洋90%的海域水深大于1000米，而海洋面积占地球总表面积的71%，因此，深海海域的面积约占地球表面积的65%。迄今为止，人类对海洋空间的认知仅有5%左右，余下的未知空间基本上都是深海。深海是地球上最后的未被人类全面系统感知和利用的地理空间，深海空间巨大，潜在战略价值近乎无限。鉴于人类正加快走向深海，深海的战略形势将极大程度上左右未来的国际海洋政治格局。

2. 深海安全是国家安全的重要内容

当前，世界各主要海洋大国正从经济开发、军事竞争、规则塑造等方面加大对深海的关注与经营。在安全上，深海被誉为21世纪人类可持续发展的战略“新疆域”，深海空间广阔、战略纵深巨大，正成为各海洋强国强化军事存在和军事控制的战略制高点。

第一，深海安全首先是开发经营安全的问题。得益于海洋科技的快速发展，人类正在进入一个全方位开发利用海洋的阶段，特别是人类对深海的探索和开发将很快有实质性突破。目前，确定有开发价值或潜力的领域主要有深海矿产资源的勘探与开发、深层海水的产业化应用、深海生物及基因产业、深海油气资源的勘探与开发等。预计到2030年前后，富钴结壳、热液硫化物、多金属结核、可燃冰等都将陆续实现商业化开采。一旦大规模开发，作业安全、平台安全、环境安全和人员安全等一系列的安全问题就会涌现。对于人类而言，深海开发虽然意义重大，但风险也同样巨大。马航M370的失踪和阿根廷“圣胡安”号潜艇的失联等事件在不断提醒进军深海的人们深海的不确定性和难以感知性。

第二，深海储藏着丰富的矿藏资源。海底固结岩中的矿产，大多属于陆上矿床向海下的延伸，如海底油气资源、硫矿及煤等。在海洋矿产资源中，以海底油气资源、海底锰结核及海滨复合型砂矿经济意义最大。据美国石油地质学家估计，全世界含油气远景的海洋沉积盆地约7800万平方千米，大体与陆地相当。世界水深300米以内海底潜在的石油、天然气总储量为2356亿吨。深海锰结核以锰和铁的氧化物及氢氧化物为主要组分，富含锰、铜、镍、钴等多种元素。据估计，世界大洋海底锰结核的总储量达30000亿吨，仅太平洋就有17000亿吨，其中含锰4000亿吨，镍164亿吨，铜88亿吨，钴58亿吨，铀40亿吨。主要分布于太平洋，其次是大西洋和印度洋水深超过3000米的深海底部。以太平洋中部北纬6° 30'—20° 、西经110° —180° 海区最为富集。估计该地区约有600万平方千米富集高品位锰结核，其覆盖率有时高达90%以上。深海不仅蕴藏着丰富的矿产资源，还是全球最大的独立生态系统，包含着生命起源、生物进化等奥秘，一直是国际社会关注的另一处资源战场。

第三，深海是维护国家安全的新空间。深海是任何一个国家尚未完全控制的领域，是未来海军实践“非对称”对抗和抢占战略制高点的理想空间。深海空间由于通透性差、压力变化大、水文特性复杂等特点，难以被感知，易实现军事行动的隐蔽性和攻击的突然性，其军事价值正在被各海洋强国挖掘。深海空间是一个新的作战空间，与传统的陆地、海上和空中作战空间相比，深海作战具有以下显著的特点。首先，军事活动空间范围大，从广度和垂直尺度方向可形成立体多层次部署，作战部署灵活；其次，环境特性迥异，相较于海面、陆地，空中受气象、地形等环境条件的限制，深海作战行动自由度大；再次，隐蔽性强，水下特殊的海洋环境对作战部队有天然的伪装作用，从而大大降低兵力被发现的可能性，提高了战场生存性；此外，威慑力强，核潜艇、深海母舰和深海预置兵力等水下作战力量，可在水下区域实现快速打击和隐蔽突袭，在北极部署的核力量打击范围可以就近覆盖世界主要国家的政治经济中心，便于实现快速打击。

3. 维护深海安全的意义日益重要

海洋作为人类生命之源，对于人类的生存和发展具有不可替代的作用。深海作为人类尚未开发的处女地，具有丰富的自然资源。因此，维护深海安全，加强深海资源的开发利用对于我国来说具有特别重要的现实意义。

第一，海洋是继陆地之后人类发展的第二大空间。海洋是产生生命的源泉，是全球生命保障系统的一个重要组成部分，也是人类社会可持续发展的宝贵财富。人类从海洋中捕捞鱼类等作为食物，并利用海洋作为贸易往来的通道。如今，海洋已不仅仅是水产、海上交通的场所了，它同气象的关系及其资源利用等方面也颇受到注意。地球表面积为5.1亿平方千米，海洋占了3.6亿平方千米，其中不属于任何国家管辖的国际海底区域总面积为2.617亿平方千米，约占地球表面积的51%，比全球的陆地面积还大，被称为“第六大洲”的“蓝色公土”，是21世纪新技术发展和应用的重要竞争领域，对地球科学、生命科学、环境科学等许多学科的发展也具有重大价值。

第二，开发深海资源是打造海洋强国的重要内容。随着海洋科技的发展，深海这一地球上最广阔的地理区域逐渐被人们所认识，并以巨大的资源蕴藏量成为人类最后的资源宝库和地球上未被开发利用的战略性资源基地。根据目前深海勘探所知，具有战略性意义和广阔开发前景的深海资源种类主要有深海油气、多金属结核、富钴结壳、海底热液硫化物、深海生物基因等，深海战略性资源以其巨大的资源量、丰富的资源种类和独特的资源成为打破人类社会经济发展资源瓶颈的重要依托。当前，随着陆地资源短缺、人口膨胀、环境恶化等问题的日益严峻，海洋大国纷纷把目光投向深海洋底，加快了对深海大洋的研究开发和利用。一场以开发深海大洋为标志的“蓝色革命”正在世界范围内兴起。

第三，探索深海新资源对我国尤为重要。新一轮的经济周期，使我国的经济发展又迈入了快车道，与此同时，我国陆地资源出现了大范围的紧缺。探索海洋新资源尤其是深海新资源，其现实意义日显重要。我国是一个典型的资源稀缺国家，特别是关系国计民生的重要资源更是紧缺。一方面，在中国新一轮经济快速增长过程中，资源全面紧缺已经成为制约国民经济发展的重要因素，同时随着我国重要战略性资源对外依存度的不断提高，我国经济发展的风险大大增加；另一方面，我国海上安全形势日益严峻，深海开发能力滞后已经成为我国海洋权益维护和海洋强国建设方面的重要制约因素。因此，为了我国资源安全和海洋权益，必须加快开发深海资源，特别是深海油气、多金属结核战略性矿产资源开发。积极发展深海产业，建立以深海矿业为中心，深海信息服务业、深海装备制造业、深海工程业共同组成的深海产业体系，是关系实现我国国民经济可持续发展和海洋强国建设的重要环节。

（四）极地领域安全

当前，极地作为未来战争的战略极点，作为重要资源和能源的主储存地，已成为多国争夺的新疆域。许多国家把极地研究与开发作为国家的一项重要战略，极地领域的安全问题日益凸显。

1. 极地安全概念阐释

极地安全是指维护国家和平探索和利用极地，增强安全进出、科学考察、开发利用的能力，加强国际合作，维护我国在极地的活动、资产和其他利益的安全。极地的地理连通性、战略威慑有效性、资源丰富性、大国集聚性以及与其他全球公域的密切配合，使其对于全球安全的重要性不断提升。

极地作为未来战争的战略极点，成为多国争夺的新疆域。如今，全球51个国家参与了极地科学考察，我国在2015—2016年也成功实施了第32次南极考察和第七次北极科学考察。有人也许会问：遥远的南北极与我们到底有何关系，需要国家如此投入与关注？实际上，纵使隔着“千山万水”，这一遥远的土地也时刻影响着我们，它关系着全球变化和人类的未来，也是一个国家综合国力、高科技水平在国际舞台上的展现和角逐，在政治、科学、经济、外交、军事等方面都有其深远和重大的意义，备受各国政治家的高度重视，为全球科学家所向往。当前，极地作为重要资源和能源的主储存地，已成为各国争夺的新疆域。许多国家把极地研究与开发作为国家的一项重要战略。

2. 极地安全攸关人类生存与发展

随着全球变暖、冰区技术的进步和交通工具的改善，极地与包括我国在内的外部世界的经济、政治、文化和安全联系变得日益广泛，直接关乎各国利益和人类未来。

一是极地自然资源丰富，开发利用前景广阔。极地是冰雪覆盖的高纬度地区，蕴藏着足以影响未来世界能源格局乃至经济力量对比的自然资源。极地地区蕴藏着丰富的石油、天然气、矿物和渔业资源，无疑是地球“最后的宝藏”。据美国地质调查局（USGS）的统计资料显示，全球待发现油气资源的25%分布在北极地区，北极圈内已探明并可用现有技术进行开发的石油储量约为900亿桶；天然气储量约为1669万亿立方米，占世界未探明储量的30%；液化天然气约为441亿桶，占世界未探明储量的20%；煤炭储量高达1万亿吨；此外还有丰富的铁、铀、金刚石等战略资源。南极地区以雪和冰的形式存储着全球70%的淡水，还有储藏量巨大的磷虾等众多生物资源，对全球生态安全和人类永续发展意义重大。

二是极地航运价值极高，事关全球能源通道安全。据北极理事会估计，北极地区从2030年起可能因大范围融冰出现西北、东北两条北极航道，这将成为欧亚、欧美之间最短、最便捷的水上运输要道，国际航运价值极高。任何始发港口在北纬30度以北的远洋航行，与通过苏伊士运河或巴拿马运河的传统航线相比，通过北极航线航行将至少缩短 40%的航程，不仅可以节约油料成本、缩短通航时间，更重要的是能够使各国避开马六甲海峡、亚丁湾等恐怖主义和海盗活动多发的区域，以降低远洋航运的风险。而且如果发生国际冲突，对北极能源运输通道采取封锁、截留等行动，其威力相当于直接进攻该国能源中心，对途经各国的能源通道安全造成潜在威胁。

三是极地地理位置特殊，关乎域内外各国军事安全。北极作为连接欧亚、北美的顶点，使得北极到北半球任何一个地区的距离都是最短的，从北冰洋发射导弹几乎可以覆盖整个北半球国家。而且北冰洋的表面常年被较厚的冰层覆盖，是战略核潜艇等军事武器天然的隐蔽保护场地，具有极强的军事威慑力。在南极地区建立极地卫星地面接收站，还关系到未来信息化战争条件下夺取信息优势、进而掌握战争主动权。此外，北极和南极还是试验和研发空间天气、电磁、气象等前沿军事技术，以及训练军事人员和检验军事装备在极端条件下作战能力的极佳场所，也是各大国部署“全球到达、全球打击”战略的重要一环，其军事价值可见一斑。

3. 北极地区的战略价值日益凸显

北极的重要性不言而喻。极地战略地位重要，北极存在性主权竞争，南极也存在隐形主权划分，我国参与极地事务，航运和科考是介入极地事务的主要渠道。

北极地区包括整个北冰洋以及丹麦、加拿大、俄罗斯、挪威、瑞典、芬兰、美国和冰岛八个国家的部分区域，但是俄罗斯和美国对于北极地区的领土意识是格外强的。从战略地缘分布上来说，世界大国都在北半球，如果将这些大国连成一个扇形的区域，北极恰是这个半扇的圆点（椭圆概念）。一旦北极地区的冰川全部融化，那么围绕北极地区就会产生三条航行路线，这些航道将会形成一个环北极的经济圈，而这个经济圈包括了俄罗斯、北美、欧洲以及东亚。不容置疑，一旦这个经济圈建成，将会对世界的经济以及格局产生巨大的影响。

北极航道的开辟使该地区隐含的战略价值加速显现。北极航道是指穿过北冰洋，连接大西洋和太平洋的海上航道。北极有两条航道，分别是大部分航段位于俄罗斯北部沿海的“东北航道”，以及大部分航段位于加拿大北极群岛水域的“西北航道”。北冰洋航路是连接大西洋和太平洋以及俄罗斯欧亚两部分的最短路线。全球变暖导致北极地区冰盖融化，使得北极的“西北航道” 通航成为可能。随着北极航道的开通逐渐从梦想变成现实，越来越多的国家及公司开始着眼于这条航道的商业价值。北极航道一旦开通，将改变长期以来巴拿马运河和苏伊士运河作为连接太平洋和大西洋要道的局面，使航程大大缩短，不仅能减少运输成本，而且可以避开索马里海盗和印度洋海盗的威胁。依托北极资源的大规模开发，北极航线可能成为中国新的能源供应通道，与原有航线并存，有助于分散能源安全风险，更好地保障中国的能源安全和经济安全。

北极地区之所以成为俄罗斯和美国的重点关注对象，除了其拥有丰富的资源，与北极地区的军事价值也有很大的关系。北极目前的冰层为美俄之间的军事战略提供了很好的掩护，而且由于北极的特殊位置，两者一旦使用弹道导弹，通过北极的弹道是最短的路线。如果在北极部署弹道导弹发射区，相当于对全世界大国进行了有效“瞰制”。可见，北极地区对于大国的战略安全的重要性也是不言而喻的，美俄未来的发展方向都是在北极地区扩大自己的军事力量，两者都将会加强在北极地区的军事建设。因此，随着时间的推移，北极军事化将是一个不容忽视的事实。

二、新兴领域安全面临的威胁与挑战

新兴领域的快速发展，给人类生产生活带来深刻变化，战略性新兴产业对我国经济社会全局和长远发展具有重大引领带动作用。世界各国尤其是发达国家对新兴领域的争夺，也给人类社会带来一系列新威胁新挑战。

（一）生物安全问题越来越令人担忧

在生物安全方面，由微生物特别是致病性微生物所导致的安全问题，如生物武器、生物恐怖、重大传染病的暴发流行等，是人类社会所面临的最重要和最现实的生物安全问题；生物技术特别是生物技术的滥用对人类健康、生态环境、社会、经济有可能造成严重危害，已成为国际社会一个重大的安全问题。我国存在着生物多样性面临挑战、外来生物入侵、自然暴发的传染病威胁以及基因资源的流失等问题。

一是生物物种多样性面临挑战。我国是世界生物物种最丰富的国家之一，但现在已经有1431种动植物处于濒危或接近濒危状态，《国家重点保护野生植物名录》公布的珍稀濒危野生植物354种，《国家重点保护野生动物名录》公布的珍稀濒危野生动物405种，高鼻羚羊、白鳍豚、野象、熊猫、东北虎等珍贵野生动物分布区显著缩小，种群数量锐减。50多年来，我国约有200种植物灭绝；脊椎动物受威胁的有433种，灭绝和可能灭绝的有10余种，还有20余种珍稀动物面临灭绝的危险。

二是外来生物入侵的威胁。由于国际贸易的发展和人们交往的增加，并伴随着全球环境的变化，生物传播、入侵、扩散的种类和数量在全球范围内呈增加的趋势。如今，中国与国际社会的交往越来越多，生物入侵的可能性更是以前所未有的速度增长。我国34个省、自治区、直辖市、特别行政区均发现了外来侵入物种，几乎涉及了所有的生态系统，物种类型包括脊椎动物和无脊椎动物，从高等植物到低等植物都有涉及。草本植物如大米草、豚草、紫茎泽兰、空心莲子草、凤眼莲等；动物类如麝鼠、非洲大牛蛙、食蚊鱼；外来病害如口蹄疫、疯牛病、禽流感等。生物入侵在我国不断加剧，并构成潜在威胁，导致我国生物多样性丧失，生态灾害频发，甚至直接危害人体健康。

三是自然暴发的传染病威胁。近年来，自然暴发的传染病给人类带来了极大的危害。例如，禽流感、埃博拉、非典型肺炎、中东呼吸综合征、新冠肺炎等疫情接踵而至，对全球稳定与经济发展都造成较大影响。2003年中国暴发非典型肺炎（SARS），引起社会恐慌，包括医务人员在内的多名患者死亡。2009年以来，世界暴发全球性甲型H1N1流感病毒，给国际社会造成较大的慌乱。2020年，一场新冠肺炎（COVID-19）疫情肆虐全球！根据新冠疫情监测网站“worldmeler”提供的数据，全球范围的感染人数已经超过了1.8亿，死亡388.4万人。[①]而且这些数据还在不断增加。这些更加凸显当今生物安全在国家安全中的重要性。

四是基因资源外流的威胁。从20世纪90年代开始，美国、德国、丹麦、日本等一些国家的有关部门怀着不同的目的，利用当时中国对基因资源重要性认识不足的机会，对中国人的基因资源进行了举世震惊的巨大掠夺。这一现象非常令人担忧，因为一旦需要，敌方就可以利用中国人的基因研发生命基因武器。目前，生命基因武器具有实战功能只是个时间问题，必须从战略高度重视生物科技安全，形成监测、评估、抵御敌人基因武器袭击或生物科技突发事件的应急能力，确保国家安

① 《新冠疫情：全球感染人数达 1.8 亿，欧洲和澳洲对德尔塔毒株拉响警报》，https://www.163.com/dy/article/GD9OIPI40535NL17.html。

全、人民健康、社会稳定和经济发展。

（二）太空安全面临多种威胁

太空在世界政治、经济、科技、军事等领域的地位作用更加突出，已融入全球经济、社会与安全整体架构，使得太空安全与其他领域安全密不可分，成为国家与国际太空政策的关键要素。太空安全问题日益突出特别是太空环境恶化、太空资源稀缺以及面临太空武器化威胁，急需国际社会进行治理。

一是军事化发展直接威胁太空安全。太空军事化、武器化越来越明显，既影响卫星在轨运行，又严重影响国际战略的稳定与平衡。跨入2020年，美军正式迎来第六军种——太空军。随着美国太空军的正式组建，美国打开了太空军事博弈走向激化的“潘多拉魔盒”，太空军事化不可避免。美国积极研究并计划部署国家导弹防御系统，发展高超声速打击武器，X–37B空天飞机矛头都有所指向。继美国推进太空军事化，欧洲、俄罗斯等纷纷加强太空军事力量建设，或者提升与美联合作战能力，或者对抗制衡美太空力量。美俄太空军事竞赛必将导致太空军事化，预示着太空军事博弈激化将在21世纪20年代成为大概率事件。

二是太空碎片增多，太空环境恶化，影响航天器进出太空、在轨运行。太空碎片数量呈指数级增长，发生太空碰撞的风险显著上升，人类太空活动与系统面临共同威胁。美国国防部太空监视网络跟踪编目的直径大约为10厘米的太空物体为16000个，跟踪但没有编目的同样大小尺寸的太空物体大约为22000个。所有被跟踪物体的87%是大碎片和无源卫星。直径大于1厘米小于10厘米的太空碎片大约50万个。碎片与碎片、卫星相撞，可以产生更多的碎片，形成“碎片潮”，进一步加剧太空环境的恶化，形成“凯斯勒综合征”（Kessler Syndrome）。

三是由于卫星频率、轨道资源紧张，各国为此竞争激烈。国际上太空活动参与者数量与类型迅速扩充，太空轨道频谱资源紧缺加剧，带来的复杂与混乱引发更多的安全问题。原则上频率资源是无限的，但限于目前的技术水平，人类运用的频率极为有限。看似“无边”的太空，原则上可以容纳“无数”卫星，但事实并非如此，尤其是距离地球36000千米的地球静止轨道只有一条。尽管技术发展可以缩小卫星间距，但可容纳的卫星总数仍然有限。因此，各国对卫星频轨资源的抢夺日益激烈。

（三）深海安全面临的威胁与挑战

人类已经进入了海洋开发利用的新时代。如果说21世纪开发太空是争夺“高边疆”，那么向深海进军就是开拓“新边疆”。不断开拓新的疆界，历来是各国、各民族夺取新的生存发展空间，获取新的能源、资源，夺取对其他国家军事战略优势的重要途径。近年来，世界诸强对海洋的开发、争夺和控制越来越激烈，其中的重头戏就是向深海进军。新一轮看不见的深海暗战，虽似风平浪静，但却暗藏杀机，深海安全面临着严峻的威胁与挑战。

一是海底资源争夺从油到矿，越来越激烈。浩瀚的海洋具有多样性的资源，包括战略金属资源、能源资源和生物资源等，一些海洋大国不断开发新的探测技术和设备，瞄准的主要是这些深埋于海底的宝藏。美国在这个领域走在了世界的前列。早在1960年，美国的“迪里雅斯特”号潜水器首次潜入世界大洋中最深的海沟——马里亚纳海沟，最大潜水深度为10916米。为减少对中东等国石油进口的依赖，美国近年来不断加大深海石油钻探的力度。俄罗斯是目前世界上拥有载人潜水器最多的国家，比较著名的是1987年建成的“和平1号”和“和平2号”两艘6000米级潜水器。被称为“未来能源”的可燃冰，是深海资源争夺的另一个焦点。早在1992年，日本就开始关注可燃冰的勘探与开采。目前，日本已基本完成对周边海域的可燃冰调查与评估，并成功取得可燃冰样本。日本在2020年开始对可燃冰进行商业性试开采。美国在2015年就对可燃冰进行商业性试开采。

二是争夺控制深海的主导权。各种海底观测技术有共同的缺陷，就是要依赖深潜器之类的深海运载工具去补充能量，收取采集的信息。为解决这些问题，一些国家研究建立深海观测平台，就是把设在海底和埋在钻井中的监测仪器联网，通过光纤网络向各个观测点供应能量、收集信息，从而进行多年连续的自动化观测。这一方面美国已经走在了世界的前列，开发出深海科学观测光缆这一引领潮流的技术。美国已建成全长为52千米，主要负责向海洋900米深处的科学设备、摄像机以及水下机器人提供电力的电缆。依托这一深海光缆，未来美国将试图在深海建立气象观测站。2020年5月8日，俄罗斯“勇士-D”号潜航器下潜到马里亚纳海沟底部，传感器显示下潜深度为10028米，整个行动耗时3个多小时。这是俄罗斯深海潜航器在全世界最深海沟进行的首次潜航行动，一举创下最大下潜纪录，具有一定的军事和科研价值。

三是深海军事竞争是深海安全面临的新挑战。未来战争，谁先抢夺深海，谁就会在未来的海战中赢得主动，同时对陆地和太空形成强力的威慑和制约。与以往主要依赖潜艇实施“点打击”或非对称制衡不同，如今水下军事竞争网络化和体系化特征愈发突出。深海安全威胁的出现得益于深海感知、通信和工程等能力的进步。近年来，无人潜航器（UUV）技术日趋成熟，预计到2030年，UUV将能执行布雷、监视、运送武器弹药等任务，并能与有人平台协作，在反潜战中提供更多的传感器、武器容量和反制手段。如果UUV得到大规模运用，水下战的作战形式将发生显著改变。潜艇的作用和角色将发生重大变化，它的任务不再是直接攻击，而是将主要作为UUV、无人传感器及防区外武器的指挥和控制平台，引导它们进行作战。这将是自潜艇诞生100余年来水下对抗最具革命性的变化。

四是海底已经成为无人机战争的新疆域。美国五角大楼一直寻求新技术优势，而海底世界未来会像海面、天空甚至太空一样成为“兵家必争之地”，因此，美军需要用新技术占据海底战和反潜战先发优势。近年来，水下无人机已经可以克服海洋环境的巨大困难进行水下作业。自海湾战争以来，世界各地出现的战争，特别是美国发动的战争，越来越突出地表现为无人化武器，如无人空天飞机、无人舰艇、地面机器人等。随着无人驾驶飞行器成为现代战争的一个重要部分，美国五角大楼正在寻求在水下部署自动机器人——水下无人机对海床进行巡视，这一计划称为“艾森豪威尔海底高速公路网”。美国海军设想在7片重要海域的海底部署无人潜航器及其配套的水下服务站，形成“艾森豪威尔海底高速公路网”。

（四）极地持续成为美俄博弈“热土”

中国的极地考察始于1984年，经过近40年的努力，目前已形成由“雪龙”号极地科学考察船、五个考察站（南极长城站、中山站、昆仑站、泰山站和北极黄河站）和中国极地研究中心组成的科研体系。中国已经成为世界上极地考察的主要国家，在极地与全球气候变化研究、南极陨石搜集与研究、磷虾生物学研究等方面走在国际前列。然而，由于气候变暖趋势下北冰洋加速融化，北极地区的经济和军事战略价值日益凸显。为了争夺北极地区的控制权，美国、俄罗斯和北约部分国家经常在北极地区显示军事力量，北极地区大国竞争愈发激烈，直接影响我国在北极地区科考安全。

一是极地公域的私域化形势严峻。北极存在着约280万平方千米的公海海域，但北冰洋沿岸国已提出和未来可能提出的大陆架延伸主张就达250万平方千米。北极航道沿岸国还对北极航道提出了不同程度的主权主张，并对船只过境航行实行强制性的申请和报告制度。俄罗斯2013年通过的《北方海航道航行规则》规定外国船只通过北方海航道时，必须事先经过俄允许，并且强制性使用俄提供的破冰和领航服务，还收取高额费用。2019年俄罗斯又对此做了修改，规定对未经俄允许擅自通行的外国军舰，俄方可以采取扣押或摧毁等强制措施，这已严重影响到他国船只的通行权利。2019年8月，美国总统特朗普想买下世界上最大的格陵兰岛，引起俄罗斯及北极地区国家对北极的高度关注，其背后隐含着巨大的战略价值，其中包括地缘政治价值、军事价值和资源价值。南极虽然由于“主权冻结”而具有公域性质，被称为无领土主权归属、无土著居民、无高等植物的“三无大陆”，但澳大利亚、新西兰等7个南极主权声索国和美、俄2个声索保留国仍然要求在《联合国海洋法公约》框架下划定各自在南极的“势力范围”，并以环境保护为由，通过建立南极陆地和海洋特别保护区来实现对南极的“软控制”。可见，极地的公域属性正在为私域化所吞噬，对中国等发展中国家参与极地事务、实现在极地的国家利益构成潜在威胁。

二是极地公域的军事化倾向加剧。无论在“冷战”期间还是当下，美、俄（苏联）都将北极视为战略安全前沿，并频频进行军事行动。2014年，俄罗斯专门组建北极战略司令部和北极作战旅，2018年又成立负责北极考察的集团军，2019年9月将驻防在北极新地岛的防空导弹团换装S-400新式防空系统，大幅提高其对北极的空中管治能力。截至目前，俄罗斯已“量身打造”适应北极地区的多种特种军事装备，并通过建立和扩大军事基地等做法加强在北极的军事存在，在北极圈内建设了400多座军事基础设施，并部署了多型战机，其中最锋利的是号称“飞行导弹”的米格-31，以确保其在北极地区的绝对军事优势。美国自“冷战”起建立的从阿拉斯加经格陵兰至冰岛的导弹防御系统，以及与加拿大联合建立的早期预警网络运作至今，并多次制定修改北极战略。美国海军于2016年1月开始组建使用“绿色燃料”的“大绿舰队”，专门用于部署在北极地区。2020年6月9日，美国总统特朗普又签署发布了一份备忘录，明确提出为保护美国在极地的国家利益，在2029财年前通过测试并完成部署一支极地核动力破冰船舰队。同时，美国空军还计划于2022年之前在阿拉斯加进驻100多架包括F-22A和F-35A在内的第四代战机，从海上、空中多个领域加强对北极地区的控制。美国海军官方于2021年1月表示，未来美海军将会在北极地区进行定期巡航，从而遏制俄罗斯在北极方面的扩张。至于南极，《南极条约》虽然明确规定“南极应只用于和平目的”，但也未禁止出于科学研究或任何其他和平目的而使用军事人员或设备。事实上，美国、日本等不少国家都是以后勤保障的名义开展南极军事活动，为其蓄谋在南极争夺资源和划分领土暗度陈仓。“9·11”事件后，美军太平洋司令部随即将南极列入其战区序列，建立第13特别任务大队，使用空军的C-17、C-130、DC-10等军事运输机、空中加油机运送南极物资和人员，执行南极后勤保障任务，巩固其在南极的全域到达和介入能力。可以说，美、俄等国在极地的军事博弈，对极地非军事化原则构成直接挑战，更危及包括我国在内的各国领土防御和对极地的和平利用。

三是极地公域的非传统安全威胁严峻。由于人类征服极地步伐的不断加快，极地自然环境正经历着快速恶化的趋势。素有“全球变化指示器”之称的北极，在过去的30年里，变暖速度是全球变暖速度的两倍，温度持续上升使北极夏季海冰持续减少。2020年6月20日，俄罗斯西伯利亚小镇上扬斯克更是开创了北极圈内有记录以来的最高气温38℃。南极上空臭氧层空洞的面积近年来也创下了2745万平方千米的历史纪录，比北美洲的面积还大，由此造成地球温室效应不断加剧。据《国家地理》报道，从1992年到2017年，南极半岛的冰雪融化量几乎翻了5倍，南极冰盖在部分地区正较快地消失。若南极冰盖全部消融，全球海平面将上升57米，加上北极格陵兰冰盖的消融，一共会上升63米，这样我国东部的海岸线将后撤400千米。

随着极地升温、冰川消融和海平面上升，全球极端天气激增、生物多样性受损、环境污染加剧等非传统安全问题将会持续蔓延，对包括中国在内的极地域内外国家的沿海基础设施、气候系统和全球生态环境造成了系统性破坏。任何一国都无法置身事外、独善其身。

可以预见，美、俄北极角逐将在未来很长一段时间内持续存在。随着美、俄对抗的逐渐升级，环北极国家也竞相跟进，在北极“投棋布子”。与此同时，会有更多的国家加入“北极资源争夺战”为本国谋取利益，今后的北极地区将成为各方角力的焦点。这将进一步加剧北极地区紧张局势，也对各国如何应对北极形势新变化提出考验。

三、维护新兴领域安全应把握的主要问题

新兴领域国家安全事关国计民生和国家可持续发展问题，如何维护新兴领域安全，是国家发展面临的一个紧迫课题，必须从国家可持续发展的战略高度进行长远谋划。

（一）维护生物安全应把握的主要问题

生物安全作为国家总体安全的重要组成部分，在当今时代其地位作用越来越重要。新冠病毒全球传播，疫情对人类构成严重威胁。可见，生物安全威胁一经传播便可能给人民生命健康、经济社会发展造成严重危害，非传统安全与传统安全相互交织成为新时代国家安全形势的新常态。“十四五”规划第54条强调“保障人民生命安全”，强化生物安全保护，提高食品药品等关系人民健康产品和服务的安全保障水平。为了维护生物安全，应把握以下几方面问题。

一是从顶层设计上加快生物安全立法和标准制定。要充分认识生物安全立法的必要性和紧迫性，通过立法确立维护生物安全的基础性制度，突出风险防范，保障人民生命健康，依法划定生物技术发展边界，保障和促进生物技术健康发展。大力推动和加快国家生物安全的法律法规体系建设，提升生物安全方面的治理体系和治理能力。在加快相关立法速度的同时，不能以牺牲法律的科学性、前瞻性、严肃性

为代价。2020年10月17日，十三届全国人大常委会第二十二次会议表决通过了《中华人民共和国生物安全法》。这部法律自2021年4月15日起施行。要大力宣传生物安全法，让法律观念深入人心，强化法律的严肃性，引导和逐步形成懂法、守法、护法的良好社会风气。

二是加快推进生物安全战略。生物安全范畴基本覆盖了医药生物、计算机、农业及食品安全等行业领域，应适时推进生物技术创新及建立生物安全防御体系。为此，应加快推进生物安全战略，形成一个较为完善的战略体系，主要包括八大领域，即：防控重大新发突发传染病、动植物疫情；研究、开发、应用生物技术；保障实验室生物安全；保障我国生物资源和人类遗传资源的安全；防范外来物种入侵与保护生物多样性；应对微生物耐药；防范生物恐怖袭击；防御生物武器威胁。2020年新冠肺炎疫情的暴发，一定程度上暴露了我国医药生物相关领域发展的“短板”，同时也给产业投资指明方向。

三是积极防范和准备打赢未来可能发生的生物战争。重视和维护生物安全，必须防范和打赢未来可能发生的生物战争。生物战争是指在生物技术高度发展以及信息时代核威慑条件下，交战双方以生物战部队为主要作战力量，以生物战作战思想为指导，以生物战作战方式为主要手段，在“生物微边疆”（生物疆域）展开的以夺取制生权为核心、以破坏和维护国家生物安全为主要目的军民结合的“总体战争”。根据我国实际情况并借鉴发达国家治理经验，尽快出台国家生物安全发展规划，加快生物安全战略布局，加快建立全国范围的、完善的监测与预警系统。坚持风险预防原则、科学证据原则、分级管理原则，全面提升应对生物安全威胁和生物战争的能力。

四是大力培养德才兼备的生物安全高精尖人才。生物安全科技的发展归根结底还是取决于该领域人才的数量和质量，因此我们要牢牢树立“人才是第一生产力”的观念，下大力气抓好人才建设，大力培养德才兼备的高精尖人才。一方面，要从高等院校等基础教育入手，培养、储备一批生物安全领域的人才，并广纳海内外英才，不断完善人才发掘、培育、晋升、鼓励机制，让中国成为生物安全科技领域人才培养的新高地。另一方面，要鼓励和支持良好的科研学术氛围和科研创造，继续大力推进科研“放管服”工作，加强国际交流与合作。

五是利用科技创新发展生物安全技术。对中国来说，未来要想妥善处理生物安全问题，必须有自己的“撒手锏”——通过科技创新，推出一批生物安全领域的重大科技成果，使之成为国之重器，在重要的时刻发挥压舱石、稳定器的作用。要优化科技创新模式，通过政府引导投资、各类型企业融合等方式加大对生物安全领域的投入，开展战略前瞻性研究，培育壮大生物安全科技企业，才能够更好地承担研发失败的风险，从而逐步提升国家生物安全的核心竞争力。生物安全是一个综合性的问题，它对于人类社会的深远影响已经超过人们的预期。

（二）维护太空安全应把握的主要问题

为解决太空安全问题，需要国际社会从技术、法律等方面入手，拓宽卫星频轨资源，公平地分配、利用频轨资源。针对太空安全所遭受的威胁，我们应采取措施有效应对。

一是完善太空资源自我保护系统。发展航天事业，建设航天强国，是我们不懈追求的航天梦。我们要坚持优先发展的太空安全观，以发展求安全，以建设航天强国，维护国家太空安全为牵引，发挥社会主义制度优势，深化机制改革，合理配置资源，集中力量，提升航天工业基础能力，完善太空基础设施体系，不断提高进入太空的能力。建立完善的“天宫一号”飞行器的自我保护系统，增强北斗导航卫星的自我防护功能，加强我国太空军用卫星的自身识别功能，通过自身的保护系统，避开来自地球外力和太空垃圾的破坏，实现较好的自我保护。

二是构筑中国特色太空攻防体系。面对太空军事化和太空战的现实威胁，我国必须采取措施加快空间技术和航天力量的发展，构筑中国特色太空攻防体系。我们主张和平利用太空，但是面对已知、未知的太空安全风险，也要高度重视威慑能力的有效性问题，适度发展太空反制能力和手段，有重点地发展自己的“定海神针”，以不断增强的太空能力营造和平、清洁、安全发展的太空环境。为确保国家战略安全，我们可以在发展反卫星技术上获得突破，大力发展反导技术、激光致盲防护技术等，增强我们在地面、空中或外层空间攻击敌方卫星的能力。

三是完善太空法制建设。太空安全之所以受到威胁，就是太空军事化的泛滥造成的。这与国际上倡导的和平利用开发太空的宗旨相背离。太空行为缺乏约束，太空法制建设缺失，加剧了太空军事化的进程。目前，处理太空事务的五个国际条约，即1967年的《外层空间条约》、1968年的《营救协定》、1972年的《责任公约》、1976年的《登记公约》和1984年的《月球协定》，强调要把太空作为“全球公地”，要以国际合作来确保太空安全，但它们是以软法形式出现的，对国际太空行动体没有强制性约束，从而留下了安全隐患。为此，我们必须倡导制定完备的太空法制体系，建立完善的太空安全治理机制，遏制太空武器化，确保太空的安全。

四是打造太空人类命运共同体。推动太空治理机制机构建设，构建权威机构，修订法律规则，加强大国协调，推进国际太空合作。当前，各国不断加大对太空和航天领域的投入，以信息技术为核心的新式太空技术和空间武器不断出现，世界太空力量建设进入新一轮加速发展期。应联合国际太空国家，打造多边多方、多种主体参与，共建相对稳定、安全共享、造福人类、可持续发展的太空安全新秩序，打造和平利用、合作共赢，共治共商、共建共享的太空人类命运共同体。

（三）维护深海安全应把握的主要问题

习近平总书记强调指出：“21世纪，人类进入大规模利用开发海洋的时期，海洋在国家经济发展格局和对外开放中的作用更加重要，在维护国家主权、安全、发展利益中的地位更加突出，在国家生态文明建设中的角色更加显著，在国际政治、经济、军事、科技竞争中的战略地位也明显上升。”其中，深海无疑是重中之重。深海区域对于中国的主权、安全与发展等有着全方位的特殊意义，在维护深海安全问题上应注意把握以下一些问题。

一是关注和强化主权内外深海资源的开发权利。深海各类资源十分丰富，是人类未来可持续发展的物质基础。深海资源的开发利用关系到中国经济社会的可持续发展。中国开发深海行动较早，业已形成一定的基础，属于世界上深海大洋开发的第一梯队，已经在深海拥有包括渔业、基因资源和海底矿产等重大经济利益。大部分深海是人类的公共空间和共同财产，中国人口多、发展压力大，理应在资源开发利用方面有较大的份额。中国管辖的海域面积，与国土面积和人口规模严重不相称，只有积极开拓深海空间，才可能成为海洋强国。中国管辖海域内也有深海区域，它们位于南海断续线内、东海东部等海区，处在中国的经济专属区、大陆架和历史性权益区域范围内，这些区域的油气、渔业和海底矿产等资源也非常丰富，是中国建设海洋强国的战略依托，是中国必须积极争取与捍卫的重大利益。

二是加强深海装备技术的研发。发展海洋前沿科技，抢占深海高技术制高点对于开发和利用深海资源，提高海战场环境感知能力，维护我国海洋安全与海洋权益至关重要。海洋油气资源丰富，深海区是世界油气资源重要战略接替区。在深海勘探开发方面，要启动深海空间站建设，加强深海探测、深海装备的关键技术研发。“蛟龙”号、“奋斗者”号证明我国海洋领域勘探开发已经有了快速发展，在深海资源勘探、国家海洋权益维护方面，我们还有大量的关键技术需要重点突破。其中一个重点部署的任务就是深海空间站，要用深海空间站这样一个系统性工程来集成提升我国深海技术和装备的系统开发与研究。此外，还要建设大型深水装备，加快深水油气勘探开发，加快建设海洋强国。

三是加强深海作战问题研究，努力提高我军深海作战能力。深海具有天然的隐蔽性，可使作战力量根据海底地形地貌隐蔽部署，容易达成行动的突然性，是中国对美国等海洋强国进行非对称制衡或作战的战略空间。中国近海地理条件相对不利，地缘环境复杂，深海空间可相当大程度弥补中国近海战略空间纵深的不足。中国军事力量强调深海布局，将对中国的国家安全形成一个基本的外线，在毗邻近海的远洋或关键海域给对手构成一定的牵制和掣肘，配合内线力量，粉碎对手的围堵、挑衅和进攻。应围绕深海军事应用前沿技术领域，研究探讨发展深海作战概念，有针对性地推动重大技术群的突破，优化深海装备科技创新体系，使我国具备深海空间防卫能力。应前瞻性地发展深海领域国防装备技术，有重点地对相关技术领域进行投入、布局。

四是加强深海生态环境安全防护。深海由于其巨大的体积和复杂的生态环境，在全球生态体系和环境中发挥着至关重要的调节器作用。因人类生产生活活动的发展，深海的环境也在发生变化，并已出现一系列海上安全问题。海洋水文的变化导致地震、海啸、风暴加强，海平面上升，沿海频繁发生洪水灾害，引发大规模的人道主义灾难和危机；北极和南极冰川的大面积融化，将大幅改变未来的全球海洋地缘，有可能导致新的地质灾难。随着人类大规模进军深海，深海相对封闭的环境将受到外界更大的扰动，势必导致新的生态与环境安全问题。对此，中国都难以置身事外，全球深海的生态环境安全同样攸关中国的经济发展和国家安全。另外，深海的生态环境恶化还将直接影响中国在深海的人员、资产、平台等的安全，给中国的海洋开发和军事活动带来巨大的风险和损失。

（四）维护极地安全应把握的主要问题

极地作为未来战争的战略极点，成为多国争夺的新疆域。当前，极地作为重要资源和能源的主储存地，已成为各国争夺的新疆域。许多国家把极地研究与开发极地作为国家的一项重要战略。因全球气候的变暖，北冰洋每年可通航的时间大大延长，对北极进行开发和利用可使海上运输成本节约40%。因此，极地争夺已经日趋白热化，我们必须深入思考维护极地权益的相关重大问题，在完善极地治理规则、促进极地和平与安全等方面应当也可以大有作为。

一是倡导极地“人类命运共同体”理念。理念是行动的先导，道义是赢得主动的基础。“人类命运共同体”理念，是我们为应对当今世界面临的全球性挑战、解决人类面临的共性问题而贡献的中国智慧、中国方案。这一主张从2017年2月开始已被多次写入联合国文件，得到国际社会的广泛欢迎和认可。人类生活在同一个地球上，惠泽于同样的南极和北极，在极地安全问题上越来越成为你中有我、我中有你的命运共同体。习近平主席明确指出：“要秉持和平、主权、普惠、共治原则，把深海、极地、外空、互联网等领域打造成各方合作的新疆域，而不是相互博弈的竞技场。”①相继发布的《中国的南极事业》和《中国的北极政策》白皮书中都阐明了中国愿与国际社会一道，携手迈进，打造南极“人类命运共同体”，共同认识北极、保护北极、利用北极和参与治理北极的鲜明立场。可以说，倡导并推行极地“人类命运共同体”理念，既有助于破除“中国威胁论”“资源饥渴论”等障

① 《习近平主席在联合国日内瓦总部的演讲（全文）》，新华社2017年01月19日，06:33:32。http://www.xinhuanet.com/2017-01/19/c_1120340081.htm。

眼法，筑牢我国参与极地治理的道义基础，又有助于树立我国作为负责任大国积极维护极地安全的正面国际形象。

二是坚定奉行多边主义，在极地公域谋求共商共建共享。坚持大家的事商量着办，提出以公平为导向、以共赢为目标、各方切实遵守共同制定的治理方案和行为规则，是防范极地公域“私域化”的重要举措。在涉极地安全不同议题上，我国应坚定不移支持和践行多边主义，坚决维护以《联合国宪章》和《联合国海洋法公约》为核心的现行极地国际治理体系，在规则制定、解释、适用和发展中发出更多中国声音、注入更多中国元素，推动极地治理规则制定公正化、民主化，从而避免少数国家对极地公域事务的垄断或设置准入壁垒，切实维护和拓展广大新兴市场国家和发展中国家安全发展利益。我国应坚持参与北极治理“不越位、不缺位”、参与南极治理“不为我所有、但为我所用”的基本立场，加强与北极国家在海空搜救、海上预警、应急反应、情报交流等方面的国际合作，借助“冰上丝绸之路”合作倡议与北极国家的北极开发战略进行对接。同时，在南极特别保护区、南极特别管理区、南大洋海洋保护区等涉及实质性存在的议题上，利用作为南极国际组织成员的特殊身份，继续推动国际南极治理体系的完善，与有关各方一同进一步加强南极科学考察领域的合作与交流，共同维护南极的长期稳定与和平利用。

三是加强能力建设，走军民融合共护极地安全新路子。我国参与极地公域事务之所以会受到掣肘和挑战，主要因为“技不如人”。我国在极地科考方面的投入有限，装备和能力建设仍显不足，无法与美、俄等具有军事、技术等优势的先入者相比拟。另外，由于“防备心理”作祟，西方国家对我国参与极地治理心存芥蒂，既希望我“出力”，又担心我“出头”，怕挑战其主导权，故对我千方百计进行阻挠和牵制。因此，增加我国在极地治理规则制定中的话语权和主导权，首先就要做到“自身硬”，努力提高经略极地的能力和实力。习近平主席指出，维护我国海外利益和公民安全，光喊口号、发声明、作谴责、提抗议是不够的，必须有实质性的力量和手段。近年来，服务于“一带一路”倡议，我国陆续在全球海域的关键航路节点设置了商业–军事相结合的港链体系，建立了较为灵活的基地和供给网络，为海军在全球海洋公域的行动提供补给和支撑。当然，我国要将安全保障能力切实延展到极地区域，还需要在远洋能力、破冰能力、空中投放、航空保障等方面加大军民融合力度。特别是要紧跟国家利益拓展步伐，灵活审视和运用极地相关条约非军事化条款，积极探索极地科学考察、商业开发活动和军事资源保障的融合路径。同时，加强在极地公海区和重要通道节点建立观（监）测网络、进行海冰和地形地貌等调查，开展卫星通信和大气物理、冰下声呐和水声传播等军民深度融合项目研究，善于借助军民融合优势不断提升我国维护极地安全的行动能力。

四是加强极地工程建设，研发进入极地的运输装备。走进和开发极地是一个系统的战略工程，涉及进入、探测、运输、冰区管理、平台供应和应急救援等多项问题，需要攻克更多更重要的关键技术问题，要在极地实现“进得去、待得住、管得了”。如今，我国北极考察站有黄河站，南极考察站共有四个，分别是：长城站、中山站、泰山站和昆仑站。此外，我国研发了第一艘自主建造的极地科学考察破冰船“雪龙2”号。还要自主设计建造适应我国战略需求的重型破冰船，同时做好极地钻探相关技术储备。极地船舶大致可分为过境航行、极地资源开发与运输、极地科学考察三种类型。未来还应该研发核动力破冰船，进一步提高我国进入极地的能力。时机成熟可建自有冰池，建立实船验证体系，大力培育富有经验的极地船舶操纵和管理人员，充分验证极地航行操作导则并持续改进。同时，加快我国北极航道气象、保险等服务的发展，让极地真正成为“聚宝盆”和“黄金航道”。

思考题

1. 新兴领域安全都包括哪些具体领域？
2. 何谓太空安全？太空安全主要有哪些内容？
3. 我国有哪几个极地考察站？南北两极分别有哪几个？

参考文献

（1）习近平：《决胜全面建成小康社会　夺取新时代中国特色社会主义伟大胜利——在中国共产党第十九次全国代表大会上的报告》，人民出版社2017年版。

（2）《习近平总书记系列重要讲话读本》，学习出版社、人民出版社2014年版。

（3）《习近平谈治国理政》（第二卷），外文出版社2017年版。

（4）《习近平关于实现中华民族伟大复兴的中国梦论述摘编》，中央文献出版社2013年版。

（5）《习近平关于全面深化改革论述摘编》，中央文献出版社2014年版。

（6）习近平：《在庆祝中国共产党成立九十五周年大会上的讲话》（2016年7月1日），人民出版社2016年版。

（7）《习近平关于全面依法治国论述摘编》，中央文献出版社2015年版。

（8）《习近平关于党风廉政建设和反腐败斗争论述摘编》，中央文献出版社、中国方正出版社2015年版。

（9）《习近平关于国防和军队建设重要论述选编》，解放军出版社2014年版。

（10）《习近平关于“三农”工作论述摘编》，中央文献出版社2019年版。

（11）《总体国家安全观干部读本》编委会编著：《总体国家安全观干部读本》，人民出版社2016年版。

（12）习近平：《在庆祝中国人民解放军建军九十周年大会上的讲话》（2017年8月1日），人民出版社2017年版。

（13）习近平：《在省部级主要领导干部学习贯彻党的十八届五中全会精神专题研讨班上的讲话》（2016年1月18日），人民出版社2016年版。

（14）《关于〈中共中央关于全面深化改革若干重大问题的决定〉的说明》（2013年11月9日），《十八大以来重要文献选编》（上），中央文献出版社2014年版。

（15）刘慧主编：《中国国家安全研究报告（2014）》，社会科学文献出版社2014年版。

（16）孟德斯鸠：《论法的精神》（上册），商务印书馆1982年版。

（17）李大光：《国际机制与区域安全——兼论东北亚区域安全机制构建》，军事科学出版社2010年版。

（18）李大光：《国家安全》，中国言实出版社2016年版。

（19）祁怀高：《构筑东亚未来：中美制度均势与东亚体系转型》，中国社会科学出版社2011年版。

（20）马维野：《全球化时代的国家安全》，湖北教育出版社2003年版。

（21）巴忠倓：《中国国家安全战略问题研究》，军事科学出版社2003年版。

（22）李大光：《中国安全抉择——构筑21世纪的国家安全体系》，石油工业出版社2002年版。

（23）人民出版社编写组：《国家安全知识百问》，人民出版社2020年版。

（24）《进一步关心海洋认识海洋经略海洋　推动海洋强国建设不断取得新成就》，《人民日报》2013年8月1日第1版。

（25）习近平：《携手构建合作共赢新伙伴　同心打造人类命运共同体》，《人民日报》2015年9月29日第2版。

（26）《积极树立亚洲安全观　共创安全合作新局面》，《人民日报》2014年5月22日第2版。

（27）高祖贵：《把握总体国家安全观的科学内涵》，《解放军报》2016年2月29日第6版。

（28）《中共中央政治局召开会议　研究决定中央国家安全委员会设置　审

议贯彻执行中央八项规定情况报告》，《人民日报》2014年1月25日第1版。

（29）李君如：《中国和平发展道路与世界的和平发展——学习习近平同志关于坚持走和平发展道路的重要论述》，《人民日报》2013年8月26日第7版。

（30）钟少异等：《中国历代维护国家安全的历史规律》，《学习时报》2009年9月14日第7版。

（31）孟辽阔：《总体国家安全观探析》，《江南社会学院学报》2015年第1期。

（32）邓大才：《粮食安全的模型、类型与选择》，《华中师范大学学报（人文社会科学版）》2012年第1期。

（33）李慎明：《正确处理战争与和平的关系——对新世纪我国国际战略的思考》，《马克思主义研究》2000年第5期。

（34）刘跃进：《总体国家安全观视野下的传统国家安全问题》，《当代世界与社会主义》2014年第6期。

（35）周逢梅，邵小文：《习近平对维护国家文化安全的战略思考》，《党的文献》2019年第1期。

（36）王亚会：《试析影响我国粮食安全的因素与应对策略》，《东方企业文化》2012年第15期。

（37）沈志宇，李自力，钟华，林聪榕，孙智信：《国家科技安全战略思考》，《中国军事科学》2007年第6期。

（38）储昭根：《浅议“棱镜门”背后的网络信息安全》，《国际观察》2014年2期。

（39）马云志，郝相赟：《 切实维护网络意识形态安全》，《红旗文稿》2018年第21期。

（40）《十八届中央纪律检查委员会向中国共产党第十九次全国代表大会的工作报告》，新华网2017-10-29，http://www.xinhuanet.com/politics/2017-10/29/c_1121873020.htm。

（41）王毅：《形成中国方案、发出中国声音，积极开展经济外交》，2013年

12月3日，https://www.fmprc.gov.cn/ce/cehu/chn/zgyw/t1105278.htm。

（42）CNNIC发布第45次《中国互联网络发展状况统计报告》。来源：网信办网站2020-04-28，10:46，http://www.gov.cn/xinwen/2020-04/28/content_5506903.htm。

（43）Alastair Iain Johnston, *How New and Assertive Is China's New Assertiveness?* International Security, Vol. 37, No. 4, Spring 2013.

（44）Dingding Chen, Xiaoya Pu, and Alastair Iain Johnston, *Debating China's Assertiveness*, International Security, Vol. 38, No. 3, Winter 2013/2014.

（45）Feng Zhang, *China's New Thinking on Alliances*, Survival, Vol. 54, No. 5, 2012.

（46）Kenneth Liberthal and Wang Jisi, *Addressing U.S. –China Strategic Distrust*, John L. Thornton China Center Monograph Series, No. 4, March 2012.

（47）Lu Ning, *The Dynamics of Foreign–Policy Decision–making in China*, Boulder, CO: Westview Press, 1997.

（48）Linda Jakobson and Dean Knox, *New Foreign Policy Actors in China*, Policy Paper 26, Stockholm: International Peace Research Institute, 2010.

（49）Kenneth Lieberthal and Wang Jisi, *Addressing U. S.–China Strategic Distrust*, John L. Thornton China Center Monograph Series No. 4, March 12, 2012, pp. 41–42, http://www.brookings.edu/ ~ /media/files/rc/papers/2012/0330_china_licberthal/0330_china_lieberthal.pdf.

（50）Zheng Wang, *Does China Have a Foreign Policy?* The New York Times, March 18, 2013.

后 记

国家安全是一个常讲常新的时代话题。在不同时代，国家安全拥有不同的内涵。当今中国特色社会主义进入新时代，总体国家安全反映当今时代国家安全的新情况、新问题和新内涵。因此，根据国家安全环境的发展变化，我们与时俱进地对当今时代总体国家安全进行了跟踪研究，力求能够对当今总体国家安全新态势有一个最现实的反映，以期为广大读者提供总体国家安全形势的最新情况，从而引起广大国民特别是国家机关公务人员、在校大中专学生和研究生对当今国家安全问题的关注和警惕，并在自己力所能及的领域做好维护总体国家安全工作。

总体国家安全是一个复杂的系统工程，需要研究的问题很多。在撰写本书的过程中，笔者吸收和借鉴了许多专家学者的研究成果，才使得本书顺利完成。因此，在此对本研究参考文献中所涉及的专家学者表示感谢！在本书出版之际，我既兴奋又忐忑：兴奋的是这一与时俱进的国家安全研究成果终于出版了；忐忑的是由于能力所限，本书难免会出现这样那样的问题甚至错漏，因此，笔者诚恳地希望广大读者特别是相关领域的专家学者给予批评指正！

李大光

2021年6月25日